温雪 著

中國西部城鎮化與城鄉收入差距的關係研究

財經錢線

摘要

中國工業化與城鎮化進程快速推進，截至 2016 年年底，城鎮化率達到57.35%，為改革開放初期 17.92%的三倍多，城鄉居民收入水準也有明顯提升。與此同時，城鄉居民收入差距卻呈現出不斷震盪攀升的趨勢，2016 年中國城鄉居民收入比值高達2.72。隨著收入差距的日益擴大，「效率」與「公平」的選擇再次成為實務界和學術界廣泛關注的重要問題。長遠來看，城鄉收入差距的日益擴大不僅不利於社會的和諧穩定，不利於國民經濟持續健康發展，不利於全面建成小康社會，而且會對中國夢的實現和中華民族的偉大復興產生重大負面影響。客觀分析中國城鄉居民收入差距演變態勢與主要制約因素，系統探索有效縮小城鄉收入差距的基本途徑與制度安排，對於全面促進國民經濟與社會可持續發展、逐步實現城鄉區域協調發展、維護社會和諧穩定具有重要的理論意義與實踐價值。

西部地區是中國推進城鎮化進程和縮小收入差距不可或缺的重要組成部分。改革開放後，國家對東部地區的政策偏向使得西部地區的經濟社會發展水準逐漸與東部拉開了差距，西部地區城鎮化水準大大落後於全國平均水準，城鎮化發展質量也

遠遠不及東部地區。1999年，具有全局意義的重大戰略性政策調整——西部大開發戰略確立並開始實施。西部大開發戰略在推進西部城鎮化建設、完善基礎設施、調整經濟結構、加強民族團結、維護社會穩定和縮小收入差距等方面取得了重大進展。西部大開發戰略實施前，西部地區1999年的城鎮化率為22.5%，與當年全國平均值30.9%相比，相去甚遠，也不及同期世界平均水準的一半；西部大開發戰略實施後，西部城鎮化率不斷提升，西部城鄉收入差距經歷了先震盪上升後下降的趨勢。截至2016年年底，西部平均城鎮化率達到51.51%，仍低於全國平均水準，而城鄉收入比值達2.92，高於全國平均值。西部城鎮化發展緩慢與城鄉收入差距巨大已經成為制約西部經濟社會持續健康發展的重大癥結。由於城鎮化發展的滯後，西部城鎮化進程推進還面臨著制度安排缺陷、城鎮結構失衡、基礎設施落後、發展質量低下等問題。這些問題使得其集聚效應和擴散效應並不十分明顯，城鎮對農村的輻射帶動作用受限，城鄉二元經濟社會結構問題難以得到有效緩解，這使得西部城鄉收入差距長期高於全國平均水準，城鎮化水準遠遠低於全國平均水準，由此給深入實施第二輪西部大開發戰略、全面推進西部地區經濟社會可持續發展帶來了嚴峻挑戰。

在城鎮化的過程中，大量的農村勞動力進入城鎮，國內外學者對此進行了大量的研究，部分認為城鎮化會縮小城鄉收入差距，也有學者提出質疑。城鎮化通過哪些途徑影響城鄉收入差距？就西部地區而言，城鄉居民收入差距將會如何變動？本書以「中國西部城鎮化與城鄉收入差距的關係研究」為選題，就這些問題進行了分析。全書分為十章：第一章導論包括選題的背景及意義、研究思路與方法等；第二章系統梳理了國內外城鎮化與城鄉收入差距的理論基礎與文獻綜述，包括概念、內涵與衡量標準等；第三章分析了國內外城鎮化與城鄉收入差距

的發展歷程，總結了其發展規律與特點，得出了經驗與啟示；第四章分析了中國與西部城鎮化與城鄉收入差距的發展歷程與發展問題；第五章提出了城鎮化的動力機制，以及城鎮化與經濟增長、城鄉收入差距的關係與影響途徑；第六章運用西部1995—2016年的數據實證檢驗了西部城鎮化對城鄉收入差距的影響，得出了推進西部城鎮化有利於縮小城鄉居民收入差距的結論；第七章提出了推進西部新型城鎮化與縮小城鄉收入差距的戰略構想；第八章分別提出了針對西部城鎮、農村、城鄉統籌和縮小城鄉收入差距的制度安排；第九章提出了推進西部新型城鎮化與縮小城鄉收入差距的戰略途徑；第十章總結了本研究的主要結論，提出了對未來的展望。

在上述思路和框架下，筆者以國外城鎮化與縮小城鄉收入差距的理論與文獻為基礎，以西部城鎮化與城鄉收入差距的走勢與問題為主線，以西部城鎮化與城鄉收入差距的關係為核心，以推進西部新型城鎮化、縮小城鄉收入分配差距為目標，經過系統化的理論探討、全面性的數據分析和逐層深入的實證檢驗，得出如下主要結論：

第一，國外在城鎮化進程中也經歷了城鎮與鄉村收入差距擴大的階段，最終它們實現了較高質量的城鎮化和較小的城鄉收入差距並存的目標。國外的城鎮化推進給我們提供的經驗有：一是城鎮化推進要以工業發展和產業集聚為支撐；二是政府應制定完善的公共干預政策；三是應建立合理的城鎮體系。美國、日本、韓國等發達國家在城鎮化進程中累積了豐富的縮小城鄉收入差距的經驗，這些發達國家在縮小城鄉收入差距方面的政策導向均是以維護農民利益、維持城鄉收入平衡為出發點，具體的措施包括增加財政對農業的支持力度尤其是對農村基礎設施建設的投入、提升人力資本、建設服務型政府及對農產品價格的支持和直接補貼等，為縮小西部城鄉居民收入差距提供了

重要的經驗與啟示。

第二，改革開放後，西部城鎮化發展有所加快，然而增長速度長期落後於全國平均水準。西部大開發戰略實施後，西部城鎮化速度有所提升，城鎮面貌有了巨大變化，也帶動了經濟社會的全面發展。西部城鎮化從數量上有了較大提升，但城鎮化質量仍亟待提高，西部城鎮化仍存在著制度安排不完善、城鎮結構體系失衡、特色資源開發不足、產業發展落後、農民工市民化進程緩慢等問題。在國家「一帶一路」倡議的背景下，西部地區如何把握機遇、推進西部新型城鎮化又好又快發展成為擺在西部各級地方政府面前的重要課題。

第三，1995年以來，國家實施了一系列支持西部地區經濟發展的優惠政策，這些政策使得西部的經濟社會取得了突飛猛進的發展。西部城鄉收入差距也受到了較大影響，西部城鄉收入差距總體上經歷了由震盪攀升到緩慢下降的走勢。西部大開發戰略實施初期，由於政策原因城鄉二元結構矛盾愈加突出，使得城鄉經濟發展極不平衡，城鄉收入差距迅速擴大。2010年是西部大開發實施以來的第二個十年，國家在這個關鍵的時期實施了戰略轉型，轉型後更注重城鄉經濟的協調發展。近年來，由於更加強調城鎮對鄉村的帶動作用，城鄉互動明顯，城鄉收入差距逐步縮小。但西部城鄉收入差距的縮小仍面臨著國家戰略層面問題以及財政轉移支付力度較弱、農村人力資本水準低下、農業發展緩慢、民族地區與貧困地區發展封閉等問題。

第四，農業、工業和服務業作為三種最基本的要素推動了城鎮化的發展。城鎮化從促進農業現代化、刺激工業品的需求、促進服務業壯大和帶動區域經濟發展四個途徑促進經濟增長。通過建立數學模型，筆者發現區域內部和跨區域的農村人口向城鎮流動均有助於城鄉收入差距的縮小。城鎮化從四個方面影響城鄉收入差距：一是創造就業機會，提高農民的收入；二是

促進農業的規模化和產業化，增加農村居民的收入；三是促進鄉鎮企業發展，為農民增收提供源源不斷的動力；四是有助於推動農民工市民化，可以通過循環累積效應反過來推動城鎮化發展。

第五，筆者通過分析西部地區12個省份1995—2016年的數據對庫茲涅茨倒U型曲線進行驗證，發現西部收入差距與人均GDP擬合曲線在數學意義上具有庫茲涅茨曲線的特徵，表現出二次函數的先上升後下降的趨勢。雖然西部各省份的拐點不盡相同，但目前而言，西部各省份均已經進入庫茲涅茨倒U型曲線的拐點之後的收入差距下降趨勢階段。

第六，筆者通過運用西部地區1995—2016年的面板數據對城鎮化與城鄉收入差距進行實證檢驗，發現西部地區城鎮化推進對城鄉收入差距具有負向作用，推進西部新型城鎮化進程可以有效縮小城鄉收入差距。同時，西部大開發其他政策的轉變對城鄉收入差距也有著重要的影響，增加農村轉移支付、提高居民消費水準、降低失業率也有利於縮小西部城鄉收入差距。

第七，要推進西部新型城鎮化與縮小城鄉收入差距，我們必須從西部現實情況出發，遵循其客觀發展規律，探索具有西部特色的發展道路，推進西部地區經濟實力和人民生活水準邁上新臺階。西部地區新型城鎮化推進應以調整戰略轉型為先導，以構建多中心—外圍的城鎮體系為基礎，以加強小城鎮建設為載體，以工業反哺農業和農業現代化為依託，以健全的立法和完善的制度為保障，以城鄉統籌和進一步縮小城鄉收入差距為目標，著力調整城鄉收入分配格局。從城鎮、鄉村、城鄉統籌和縮小城鄉收入差距四個方面加強制度安排，加強特色資源開發、促進特色產業發展、構建特色城鎮化體系、推進農業現代化和加快民族地區與貧困地區發展等來推進西部新型城鎮化建設，縮小城鄉收入差距。

本書的主要創新之處在於：一是研究視角的創新。筆者運用多學科知識在同一研究問題上的交叉和融合，有助於更全面、更系統地認識西部城鎮化與城鄉收入差距的關係。二是研究內容創新。由於現有關於兩者關係的研究大部分基於全國視角，對欠發達的西部地區的分析相對薄弱，筆者力圖彌補這一不足。三是研究方法創新。筆者通過建立數學模型和理論模型，深入探討了兩者的影響機理和作用途徑。四是研究結論創新。筆者有針對性地提出了推進西部地區新型城鎮化與縮小城鄉收入差距的戰略構想、制度安排與戰略途徑。

　　本研究在系統梳理國外推進城鎮化和縮小城鄉收入差距的經驗教訓後，綜合使用了多種研究方法和多種分析工具，立體、動態地考察了中國西部城鎮化與城鄉收入差距的發展歷史、現狀和問題，提出了城鎮化對城鄉收入差距的影響機制，並運用歷史數據驗證得出了西部地區城鄉收入差距與經濟增長之間具有庫茲涅茨倒 U 型曲線的關係，通過實證研究發現推進西部城鎮化有利於縮小城鄉收入差距。在實證結果的基礎上，筆者提出了推進西部新型城鎮化與縮小城鄉收入差距的戰略構想、制度安排與戰略途徑。

　　關鍵詞：中國西部　城鎮化　城鄉收入差距　戰略框架　制度安排

目　錄

1　導論 / 1
1.1　選題背景與意義 / 1
 1.1.1　研究背景 / 1
 1.1.2　研究意義 / 3
1.2　研究思路與框架 / 4
 1.2.1　研究思路 / 4
 1.2.2　研究框架 / 6
 1.2.3　研究方法 / 7
1.3　創新點與不足 / 8
 1.3.1　主要創新 / 8
 1.3.2　不足之處 / 9

2　理論基礎與文獻綜述 / 11
2.1　城市化與城鎮化的概念界定 / 11

  2.1.1　城市化 / 11

  2.1.2　城鎮化 / 13

  2.1.3　新型城鎮化 / 15

2.2　城鎮化的相關理論與衡量 / 17

  2.2.1　城鎮化的理論基礎 / 17

  2.2.2　城鎮化的衡量 / 30

2.3　收入差距的相關理論與衡量 / 32

  2.3.1　收入分配理論發展歷史 / 32

  2.3.2　收入差距的衡量 / 38

2.4　城鄉收入差距的相關理論 / 43

  2.4.1　城鄉收入差距趨勢研究 / 44

  2.4.2　城鄉收入差距的影響因素 / 45

2.5　國內外文獻綜述 / 50

  2.5.1　國外城鎮化與城鄉收入差距的關係研究 / 50

  2.5.2　國內城鎮化與城鄉收入差距的關係研究 / 51

2.6　本章小結 / 53

3　國外城鎮化進程與收入差距縮小的經驗與啟示 / 55

3.1　國外城鎮化發展歷程 / 55

  3.1.1　國外城鎮化的起源 / 55

  3.1.2　國外城鎮化的發展階段 / 56

  3.1.3　國外城鎮化發展道路 / 59

3.2　國外城鎮化發展規律及經驗教訓 / 71

  3.2.1　國外城鎮化發展的基本規律 / 71

  3.2.2　國外城鎮化發展的經驗與教訓 / 75

3.3　國外城鎮化進程中縮小城鄉收入差距的經驗與啟示 / 79

  3.3.1　國外縮小城鄉收入差距的經驗 / 80

  3.3.2　國外縮小城鄉收入差距對中國的啟示 / 82

3.4　本章小結 / 84

4　中國西部城鎮化與城鄉收入差距的態勢與問題 / 87

4.1　中國城鎮化與城鄉收入差距發展歷程與問題分析 / 87

  4.1.1　中國城鎮化發展歷程 / 87

  4.1.2　中國城鎮化發展的問題 / 90

  4.1.3　中國城鎮化進程中城鄉收入差距發展歷程 / 92

  4.1.4　中國城鎮化進程中城鄉收入差距發展的問題 / 96

4.2　西部地區城鎮化發展態勢與問題 / 99

  4.2.1　西部城鎮化的發展歷程 / 99

  4.2.2　西部城鎮化發展的問題 / 102

  4.2.3　「一帶一路」倡議對西部城鎮化進程的影響 / 105

4.3 西部城鎮化進程中城鄉收入差距發展的態勢與問題 / 107

    4.3.1 西部城鎮化進程中城鄉收入差距發展歷程 / 107

    4.3.2 西部城鎮化進程中城鄉收入差距發展的特點 / 112

    4.3.3 西部城鎮化進程中城鄉收入差距發展的問題 / 113

4.4 本章小結 / 116

5 城鎮化對城鄉收入差距的作用機理分析 / 118

5.1 城鎮化的動力機制 / 118

    5.1.1 基礎理論 / 118

    5.1.2 農業驅動機制——最基本的推動力 / 119

    5.1.3 工業驅動機制——核心拉動力 / 120

    5.1.4 第三產業驅動機制——後續拉動力 / 122

5.2 城鎮化與經濟增長的關係 / 123

    5.2.1 城鎮化推動經濟增長的理論 / 123

    5.2.2 城鎮化對經濟增長的作用機制 / 125

5.3 城鎮化影響收入差距的機制 / 127

    5.3.1 城鎮化影響城鄉收入差距的理論模型 / 127

    5.3.2 城鎮化對城鄉收入差距影響的途徑 / 131

5.4 本章小結 / 134

6 中國西部城鎮化對城鄉收入差距影響的實證分析 / 136

6.1 庫茲涅茨倒 U 型曲線在西部地區的驗證 / 136
6.1.1 庫茲涅茨倒 U 型曲線在中國的驗證 / 136
6.1.2 庫茲涅茨倒 U 型曲線在西部地區的驗證 / 138

6.2 模型構建 / 141
6.2.1 理論基礎 / 141
6.2.2 指標選取 / 143
6.2.3 理論假設 / 146
6.2.4 模型設定 / 148

6.3 實證檢驗 / 149
6.3.1 數據描述性統計 / 149
6.3.2 單位根檢驗 / 149
6.3.3 協整檢驗 / 151
6.3.4 Granger 因果檢驗 / 151
6.3.5 結論與分析 / 152

6.4 本章小結 / 155

7 中國西部新型城鎮化推進與縮小城鄉收入差距的戰略框架 / 156

7.1 戰略思路 / 156

  7.1.1 以調整戰略轉型為先導 / 157

  7.1.2 以構建多中心—外圍的城鎮體系為基礎 / 157

  7.1.3 以加強小城鎮建設為載體 / 158

  7.1.4 以工業反哺農業和農業現代化為依託 / 158

  7.1.5 以健全的立法和完善的制度為保障 / 158

  7.1.6 以城鄉統籌和縮小城鄉收入差距為目的 / 159

7.2 戰略原則 / 159

  7.2.1 以人為本 / 159

  7.2.2 因地制宜 / 160

  7.2.3 生態文明 / 160

  7.2.4 民族團結 / 161

7.3 戰略目標 / 161

  7.3.1 建立合理的城鎮發展體系 / 162

  7.3.2 推進城鄉統籌協調發展 / 162

  7.3.3 縮小城鄉收入差距 / 163

7.4 戰略重點 / 163

  7.4.1 推動西部大開發戰略轉型 / 163

  7.4.2 建設多中心—外圍城鎮群 / 165

  7.4.3 加強小城鎮建設 / 167

  7.4.4 推進新農村建設 / 169

7.5 戰略模式 / 170

7.5.1 大眾創業，萬眾創新 / 170

7.5.2 以城帶鄉，以工促農 / 171

7.5.3 優勢產業帶動模式 / 172

7.6 本章小結 / 174

8 中國西部新型城鎮化推進與縮小城鄉收入差距的制度安排 / 175

8.1 制度與制度安排 / 175

8.1.1 制度 / 175

8.1.2 制度安排 / 176

8.2 推進西部新型城鎮化的制度安排 / 178

8.2.1 改革戶籍管理制度 / 178

8.2.2 調整城鎮住房制度 / 179

8.2.3 完善城鎮教育管理制度 / 180

8.2.4 健全社會保障制度 / 181

8.3 推進西部新農村建設的制度安排 / 182

8.3.1 推進農村土地制度改革 / 182

8.3.2 構建新農村金融制度 / 183

8.3.3 完善農村教育發展機制 / 184

8.3.4 健全農村社會保障制度 / 185

8.4 推進西部城鄉統籌的制度安排 / 186

    8.4.1 構建城鄉統籌的行政管理體系 / 187

    8.4.2 推進農民工市民化 / 188

    8.4.3 均衡城鄉基本公共服務 / 190

    8.4.4 統籌城鄉環境保護和生態建設 / 191

8.5 縮小西部城鄉收入差距的制度安排 / 192

    8.5.1 促進收入分配制度改革 / 193

    8.5.2 加強財政轉移支付 / 194

    8.5.3 推進工業全面反哺農業 / 195

    8.5.4 完善農產品價格支持與補貼制度 / 197

8.6 本章小結 / 199

9 中國西部新型城鎮化推進與縮小城鄉收入差距的戰略途徑 / 201

9.1 加強特色資源開發 / 201

    9.1.1 特色礦產資源開發 / 202

    9.1.2 特色清潔能源開發 / 202

    9.1.3 特色旅遊資源開發 / 203

9.2 促進特色產業發展 / 204

    9.2.1 特色農業發展 / 204

    9.2.2 特色工業發展 / 205

9.2.3 特色服務業發展 / 206

9.3 構建特色城鎮化發展體系 / 207

9.3.1 著力構建大城市 / 207

9.3.2 積極培育中小城市 / 208

9.3.3 重點發展小城鎮 / 208

9.4 推進農業現代化發展 / 209

9.4.1 推進農業信息化 / 210

9.4.2 加強農業產業化 / 210

9.4.3 加快技術創新 / 211

9.5 完善農村基礎設施建設 / 212

9.5.1 增加農村財政支出 / 212

9.5.2 引進多元化投資主體 / 213

9.5.3 加強信息基礎設施建設 / 214

9.6 提升農村人力資本 / 214

9.6.1 以服務「三農」為方向 / 215

9.6.2 加強九年義務教育 / 215

9.6.3 健全貧困生幫扶制度 / 216

9.7 加快民族地區、貧困地區發展 / 217

9.7.1 推動脫貧攻堅工程 / 217

9.7.2 促進產業體系發展 / 218

9.7.3 擴大對外開放 / 218

9.8 本章小結 / 219

10 主要結論與研究展望 / 221

10.1 主要結論 / 221

10.2 研究展望 / 224

参考文獻 / 226

1 導論

1.1 選題背景與意義

1.1.1 研究背景

世界銀行前首席經濟學家、副行長、諾貝爾經濟學獎獲得者約瑟夫·斯蒂格利茨（Joseph Stiglitz）曾預言：「21世紀影響人類社會進程的最主要的兩件大事是，一美國的新技術革命，二中國的城鎮化。」城鎮化道路的抉擇是否正確正在成為影響中國現代化建設是否成功和經濟是否持續增長的核心命題。作為一場深刻、全面的社會變革，中國的新型城鎮化推進有著重要的戰略意義，為使新型城鎮化能有序開展且穩步推進，我們必須探尋有效的改革方法與實現路徑。

1978年以來，中國城鎮化進程發展迅速，平均每年增長約1%，截至2016年年底，中國城鎮化水準已經從1978年的17.92%迅速上升到57.35%，標誌著中國從農業大國進入以工業化和城鎮化為主的歷史新階段。我們用幾十年的時間走過了西方發達國家幾百年走過的歷程，用占世界7%的土地養活了全球22%的人口，綜合國力明顯增強，國際影響力顯著提升，成為僅次於美國的全球第二大經濟體。2008年國際金融危機以來，

中國經濟發展健康良好，對世界經濟的穩定起著非常重要的作用，以中國為代表的新興經濟體成為世界經濟增長的主導力量。伴隨著城鎮化與工業化進程的加快，中國經濟增長取得了舉世矚目的偉大成就，儘管如此，中國離發達國家70%以上的城鎮化水準仍有較大差距，仍處於城鎮化的中期階段。隨著中國經濟的快速增長，人民生活水準不斷提高，中國的城鄉居民收入差距總體呈不斷上升的趨勢，城鄉居民收入比值從改革開放初期的2.56攀升到2009年的3.33，雖然2016年下降到2.72，但城鄉居民絕對收入差距仍達到21,263元左右，是全國農村人均收入的兩倍左右。城鄉居民收入差距不斷上升的態勢已經成為中國經濟健康可持續發展和現代化建設的嚴峻挑戰，中國已經成為世界上收入不平等最為嚴重的國家之一。

在國際秩序發生深刻變化、中國經濟進入新常態的發展背景下，中共中央提出了「一帶一路」，為西部地區發展打開了一扇機遇的大門。新時期，西部地區如何抓住機遇迎接挑戰成為擺在西部各級政府面前的重要課題。作為中國經濟發展格局戰略性調整的重大決策，西部大開發自1999年提出以來已經進入第十九個年頭，西部大開發戰略在推進城鎮化進程、改善基礎設施、發展經濟社會、加強民族團結、維護社會穩定、縮小收入差距等方面取得了重大進展。但由於制度安排缺陷、經濟基礎薄弱和政策改革的滯後，西部地區①的收入分配差距日益嚴重，消極影響不斷顯現，成為阻礙西部地區經濟社會整體進步的重大制約。系統分析西部地區城鎮化與城鄉收入差距發展歷程、特點與問題，冷靜判斷西部地區城鄉收入分配不平等狀態和影響收入分配差距擴大的原因，科學提出第二輪西部大開發政策調整方向和有效的收入分配改革措施，對進一步縮

---

① 本書西部地區指：廣西、重慶、四川、貴州、雲南、西藏、陝西、甘肅、青海、寧夏、新疆、內蒙古十二個省、市、自治區。

小西部地區城鄉居民收入差距，促進社會和諧與穩定，提高西部大開發戰略質量與效益都有著重大的理論意義和實踐價值。

1.1.2 研究意義

本研究旨在通過系統梳理中國西部城鎮化與城鄉收入差距的發展歷程、特點與問題，分析城鎮化對城鄉收入差距的影響機制與途徑，研究兩者在西部地區的關係，提出推進西部新型城鎮化與縮小城鄉收入差距的戰略構想、制度安排與戰略途徑。

本書的理論意義在於：本研究從中國西部地區城鎮化與收入差距的關係出發，系統梳理國內外相關的文獻理論，比較了國內外縮小收入分配差距的模式，總結經驗教訓，試圖探索一條適應新時期西部地區城鄉收入公平分配的制度創新機制與政策調整道路，推進縮小城鄉居民收入分配差距的戰略與理論研究的深化。此外，本書在總結及發展前人關於城鎮化與經濟增長關係的基礎上，探索性地提出了城鎮化對城鄉收入差距的作用機理，通過數學模型和理論模型證明了城鎮化有助於城鄉收入差距的縮小，進一步深入揭示了兩者的影響機制和途徑，有利於認識其本質關係，為兩者關係的研究提供了進一步的理論支持。

本書的實踐意義在於：西部地區城鎮化發展滯後與城鄉收入差距巨大是當前西部經濟社會發展面臨的重要問題。本書努力探索西部地區城鄉收入分配差距擴大的態勢與存在的問題，發現西部地區仍存在著制度安排缺陷、城鎮結構體系失衡、特色資源開發不足、產業發展落後、農民工市民化進程緩慢等發展問題，而實證研究發現城鎮化的推進有利於西部城鄉收入差距的縮小。因此，本書根據西部的自然地理環境和資源優勢，提出了如下戰略路線：以調整戰略轉型為先導，以構建多中心—外圍的城鎮體系為基礎，以加強小城鎮建設為載體，以工業反哺農業和農業現代化為依託，以健全的立法和完善的制度為保障，以城鄉統籌和進

一步縮小城鄉收入差距為目標，著力調整西部城鄉收入分配問題，合理引導，紮實推進，形成城鄉經濟協調發展的格局。分別提出了城鎮、鄉村、城鄉統籌發展和縮小城鄉收入差距的制度安排，以及大眾創業、萬眾創新，以城帶鄉、以工促農和優勢產業帶動的戰略模式，探索了推進西部新型城鎮化與縮小城鄉收入分配差距的方式途徑，為政府決策提供可操作的政策建議。

本書的政治意義在於：西部地區作為中國經濟社會發展的落後地區，是中國城鎮化水準最低、城鄉居民收入差距最大的區域，這裡民族種類最多，民族人口分佈最集中，也是中國社會穩定壓力最重的地區。全面認識西部地區城鎮化與城鄉收入差距的發展態勢，冷靜分析西部地區發展面臨的嚴峻態勢，探索推進西部地區新型城鎮化和縮小收入分配差距的戰略與制度安排，完善社會穩定的機制，對於促進社會公平、城鄉經濟協調發展，有效遏制不穩定因素，積極化解社會衝突，科學推進西部地區經濟發展，實現社會安定、民族和諧穩定與維護國家安全均具有重要的政治意義。

1.2 研究思路與框架

1.2.1 研究思路

本書以國外城鎮化推進與城鄉收入差距縮小的理論與文獻為基礎，以西部地區城鎮化與城鄉收入差距的走勢與問題為主線，以二者的關係為核心，以推進西部地區新型城鎮化、縮小城鄉收入分配差距為目標，經由系統化的理論探討、全面性的數據分析和逐層深入的實證檢驗，得出兩者的關係並進一步提出政策建議。本書的基本研究思路是：

首先，對國內外文獻資料進行系統的梳理，包括城鎮化與

收入差距的概念、內涵與衡量。然後從國外城鎮化的起源出發，分階段描述了國外城鎮化發展歷程，分析了國外城鎮化發展的基本規律，總結了國外城鎮化道路的經驗與教訓，並得出對中國推進西部新型城鎮化的啟示。同時，本書對國外城鎮化進程中縮小城鄉收入差距的經驗進行了分析，結合中國實際情況，得出對中國城鄉收入差距縮小的啟示。

其次，筆者討論了中國城鎮化與收入差距的發展歷程與問題。在此基礎上，分析了西部地區城鎮化與城鄉收入差距的發展歷程與問題，1995年以來，西部地區城鄉收入差距總體上經歷了先震盪攀升後下降的趨勢。西部地區城鄉收入差距的變化趨勢有著與全國相似的背景，然而由於其自然歷史條件的獨特性，其發展變化也有其獨特的特點，表現為：區域性、階段性和複雜性。西部城鎮化進程中城鄉收入差距的發展問題表現在：國家戰略層面問題、財政轉移支付力度較弱、農村基礎設施落後、農村人力資本水準低下等。

再次，本書探討了城鎮化的動力機制，包括農業、工業和第三產業驅動理論，研究了城鎮化影響經濟增長的途徑。並建立數學模型分析了城鎮化對城鄉收入差距的影響機制，並說明了其影響途徑。筆者對1995年以來的西部地區12個省份的面板數據（由於西藏數據缺失嚴重，本書不對其進行討論）進行了計量模型的實證研究，結果證明西部地區城鄉收入差距經歷了先上升後下降的倒U型趨勢，並且西部地區城鎮化推進有助於縮小城鄉收入差距。

最後，本書在對西部地區面板數據實證檢驗的基礎上，提出了推進西部地區新型城鎮化與縮小城鄉收入差距的戰略思路、戰略原則與戰略目標，並分別提出了調整西部大開發戰略轉型、構建多中心—外圍城鎮群、加快小城鎮和新農村建設的戰略重點和具體的戰略模式。從城鎮、農村、城鄉統籌以及縮小城鄉

收入差距四個方面提出了相應的制度安排。本書對加強特色資源開發、促進特色產業發展、構建特色城鎮化體系、推進農業現代化、完善農村基礎設施建設、提升農村人力資本和加快民族地區與貧困地區發展等方面提出了具體的戰略途徑。

1.2.2 研究框架

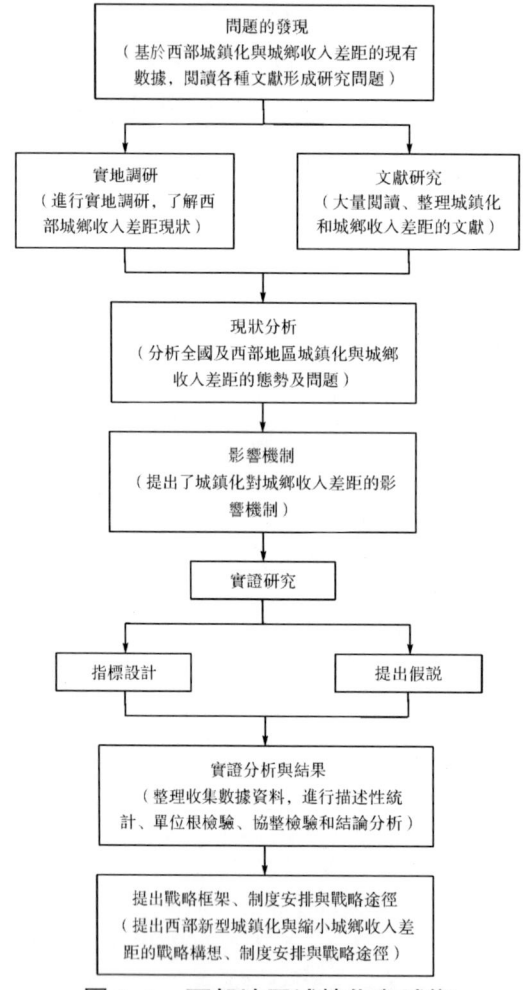

```
問題的發現
(基於西部城鎮化與城鄉收入差距的現有
數據，閱讀各種文獻形成研究問題)
         │
    ┌────┴────┐
    ▼         ▼
 實地調研    文獻研究
(進行實地調研，了解西  (大量閱讀、整理城鎮化
部城鄉收入差距現狀)  和城鄉收入差距的文獻)
    └────┬────┘
         ▼
      現狀分析
(分析全國及西部地區城鎮化與城鄉
    收入差距的態勢及問題)
         │
         ▼
      影響機制
(提出了城鎮化對城鄉收入差距的影
         響機制)
         │
         ▼
      實證研究
         │
    ┌────┴────┐
    ▼         ▼
 指標設計    提出假說
    └────┬────┘
         ▼
    實證分析與結果
(整理收集數據資料，進行描述性統
計、單位根檢驗、協整檢驗和結論分析)
         │
         ▼
提出戰略框架、制度安排與戰略途徑
(提出西部新型城鎮化與縮小城鄉收入差
距的戰略構想、制度安排與戰略途徑)
```

圖1-1 西部地區城鎮化與城鄉收入差距的關係研究框架

1.2.3 研究方法

第一，理論研究。關於城鎮化與城鄉收入差距的發展與治理，國內外已有大量的研究成果，本書對這些文獻進行系統分析和梳理。除了概念、內涵和衡量方式外，本書著重分析了國外城鎮化進程的基本規律、經驗與教訓，並提出了國外縮小城鄉收入差距的經驗及其對中國的啟示。筆者通過分析城鎮化的農業、工業、第三產業驅動機制，進一步說明了城鎮化對經濟增長的影響機理，並在前人的研究基礎上，探索性地提出了城鎮化對城鄉收入差距的影響途徑。

第二，定性與定量分析。定性分析與定量分析是互為補充的，二者所採取的研究方法不同。定性分析採取的是演繹推理、歸納概括、分析總結等方法，在已搜集資料的基礎上對研究的問題進行質的分析，揭示出分析對象的本質及發展規律。定量分析是在定性分析的基礎上，運用數據與數學模型，利用各項指標更加精確、客觀地分析研究對象的規律，是對定性分析的一種重要補充。由於定性分析與定量分析各有優點，因此本書綜合利用兩種分析方法開展研究。筆者先從定性分析方法著手，對城鎮化與城鄉收入差距的做出本質的闡述，界定各自的內涵與衡量方式，在此基礎上提出了兩者之間關係的影響機制；然後利用定量分析方法，建立數學模型，利用計量方法精確分析城鎮化與城鄉收入差距的數量關係，並通過對實證結果的分析，得出具有針對性的政策建議。

第三，實證研究。結合已有理論研究，本書通過搜集或觀察數據，利用軟件或設備對所提方案及設計的步驟進行操作，進而驗證假設與結果間的關係，歸納出研究對象的本質及發展規律。本書運用1995—2016年西部12個省份的數據，通過對西部城鄉收入差距的走勢與經濟發展水準的關係進行分析，發現

西部城鄉收入差距的變動趨勢在數學意義上具有庫茲涅茨倒 U 型曲線的特徵。本書通過對西部城鎮化對城鄉收入差距的影響進行建模和實證分析，得出了西部地區城鎮化與城鄉收入差距之間的數量關係及其他影響因素。

1.3　創新點與不足

1.3.1　主要創新

第一，研究視角的創新。本書利用區域經濟學、城市經濟學、制度經濟學、福利經濟學和人口學的學科知識對西部地區城鎮化與城鄉收入差距問題進行探討，突破了傳統研究城鎮化和收入分配的問題時的單一視角，實現了不同學科在同一研究問題上的交叉和融合，有助於更全面、更系統地認識兩者的關係及影響機制。

第二，研究內容創新。由於現有的城鎮化與城鄉收入差距研究大部分基於全國視角，而對欠發達的西部地區城鎮化與城鄉收入差距的走勢與關係的專門分析相對薄弱，本書系統分析了西部地區城鎮化與城鄉收入差距的發展態勢與問題，提出了西部地區城鄉收入差距的發展特點，包括區域性、階段性和複雜性，並總結了其發展問題，包括國家戰略層面問題、財政轉移支付力度較弱、農村基礎設施滯後、農村人力資本水準低下、民族地區和貧困地區發展封閉等。

第三，研究方法創新。本書從城鎮化的農業、工業和第三產業的動力機制出發，進一步分析了城鎮化對經濟增長的影響途徑。並在前人的研究基礎上，探索性地提出了城鎮化對城鄉收入差距的影響機理，筆者通過建立數學模型，發現區域內部

農村人口向城鎮流動和跨區域流動均有利於城鄉收入差距的縮小，並從城鎮化可以創造就業機會、促進農業規模化和產業化、促進鄉鎮企業發展和推動農民工市民化形成循環累積效應四個方面提出了城鎮化對城鄉收入差距的影響途徑。

第四，研究結論創新。筆者有針對性地提出了推進西部地區新型城鎮化與縮小城鄉收入差距的戰略構想、制度安排與戰略途徑。在借鑑國外典型國家或地區城鎮化與縮小城鄉收入差距經驗啟示的基礎上，針對西部地區的特殊性，本書提出了推進西部城鎮化和縮小城鄉收入差距的戰略重點：調整西部大開發戰略轉型、建設多中心—外圍城鎮群、加強小城鎮建設和推進新農村建設。本書探索性地提出了西部地區應重點發展以成都和重慶為中心城市的成渝雙中心—外圍城鎮群，以呼和浩特、包頭、銀川為中心城市的呼包銀三中心—外圍城鎮群，以南寧、貴陽、昆明為中心城市的南貴昆三中心—外圍城鎮群，以西安、蘭州為中心城市的西蘭雙中心—外圍城鎮群等四大核心城鎮群落，通過他們的網絡化關聯發展帶動中小城市和小城鎮的發展，強化其對農村腹地的擴散效應，推動西部新型城鎮化的發展。本書從新型城鎮化、新農村建設、城鄉統籌和縮小城鄉收入差距四個方面提出了各自的制度安排，然後提出了加強特色資源開發、促進特色產業發展、構建特色城鎮化體系等主要戰略途徑。

1.3.2 不足之處

本書中，作者試圖在前人的研究基礎上，對城鎮化與城鄉收入差距關係的理論與實證方面進行一定的拓展，但由於自身能力及客觀條件的限制，本書仍存在諸多缺陷和不足：

第一，本書在研究西部地區城鎮化與城鄉收入差距的關係時偏宏觀。一方面，城鎮化和城鄉收入差距涉及經濟社會的方

方面面，因此，不可能對涉及的每一個方面都進行深入的研究，而只能作宏觀的表述；另一方面，西部地區是一個範圍較廣的地區，包含12個省份，社會、經濟、資源和城鎮化發展基礎都存在著較大的差異，由於本書側重點在於整個西部，因而未能對各個地區作逐一深入的分析，只能選取個別具有代表性的區域進行重點討論。

　　第二，本書在分析西部地區城鎮化與城鄉收入差距的關係時，對西部民族地區、貧困地區及老少邊窮地區的特殊性僅作了簡要的分析和概括，未能做出深入探討，對推進西部新型城鎮化和縮小城鄉收入差距的複雜性、困難性及艱鉅性探討深度仍然不足。此外，本書對西部地區城鎮化與城鄉收入差距的關係在東部、中部地區的表現形式與發展問題未能做出深入的對比分析，其可以作為未來進一步研究的方向。

　　第三，在中國和西部地區城鎮化與城鄉收入差距的發展歷程中，由於某些年份某些省份的數據缺失，因此未能採用更長歷史時期的數據進行比較分析。中國的城鄉收入差距從1978年後開始分析，而西部城鄉收入差距的研究主要從1995年之後開始，數據統一性較弱。由於國家統計局網站上公布的部分指標數據缺乏連續性，數據採集不能完全到位，進行數據分析和面板數據實證檢驗時僅用了搜集到的1995—2016年這22年的242個指標數據，導致分析的廣度與深度不夠全面。

2 理論基礎與文獻綜述

　　城鎮化作為經濟發展過程中的必經階段，是一種具有普遍性和規律性的世界現象。本章筆者主要從理論和實踐的角度對城鎮化與收入差距的關係進行深入研究，通過對現有文獻的歸納和梳理，總結出了城鎮化的內涵與衡量、收入差距的發展歷史與衡量、城鄉收入差距的趨勢變化及影響因素，進而對這些研究成果進行簡要評述，為本書的研究奠定理論基礎。

2.1 城市化與城鎮化的概念界定

2.1.1 城市化

　　從人類歷史上看，城市的雛形早在公元前3000年左右的尼羅河流域、古印度等地區就已出現，到18世紀中期，西方國家城市化在產業革命的推動下得到了迅速的發展。而城市化（Urbanization）一詞是由西班牙人賽羅達（A. Serda）於1867年在《城市化基本理論》首次提出，並在20世紀風靡全球。

　　城市的產生和發展是社會生產力發展到一定階段的產物，非農業人口的集中和非農產業的集中是城市的兩個基本特徵。以西蒙·史密斯·庫茲涅茨（Simon Smith Kuznets）為代表的學

者，把城市化定義為人口由鄉村向城市集中的過程①，這種定義顯然忽視了經濟結構的變化。以科林・克拉克（Colin Clark）為代表的學者將第一產業向第二、三產業轉換的過程定義為城市化，這彌補了上述定義的缺陷。綜合來看，城市化可以定義為：人口從農村向城市集中，第一產業向第二、三產業轉換的過程。這一過程常常伴隨著城市用地擴展，生活方式及城市文明向鄉村滲透等一系列現象。歌德伯格（Davis J. Goldberg）認為，城市化是鄉村地區逐漸變成城市地區的過程。② 美國學者沃納・赫希（Warner Hirsch）提出，城市化是指人口從分佈分散、勞動強度大的空間轉向特點相反的城市經濟的過程。③ 約翰・弗里德曼（John Friedman）認為，城市化可分為兩個方面的內容，一方面是人口及非農業活動向城市區域集中、城市景觀逐漸替代非城市景觀的過程，另一方面是城市文化、生活方式和價值觀向鄉村滲透的過程。④ 日本經濟學家山田浩之通過構建城市產業人口聯動模型來研究城市產業結構與人口構成的關係，認為城市化由兩方面構成，一是經濟基礎建設進程中的城市化，二是社會文化擴散過程中的城市化。⑤

不同學科從各自視角對城市化進行了的定義，人口學中的城市化指的是人口的城市化，即人口從農村逐漸向城市轉移、集中的過程，具體表現方式有兩種，一是城市人口數量的增長，

---

① 西蒙・庫茲涅茨. 現代經濟增長 [M]. 北京：北京經濟學院出版社，1989.

② DAVIS J H, GOLDBERG R A. A concept of agribusiness [D]. Boston: Harvard University, 1957.

③ 沃納・赫希. 城市經濟學：中譯本 [M]. 劉世慶，李澤民，廖果，譯. 北京：中國社會科學出版社，1990.

④ John Friedman. Regional development policy: A case study of Venezuela [M]. Cambridge: MIT Press, 1996.

⑤ 山田浩之. 城市經濟學 [M]. 大連：東北財經大學出版社，1991.

二是城市數量的增加。英國學者克里斯托弗·威爾遜（Christopher Wilson）是這一觀點的代表之一。社會學所理解的城市化是一個社會變遷、社會結構發生變化的過程，更加側重考察人口城市化過程中思想觀念、生活方式及宗教信仰等方面的變化，強調這些非經濟因素對城市化的推動作用。地理學中的城市化研究的是人口和產業在區域空間的分佈、變遷，並最終形成具有集聚特徵、經濟佈局合理的空間區位的過程。歷史學家視野中的城市化是政治、經濟及文化等人類文明從區域向全面擴散的歷史發展過程。經濟學家們從經濟學的角度提出，集聚效應和規模經濟效應是城市化的內在核心動力，城市化也是第一產業逐漸向第二、三產業轉移的過程，其結果以區域經濟發展的表現形式呈現出來。綜上我們可以得出，城市人口比重上升和產業結構的轉變是城市化過程的重要特徵。

2.1.2　城鎮化

西方的城市化包含了人的城市化和產業的城市化，即人口向城市集中和勞動人口由第一產業向第二、三產業遷移的過程。他們都屬於城市化範疇，本質上強調了經濟活動中心從農村轉出。西方學者的城市化強調轉向城市，而中國學者提出的城鎮化則強調轉向城鎮，兩者在地理意義上的側重點不同。

城鎮一般是指縣城、經濟發達的鄉鎮和環繞大城市而建設的衛星城鎮。城鎮化是由中國學者提出的新詞彙，它始於城市化，但又不完全等同於城市化，1991年，辜勝阻在《非農化與城鎮化研究》中認為，伴隨著社會結構和經濟結構的改變，人口、資本和非農產業等開始向城市地區進行聚集[①]。此後，對城鎮化的研究激起了很多學者的熱情，他們從不同的角度對城鎮

---

① 辜勝阻. 非農化與城鎮化研究 [M]. 杭州：浙江人民出版社，1991.

化進行了較為全面的研究，並取得了許多研究成果，呈現出百家爭鳴的景象。汪光燾（2002）①從社會分工的角度提出，城鎮化是經濟的發展、社會分工越來越精細導致人口向城鎮集中的過程。

　　1999年9月，《關於制定國民經濟和社會發展第十個五年計劃的建議》中正式採用了城鎮化一詞，此後，城鎮化一詞在中國被頻繁使用，並逐漸取代城市化。然而，城鎮化並未有一個統一的概念。胡序威認為，城市的範疇有廣義和狹義之分，鄉村居民點之外的各種城鎮型居民點是廣義的城市，這時城市化與城鎮化是一個概念；而狹義的城市是指根據行政劃分而界定的市級以上的城市。因此在中國小城鎮居多的情況下使用城鎮化比使用城市化更切合實際情況。由於中國人口轉移主要從農村向各類城鎮地區轉移，因而週一星認為城鎮化比城市化更加符合中國國情。郭濂（2014）指出，中國特色城鎮化道路是由中國國情決定的，中國人口眾多、地域廣闊、區域經濟發展各異，城鎮化既包括了大、中城市，也包含和側重了更有潛力的縣域城鎮，因此使用該概念更加綜合、全面。丁守海（2014）認為，西方國家由於工業化起步較早，為城市化累積了足夠的經濟基礎，他們的城市化道路以人口向大城市轉移、非農產業向大城市聚集為主；但是在中國，改革開放後城鎮化才剛剛興起，由於工業基礎薄弱，經濟建設落後，對於大城市的發展力不從心，只能從小城鎮開始著手。中國人口眾多、土地廣袤、資源豐富，有在農村周圍搞小城鎮建設的條件和基礎，因此，中國實行的城鎮化主要是小城鎮的發展。數據顯示，截至2014年年底，中國已有750個城市，設立建制鎮20,401個，中國城

---

　　① 汪光燾. 關於當代中國城鎮化發展戰略的思考 [J]. 中國軟科學，2002(11): 3-11.

鎮土地面積5年增幅為17.7%，其中建制鎮土地增加26.8%。中國城鎮土地總面積為890萬公頃（1.335億畝），其中建制鎮面積占53%，且成區域分化態勢，近五年來，東、中部地區城鎮土地面積都有明顯提高，其中東部地區、中部地區和西部地區的增幅分別為14.7%，27.8%和32.6%。

2.1.3 新型城鎮化

習近平於2007年3月發表的文章《走高效生態的新型農業現代化道路》首先提出了新型城鎮化對「三農」經濟的促進作用。[①] 隨後，新型城鎮化在政府工作中的重要性逐漸凸顯。

黨的十七大報告提出了中國特色城鎮化道路應遵循的原則、實施重點及目標，黨的十八大進一步明確了信息化和農業現代化在新型城鎮化推進過程中的重要作用，強調要建立全面的社會保障制度[②]。2012年的中央經濟工作會議又把生態文明建設加入中國城鎮化道路之中，指出要走集約、綠色、低碳的經濟發展之路。2013年12月的中央城鎮化工作會議將新型城鎮化升級為推動內需和產業升級的動力，並提出了堅持以人為本的新型城鎮化要求。在2014年3月的政府工作報告中，李克強指出要重點解決棚戶區改造和城中村改造問題，引導中西部地區就近城鎮化，同月出抬的《國家新型城鎮化規劃（2014—2020年）》制定了中國城鎮化發展的頂層設計和全面規劃，為城鎮化的全面推進指明了方向。鑒於中國各地經濟發展水準差距較大的現實情況，2014年12月根據分類實施、試點先行的思路，國家公布了一批新型城鎮化綜合試點的地區名單，標誌著中國

---

① 習近平. 走高效生態的新型農業現代化道路 [N]. 人民日報，2007-03-21.
② 新華網. 中國共產黨第十八次全國代表大會報告 [EB/OL]. (2012-11-19). http://www.xj.xinhuanet.com/2012-11-19/c_113722546.htm.

新型城鎮化正式拉開序幕。2015年2月，李克強在《以改革創新為動力加快推進農業現代化》一文中強調，要加強公共服務和基建設施建設，為農村人口城鎮化提供物質保障，重點提升中小城鎮對人口流入和產業轉移的承載力。[①] 2015年3月，在2014年度政府工作報告上，李克強指出改革在中國新型城鎮化過程中發揮著巨大的作用，要把改革作為解決城鎮化過程中問題的抓手，切實推進戶籍制度改革，消除人口流動的政策障礙。在2015年6月舉行的第四屆全球智庫峰會上，李克強把城鎮化視為解決中國區域經濟發展不平衡的關鍵舉措，在縮小城鄉收入差距方面尤為重要。

表2-1　　城鎮化與新型城鎮化道路的提出

時間	會議	具體政策
1999.9	第十五屆四中全會	「十五規劃」首次採用了「城鎮化」一詞，提出「有重點地發展小城鎮，積極發展中小城市，完善區域中心城市功能，發揮大城市的輻射帶動作用」
2002.11	黨的十六大	提出要堅持大中小城市和小城鎮協調發展，走中國特色的城鎮化道路
2007.10	黨的十七大	走中國特色城鎮化道路，按照「統籌城鄉、佈局合理、節約土地、功能完善、以大帶小」的原則，促進中小城市和小城鎮協調發展
2012.12	黨的十八大	走中國特色新型工業化、信息化、城鎮化、農業現代化同步發展道路
2012.12	中央經濟工作會議	積極引導城鎮化健康發展，走集約、智能、綠色、低碳的新型城鎮化道路

---

① 李克強. 以改革創新為動力加快推進農業現代化 [J]. 求是，2015（2）：1-10.

表2-1(續)

時間	會議	具體政策
2013.12	中央城鎮化工作會議	科學發展的新型城鎮化道路，核心是以人為本，關鍵是提升質量，與工業化、信息化、農業現代化同步推進
2014.3	十二屆全國人大第二次會議上政府工作報告	推進以人為核心的新型城鎮化，堅持走以人為本、四化同步、優化佈局、生態文明、傳承文化的新型城鎮化道路，今後一個時期，著重解決好現有「三個1億」問題
2014.9	推進城鎮化建設試點工作會議	新型城鎮化貴在突出「新」字、核心在寫好「人」字，推進新型城鎮化要因地制宜、分類實施、試點先行
2015.3	十二屆全國人大三次會議	要推進新型城鎮化取得新突破，城鎮化是解決城鄉差距的根本途徑

註：根據1999年以來中央政府有關城鎮化的會議資料整理

從「城市化」到「城鎮化」，再到「新型城鎮化」的演變過程是中國對城鎮化概念的理解不斷深入、不斷探索和實踐的過程，也是政府努力實現中國經濟發展、持續提高人民生活水準的過程，為中國的新型城鎮化建設提供堅實的理論和實踐基礎。

2.2 城鎮化的相關理論與衡量

2.2.1 城鎮化的理論基礎

國外學者在城鎮化研究方面總結出的主要理論有：區位理論、二元結構理論、增長極理論、中心—外圍理論和人口遷移理論等。這些理論分別從不同的視角對城鎮化現象進行了考察

和論證。

2.2.1.1　區位理論

19世紀，德國的約翰·馮·杜能（Johan Heinrich von Thunnen）是最早開始研究區域經濟理論的經濟學家，阿爾弗雷德·韋伯（Alfred Weber）、克里斯泰勒（W. Christaller）、奧古斯特·廖什（August Losch）等人在他的研究基礎上進行了拓展和完善，逐漸發展並形成了比較完備的理論體系。

在區位理論研究中，如何確定最佳位置是一個核心問題。約翰·馮·杜能於1826年在文章《孤立國同農業和國民經濟之間的關係》中首先對這一問題進行了闡述，他認為在利潤驅動下，運輸費用對農作物的佈局有重要的影響，區位地租水準隨著離城市距離的拉近而上升，並且決定了農業土地的利用方式，比如在距離城市較近的地方種植運費較高，不易保存的農作物，而在距離城市較遠的土地上種植運費較低，可長久保存的農作物，最終形成一個由不同農作物構成的同心圓結構，即著名的「杜能環」①。以大城市為中心的杜能環共由種植不同農作物的六環構成，如圖2-1所示。約翰·馮·杜能的農業區位理論的主要貢獻在於首創了孤立化的思維方式，揭示了農業土地的利用與市場空間的關係，為進一步研究土地空間的利用奠定了理論基礎。同時，他的理論不足之處在於分析時僅考慮了運輸費用的影響，忽略了勞動力等其他因素，與現實狀況不符。

工業區位理論最初是由德國經濟學家阿爾弗雷德·韋伯於1909年提出的，在產業革命的背景下，他沿襲約翰·馮·杜能的思路，並在繼承前者觀點的基礎上，分析了人口由農村向城

---

①　約翰·馮·杜能. 孤立國同農業和國民經濟之間的關係 [M]. 吳衡康, 譯. 北京：商務印書館, 1986.

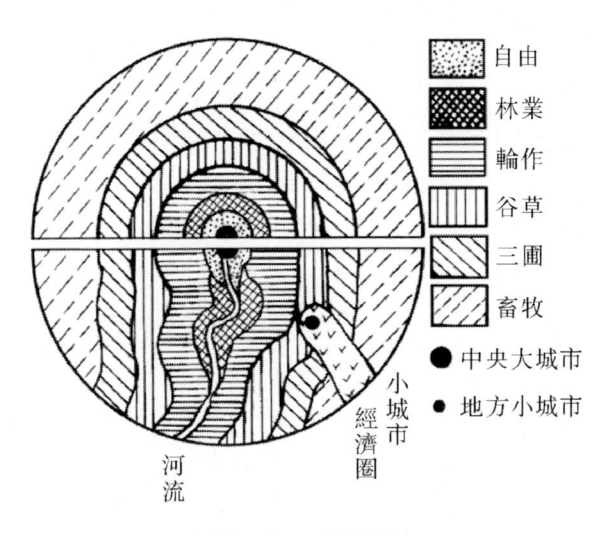

圖中標示：自由、林業、輪作、谷草、三圃、畜牧、中央大城市、地方小城市、小城市經濟圈、河流

圖 2-1　杜能環

市大規模流動的原因和產業集聚機制。[1] 阿爾弗雷德·韋伯還在運費這一因素的基礎上，新增了兩個重要因素，即勞動力費用與集聚效應，二者的共同作用導致原來的單一依據運輸費用選擇的區位有所改變。他全面考慮了運輸費用、工資成本和集聚效應對總成本的影響，並將總成本最小化作為廠商選擇廠址的依據，最終實現區位選擇的最優化。阿爾弗雷德·韋伯的研究成果為產業區位研究做出了重大貢獻，也奠定了近代工業理論的發展基礎。不過該理論也具有一定缺陷，阿爾弗雷德·韋伯提出的運費是與重量和距離成比例的增加，而現實中運費往往是遞減的，其完全競爭條件假設也並不現實。並且根據阿爾弗雷德·韋伯的最小費用原則所選擇的成本最小區位，並不一定獲得最大利潤，而追求利潤最大化的廠商往往更加注重利潤最大的區位。

---

[1] 阿爾弗雷德·韋伯. 工業區位論 [M]. 李剛劍, 譯. 北京：商務印書館，1997.

德國經濟地理學家克里斯泰勒（W. Christaller）在《德國南部中心地原理》一書中，經過一系列的假設，提出了由中心城市和外圍多層次的市場區域構成的空間結構體系，即正六邊形的中心網絡體系（或中心地理論），如圖2-2所示，並認為該體系在經濟運行中最為有效率。在這個網絡系統中，城市占據核心地位，能夠為周邊鄉村提供產品和服務，因而城市應建設在鄉村的中心區域。城市核心地位的形成遵循了市場原則、交通原則和行政原則。① 其不足之處在於，它沒有考慮到企業間的專業化效應和集聚效應，也忽略了居民居住地選擇的相互作用，是一種靜態的分析。其生產地的集中對消費者的區位決策影響不大的觀點也受到質疑。

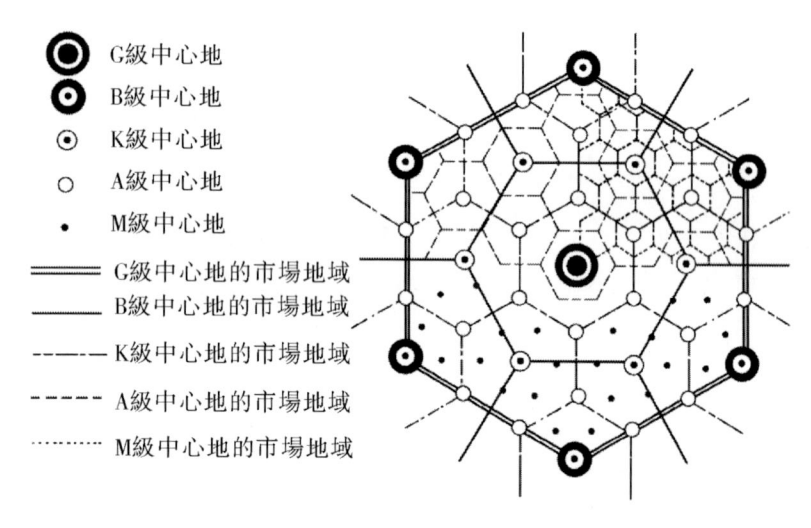

圖2-2 中心地體系

奧古斯特·廖什（August Losch）擴展了克里斯泰勒的分析，把市場需求引入對區位理論的研究之中，進而探討了市場

---

① 克里斯泰勒. 德國南部中心地原理 [M]. 常正文，王興中，等譯. 北京：商務印書館，2010.

區位體系和工業企業最大利潤的區位,形成了他的市場網絡理論,如圖2-3所示。奧古斯特·廖什從地域同質性、生產要素和需求均勻分佈這些假定出發,也推出了六邊形市場區域,並認為其大小取決於需求條件和生產條件。因為存在競爭,區域內的生產者會相互聚攏形成聚集效應,這種效應會在市場需求量僅能達到最低需求量時停止,即利潤最大時停止。因而,不同的產品會呈現出不同大小的蜂窩狀的市場網絡。克里斯泰勒是在K值固定比值的假定下推導出中心地等級結構,而奧古斯特·廖什則是運用K可變比值的方法推導出市場網絡體系的結構[①]。奧古斯特·廖什承認專業化生產地的存在,同時,他的市場網絡模型也比克里斯泰勒的中心地模型表現出更大的適應性。然而,他的區位理論局限性在於生產成本主要考慮了原材料的運輸費用,而在技術密集型、知識密集型企業中,運輸費用應是次要考慮的因素,首先考慮的應是人力資本和智力資源。

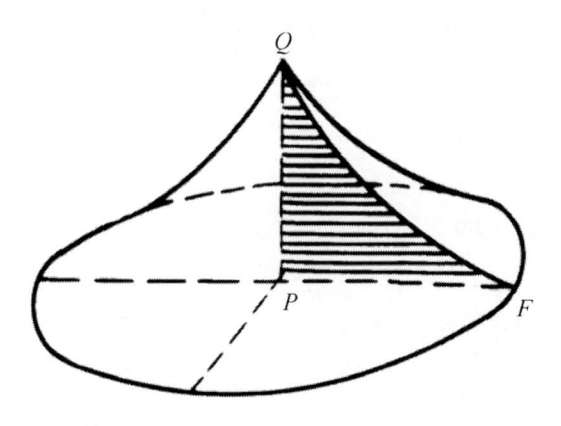

圖2-3 廖什的市場區與需求圓錐體

第二次世界大戰以後,學者們試圖將局部性的區位結構理

---

① 奧古斯特·廖什. 經濟的空間秩序 [M]. 王守禮,譯. 北京:商務印書館,2010.

論進一步整合，發展為一般的空間均衡理論，並做出了重要貢獻。他們的研究特點：一是用基於經濟宏觀層面視角的研究替代從單個廠商決策的研究；二是研究方法從理論分析逐漸過渡到與實際情況更加符合的應用型區域模型研究；三是研究對象從農業逐漸擴大到第二、三產業；四是區位決策中考量的影響因素逐漸增加，比如居住、出行等方面的影響。其中影響較廣泛的學者有：沃爾特·艾薩德（Walter Isard）、貝里（Berry）、伯頓（Burton）、D. M. 史密斯（D. M. Smith）、C. A. 史密斯（C. A. Smith）等。

1940年，沃爾特·艾薩德的研究也推動了區位論的進一步發展，他的研究傾向於對傳統理論的進步一步拓展，以及對區位理論的部門應用研究。1950年後，他的研究方向轉移到區域整體的研究，大大拓展了區位理論的研究範圍，他將模型從單個廠商擴展到區域的政策、交通、商業、生態環境等多個部門的融合，並在定性分析的基礎上加入了具體的數量研究，走出了區位論僅限於理論研究的困境。[①] 他的研究從局部均衡走向了區域空間的總體均衡，並在他1960年的《區域分析方法》中系統闡述了區位論的理論和方法。沃爾特·艾薩德的研究是二戰後區位論研究發展的新方向，也標誌著區域科學的正式形成。

2.2.1.2　二元結構理論

英國經濟學家威廉·阿瑟·劉易斯（William Arthur Lewis）在1954年的《勞動無限供給條件下的經濟發展》首次提出了「兩部門結構發展模型」，即以現代化工業發展為主的城市部門和以傳統農業發展的農業部門兩個經濟部門，形成了「二元經濟結構」。威廉·阿瑟·劉易斯假設勞動力無限供給和工資水準不發生變化，那麼由於兩部門的勞動生產率的差異，兩部門的

---

① 沃爾特·艾薩德. 區域分析方法 [M]. 北京：高等教育出版社，1991.

工資水準也會不同。在欠發達國家或地區，由於農村存在著邊際勞動生產率為零的剩餘勞動力，不同的工資水準將會使農村剩餘勞動力轉向城鎮就業，這將有助於二元經濟結構的緩和，可以實現從二元向一元經濟的過渡。①

美國發展經濟學家約翰·費景漢（John C. H. Fei）和古斯塔夫·拉尼斯（Gustav Ranis）對劉易斯模型進行了改進，他們在劉易斯兩部門模型的基礎上，進一步將農業部門的剩餘勞動力分為了兩個部分，一個是不能增加農業總產出的邊際產出為零的部分，另一個是雖然邊際產出不為零，但不能滿足自身消費需求的部分，他們的產出也不能增加農業的總剩餘。在這些假設下，他們將農業剩餘勞動力轉向工業部門分為三個階段：首先是勞動生產率為零的剩餘勞動力的轉移，他們的流出對農業部門幾乎沒有影響；其次是小於農業部門平均生產水準但邊際生產率為正的勞動力，他們的轉移將使農產品產量下降，農業部門萎縮，而工業部門的工資水準開始上漲，二元經濟結構形成；最後是由於生產力的進步，傳統農業開始向現代農業過渡，農業和工業間的勞動力流動取決於邊際生產力，而部門工資也由邊際生產力決定，由此，二元經濟結構得以緩解。② 拓展後的新模型能更好地說明二元經濟結構的變化過程，也說明了農業和工業平衡增長的重要性，它的產生與緩和均取決於兩部門生產率的提高。劉易斯—費景漢—拉尼斯模型為我們提供了二元經濟結構可以得到緩解的理論基礎，也對發展中國家和地區走出二元經濟困境具有一定的指導意義。

---

① 威廉·阿瑟·劉易斯. 勞動無限供給條件下的經濟發展 [M]. 北京：北京經濟學院出版社，1954.

② 約翰·費景漢，古斯塔夫·拉尼斯. 勞動力剩餘經濟的發展 [M]. 北京：華夏出版社，1989.

2.2.1.3 增長極理論

法國經濟學家弗朗索瓦·佩魯（Francois Perroux）從1950年開始對經濟能否均衡增長進行研究論證，他認為一個國家或者地區的經濟增長一般是不平衡的，他們一般會從一個或者多個超過平均生產水準的「增長極」的強勁增長，逐步向其他部門或地區傳導。與其他經濟學家不同，佩魯把經濟發展的空間比喻為一個力場，這個特殊力場中存在具有推動性的單元，即增長極。他認為正是由於增長極的存在，才能推動中心區位的各工業部門在主導產業的帶動下更有活力的互動發展，帶動經濟的迅速增長。這些增長極通過各種的傳播渠道向外擴散，從而帶動整個區域的經濟發展。他提出增長極對區域的帶動作用表現為如下四點：一是技術的創新和擴散；二是產生規模經濟效益；三是資本的集中與輸出；四是形成集聚經濟效果。由此，處於增長極的中心區域優先增長，然後帶動周圍區域的發展。增長極的形成需要一定的條件：一是需要有創新能力的企業和企業家群體；二是該地區必須具有規模經濟效益；三是適合創新企業發展的良好環境，如資本、技術、勞動力、設備等硬件環境和高技術人才、優良的投資制度和政策等軟環境。[①] 增長極理論也稱極化理論，它的發現具有重要的實踐價值和政策意義，在經濟發展落後的地區要實現工業化和現代化，可以通過建立增長極來帶動臨近地區的發展。促進增長極形成有兩種方式：一是在市場機制的自發調節下產生；二是由政府通過政策引導和行政規劃推動建立增長極。雖然弗朗索瓦·佩魯的增長極觀點在實踐中還存在很多不可行性，但其思想為區域經濟如何發展提供了一定的參考。

在佩魯的研究基礎上，瑞典經濟學家岡納·繆爾達爾（Karl

---

① 弗朗索瓦·佩魯. 新發展觀 [M]. 北京：華夏出版社，1987.

Gunnar Myrdal）和美國經濟學家阿爾伯特·赫希曼（Albert O. Hirschman）進一步討論了區域發展極化的機制。岡納·繆爾達爾和阿爾伯特·赫希曼對於增長極的解釋是，偶然事件的正向刺激可能會為某地區帶來經濟快速的增長，由於規模經濟、外部經濟和集聚效應等的存在，可能會為該地區帶來持續的增長，然而，偶然的反向刺激也可能會阻礙一些地區的經濟增長。這種正向的刺激一般是由於某部門或者行業的創新、技術進步或者政策影響。由於某部門的增長刺激或者阻礙，通過外部性將這種積極或者消極作用傳導到其他部門，使整個經濟增長發生變化。在新古典經濟學家看來，這種偶然的經濟偏離最終會回到均衡的狀態。然而，岡納·繆爾達爾和阿爾伯特·赫希曼卻提出了不同的看法，他們認為這種偏離會由於經濟的不完全競爭等其他因素得到強化，開始了經濟的非均衡發展狀態[1]。就系統論而言，新古典經濟學家認為負反饋會強於正反饋的力量，其使經濟最終達到均衡發展狀態，而岡納·繆爾達爾和阿爾伯特·赫希曼卻更加強調正反饋的作用，認為這種非均衡狀態會長期持續。

　　岡納·繆爾達爾和阿爾伯特·赫爾用了兩種相似的效應表達區域間經濟的互相作用。岡納·繆爾達爾使用擴散效應和回流效應解釋，而阿爾伯特·赫希曼則運用滲透效應和極化效應說明。擴散效應和滲透效應說明了優先增長的區域對周圍地區具有擴散帶動作用，有利於周圍地區經濟增長趕上增長極區域；回流效應和極化效應則強調了經濟發展的過程中增長極區域的經濟增長會對周圍區域產生消極影響，由於發達區域會吸引更多高技能勞動力，並加速自身的經濟增長，破壞周圍地區的發

---

[1] 岡納·繆爾達爾. 世界貧困的挑戰——世界反貧困大綱 [M]. 北京：北京經濟學院出版社，1991.

展，導致增長極區域與周圍地區的差距越來越大。① 在一定範圍的區域發展過程中，發展最終走向均衡還是極化，主要在於擴散和回流效應的大小，誰佔據主導地位，岡納·繆爾達爾認為極化效應將會佔主導，而阿爾伯特·赫希曼則持樂觀看法，提出經濟長期發展將會趨向均衡。兩種效應到底誰佔主導效應，主要取決於當地的資金、技術、人才儲量等潛在發展因素。由於岡納·繆爾達爾的極化理論強調市場機制的作用不會導致均衡，而是導致差距的強化，因此主張通過政府干預實現區域的均衡發展，或者縮小區域間的發展差距。由於外部性、不完全競爭和公共產品的存在，新古典理論的帕累托最優狀態難以實現，極化理論主張政府可以干預市場機制的運行，尤其是欠發達國家在一定時期可以通過制定經濟發展規劃，來增強積極的循環累積效應，擺脫落後的狀態。極化理論的經濟政策目標是，一方面阻止極化力量，消除區域發展的差距，強化均衡效應；另一方面弱化消極的循環累積過程。極化理論有一定的不完善之處，由於它沒有像新古典一般均衡模型一樣提出一個屬於自己的基本模型而受到質疑。並且，擴散效應和回流效應在何種情況下各自佔主導地位也未進行詳細說明，因此缺乏了一定的說服力。由於大部分的增長極是城鎮，於是它對如何平衡城鄉發展具有一定的借鑑意義。

2.2.1.4 中心—外圍理論

1949年，阿根廷經濟學家勞爾·普雷維什（Roal Prebish）通過研究發現，傳統的國際分工中，全球經濟被分為大的工業中心和為之提供原材料和初級產品的外圍兩個部分，他稱之為中心—外圍理論（也稱核心—邊緣模型）。他認為，在這種中心—外圍的關係中，由於技術進步的不均勻傳播，中心與外圍地

---

① 爾伯特·赫希曼. 經濟發展戰略 [M]. 北京：經濟科學出版社，1991.

區存在著不對稱的關係，中心地區伴隨著技術進步迅速，經濟增長速度長期快於外圍地區，中心地區一般生產工業製成品，而外圍地區則只能生產糧食和初級產品。① 勞爾·普雷維什提出了中心—外圍模型有如下三個特點：首先，中心與外圍構成了一個有機的、動態互動的整體；其次，中心與外圍之間在生產率和生產結構上有著很大差別；最後，中心與外圍的關係是長期不平等的。中心—外圍模型將世界從空間上劃分為兩種類型的區域，中心地區經濟增長強勁，而外圍則依附中心而發展。

後來更多的學者豐富和發展了中心—外圍模型，其中影響最大的是美國經濟學家約翰·弗里德曼（John Friedman），他通過對發展中國家的空間發展規劃的長期研究，提出了一套空間發展規劃的理論體系，其中最重要的則是對中心—外圍模型的延伸，已經成為欠發達地區進行空間經濟研究的主要分析工具。受熊彼特的創新理論的啟發，約翰·弗里德曼提出了空間極化理論，他認為區域可以看作一種由許多基礎創新群組成的一個大系統，他們不斷累積創新從而迅速發展成大城市系統，這些城市一般具有利於創新活動的條件，創新一般是由大城市——「變革中心」向周圍地區——外圍進行擴散，周圍地區在中心區域的帶動下發展。一般而言，大的城市作為中心區域而存在，他們擁有更多的資金、人才、技術、信息，經濟增長迅速。而外圍地區由於生產力落後，長期依附於中心城市而發展，經濟長期落後。② 後來，約翰·弗里德曼還將社會、政治等因素引入模型，他認為中心地區對外圍的影響力不僅因為它是創新活動的中心，在空間系統中它還擁有某些權威，處於支配地位。雖

---

① 勞爾·普雷維什. 拉丁美洲的經濟發展及其主要問題 [R]. 聯合國拉丁美洲和加勒比經濟委員會，1949.
② John Friedman. Regional development policy: A case study of Venezuela [M]. Cambridge: MIT Press, 1966.

然中心和外圍之間貿易不平等，經濟主導因素集中在中心區，技術進步、創新等都集中在中心區，但中心和外圍的結構不是一成不變的，隨著外圍生產率的提高，中心和外圍的界限將會逐漸模糊，如果政府進行適當的干預或者制定了良好的制度，最終將可能走向區域經濟一體化。

2.2.1.5 人口學派理論

人口學派側重於通過人口遷移的研究來分析城鎮化進程，該學派的研究者認為，在各種因素共同作用下，農村勞動力人口向城市遷移，城市人口比重持續增加，城市的規模也隨之逐步增大，這一過程即為城鎮化。人口遷移理論起源於英國統計學家萊文斯坦（Ernest–George Rawenstein）的「人口遷移法則」。此後西方學者對該理論進行了深入的發展，提出了一系列包括推力—拉力理論、人口流動轉變假說、人口遷移引力模型等理論體系。1885年萊文斯坦在他的《人口遷移法則》中提出了人口遷移的規律，包括農村人口一般向附近工業發達的城鎮流動；農村人口一般先近距離的流動，然後再向更遠的地方遷移；長距離的遷移活動一般是人口向更大的城市流動。[1] 1938年赫勃爾（R. Heberle）提出了人口遷移是由兩種力共同作用的結果，一個是吸引人口到另一個地方的拉力，另一個是推動人口離開當地的推力。唐納德·博格（Donald J. Burge）（1959）在赫勃爾的人口遷移拉力與推力的理論基礎上，進一步完善了人口推拉理論。他將赫勃爾的推力和拉力的影響因素進一步細分，共總結出了6種因素的拉力和12種因素的推力。

1971年威伯爾·澤林斯基（Wilbur. Zelinskey）在美國地理雜誌上發表的《人口流動轉變假說》一文中，提出了人口流動

---

[1] Ernest-George Rawenstein. The laws of migration [J]. Journal of the Royal Statistical Society, 1889: 35–56.

不僅與出生率、死亡率有關，而且還受經濟發展的階段的影響。在工業革命以前，人口出生率、死亡率和增長率都較低，較少發生人口遷移；隨著工業革命的發生，出生率和增長率均有所提高，而死亡率隨著科技的進步開始下降，隨著工業化的推進，大量的人口從農村向城鎮遷移；在工業革命的後期，人口出生率、死亡率和增長率均開始降低，人口從農村向城鎮流動開始放緩；在全球知識經濟和信息經濟變革到來後，發達國家人口的增長率進一步下降，人口出生和死亡率也隨著醫學的發達進一步降低，農村人口向城鎮的流動進一步放緩，人口的流動以城市之間的流動為主。[①]

人口遷移引力模型主要與兩個因素密切相關，即人口規模及遷移地之間的距離。這一模型的作用過程是在借鑑牛頓萬有引力理論基礎上得出的。該模型認為，當人口規模一定時，兩地之間的距離越近，某個地區或城市對人口遷移的引力越大；當兩地之間的距離一定時，人口規模越大，引力越大。後來的學者們在前人的基礎上加入了更多的影響因子，包括人均收入、失業率、城市化水準、休閒、居住條件等，更深入地拓展了人口遷移引力模型。雖然人口學派從勞動力流動的視角解釋了城鎮化的過程，但缺乏對經濟活動的相關關係的分析與說明。

2.2.1.6 生態學派理論

生態學派理論從人與自然和環境的和諧共處出發，旨在強調人與自然及生態環境間的協調關係。該理論認為城鎮化進程必須在人類與自然環境共存共榮的基礎上推進，應本著城市容量有限和以人為本的原則，將人與自然環境的和諧關係融入城鎮化過程中，考慮城市的承載力，在此基礎上科學規劃城市，

---

① 威伯爾・澤林斯基.人口流動轉變假說 [J].美國地理雜誌，1971 (5)：21-35.

使得城市的空間佈局及產業佈局更加有利於人與自然環境的和諧共生。生態學派理論一般包括城市複合生態系統論、田園城市論和古典人類生態學論等。城鎮生態理論對中國新型城鎮化的發展有著非常重要的指導意義，在自然資源、生態環境、城市承載力等的限制下，中國的新型城鎮化改革必須注重低碳發展、城鎮集約及管理能力等。

2.2.2 城鎮化的衡量

對於城鎮化的衡量，國內外學者們提出了較多的方法，目前國內外尚未形成一個統一的城鄉劃分標準。常見的城鄉劃分有人口總量法、土地利用比重法、非農就業結構法、行政建制法和人口比重法等。

2.2.2.1 人口總量法

雖然多國都有採取人口總量法界定城市人口，但各國的固定數量均有較大差別。新西蘭定義城市應是多於 1,000 人的居民點；澳大利亞規定城市的人口不低於 1,000 人，且人口密度要大於每平方米 200 人；加拿大規定城市人口不低於 1,000 人，且人口密度要大於每平方米 400 人；法國定義城市應為 2,000 人以上的居民點；英國規定城市區域應該多於 3,000 人；伊朗則限定城市應是大於 5,000 人的居民點。

2.2.2.2 城鎮土地利用比重法

城鎮土地用地比重法是用某地區城鎮建設用地占該區域總面積的比例來表示，現在已經很少有國家或者地區採用該方法來衡量了。

$$城鎮化率 = \frac{城鎮建設用地面積}{該地區總面積}$$

2.2.2.3 非農就業結構占比法

非農就業結構占比法即某國家或者地區非農就業人口占總

就業人口的比重來衡量該地區的城鎮化水準。

$$城鎮化率 = \frac{非農就業人數}{該地區總就業人數}$$

2.2.2.4 行政建制法

行政建制法是規定行政機關或一個地區的區域商貿中心為城市。國際上使用該方法的國家或地區有30多個，主要集中在拉丁美洲。某些國家或地區也會規定該國或者地區的首府所在地為城市，如蒙古、埃及等。

2.2.2.5 人口比重法

中國通常採用人口比重法來衡量城鎮化率，即用城鎮人口占總人口比重來衡量城鎮化發展程度。以該指標的變化來衡量城鎮化進程的快慢。城鎮化的計算公式為：

$$城鎮化率 = \frac{城鎮人口數}{該地區總人口數}$$

城鎮人口的統計方式可以分為，以戶籍統計的戶籍人口城鎮化率，和以常住人口統計的常住人口城鎮化率。以戶籍人口計算的城鎮化率，即擁有非農戶籍的城鎮人口占該地區總戶籍人口的比例。以常住人口計算城鎮化率時，中國與國際上其他國家一致，常住人口指全年在城鎮居住或者在城鎮居住6個月以上的人口。由於兩者定義口徑和數據來源不一樣，兩數據間常常有較大的差距。統計數據顯示，1978年中國常住人口占總人口比重為17.92%，2016年中國有2.82億農民工在城鎮工作生活，城鎮常住人口城鎮化率達到57.35%，而戶籍人口城鎮化率則僅為41.2%。不少學者關注戶籍人口城鎮化率，認為其與常住人口城鎮化率相差較大的比例，無城鎮戶籍的城鎮常住人口不能享有和城鎮人口同等的社會福利待遇，由於中國的農民工市民化待遇的推進較緩慢，他們在城鎮未能取得與城鎮居民同等的社會保障、教育、醫療等待遇，出現「偽城鎮化」的現

象。更多的學者採用常住人口城鎮化率，認為城鎮常住人口從事著非農產業活動，他們的生產、生活範圍也基本在城鎮，他們的生活方式、思想觀念也更加城市化，因此，城鎮常住人口更能代表城鎮人口。

2014年中國進行了戶籍制度改革，統一了城鄉戶口登記，以適應新常態下中國社會經濟發展的需要，對於推進新興城鎮化和農民工市民化的發展具有重要影響。這是自1958年中國農業與非農業二元戶籍管理模式形成以來首次提出取消二元戶籍制度，改革傳統戶籍制度，統籌城鄉就業、教育、社會保障等多方面的配套改革，將進一步推動城鄉經濟協調發展，對縮小城鄉收入差距具有重要的作用。

中國官方或者學術界衡量某區域的城鎮化率更多採用人口比重法。本書也使用常住人口城鎮化率來衡量城鎮化發展水準。因為，在經濟基礎薄弱、產業結構落後的西部地區，吸引更多的農村剩餘勞動力進城進行生產、生活活動，是西部地區城鎮化的基本任務，後文也將對該計算方法進行解釋論證。

2.3 收入差距的相關理論與衡量

2.3.1 收入分配理論發展歷史

國內外學者們對收入分配的研究一直保持著高度的熱情。作為經濟發展中時刻伴隨著的問題，它不僅影響到一國政治是否穩定，也關係經濟能否健康可持續發展。收入分配理論在漫長的發展過程中逐步完善，經濟學家對其研究日漸深入，也得出了許多新的研究成果。自庫茲涅茨假說提出之後，學者們研究重點開始側重於研究經濟增長和收入分配不平等的關係，而

西方學術界對於收入分配理論本身的研究也形成了不同的流派。

2.3.1.1 古典學派的分配理論

古典學派的分配理論以亞當·斯密（Adam Smith）和大衛·李嘉圖（David Ricardo）為代表。他們的分配理論著重研究農業部門，在土地的供給一定的情況下，研究勞動、資本和土地三者之間的分配。亞當·斯密從佔有生產條件和取得收入的形式，將一國人民劃分為三個階級：一是資本家，二是地主，三是工人。他認為國民收入是由這三個階級構成，或者是由他們衍生而形成的。與這三種階級相對應的三種收入形式為：利潤、地租和工資收入。① 亞當·斯密的收入分配是建立在勞動價值論上面的，這種分配理論是二重的，因為這種價值論也是二重的，亞當·斯密較深刻地揭示了資本主義社會勞動生產關係的本質。

大衛·李嘉圖在亞當·斯密已有的成果上進行了進一步的研究，他提出了社會的所有產品都是在資本家、地主和工人之間進行分配的，而利潤、地租和工資是他們的基本收入形勢。② 大衛·李嘉圖提出了對應三種收入形式的利潤理論、地租理論和工資理論，他與亞當·斯密的不同在於將分配的研究重點放在了剩餘價值的分配問題上，他還對收入在各個階級的分配的決定因素進行了考察，在定性研究的基礎上進一步進行了定量研究。

2.3.1.2 新古典學派的分配理論

新古典的分配理論的代表有美國經濟學家約翰·貝茨·克拉克（John Bates Clark）和英國學者阿爾弗雷德·馬歇爾

---

① 亞當·斯密. 國富論 [M]. 西安：陝西師範大學出版社，2006.

② 大衛·李嘉圖. 政治經濟學及賦稅原理 [M]. 北京：商務印書館，1976.

（Alfred Marshall）。新古典的分配理論的假設前提為市場是完全競爭的，那麼收入的分配就取決於各種生產要素對生產過程的邊際貢獻。約翰·貝茨·克拉克側重於邊際生產率在收入分配中的重要性，他在前人的研究基礎上，提出了邊際生產率分配論。他的研究結合了生產要素論、邊際效用論和生產率遞減規律三大理論，認為任何一種生產要素的回報率應該等於最後增加一單位的該生產要素所帶來的產品的增加。「在其他要素不變的情況下，任意生產要素每增加一單位將會帶來邊際產品產量的遞減。」① 他將資本的利息、土地的地租和工人的工資作為各種生產要素的報酬。阿爾弗雷德·馬歇爾將研究收入分配的重點放在均衡價格上。約翰·貝茨·克拉克認為，邊際生產率是工資、利息等分配形式的唯一決定因素，而阿爾弗雷德·馬歇爾認為，還應有其他因素共同決定，包括需求、原料成本以及邊際生產率等。② 由此，阿爾弗雷德·馬歇爾在收入分配得研究中跨出了一大步，生產要素價格論也成為後來經濟學者對收入分配研究傳承的主流理論。

2.3.1.3 凱恩斯學派的分配理論

約翰·梅納德·凱恩斯（John Maynard Keynes）認為經濟增長源於國民收入的分配，他提出，資本主義經濟中有效需求不足是一種常態，古典學派所認為的經濟長期均衡增長狀態是不存在的。他將工資分為兩種形式，貨幣工資和實際工資，由於存在菜單成本等因素，貨幣工資剛性使得市場不能出清。凱恩斯的觀點與傳統的分配理論不同，他認為由於分配不公平造成的有效需求的不足，進一步影響了勞動力市場的不均衡，要實

---

① 約翰·貝茨·克拉克. 財富的分配 [M]. 邵大海，譯. 海口：南海出版社，2007.

② 阿爾弗雷德·馬歇爾. 經濟學原理 [M]. 王威輝，譯. 北京：人民日報出版社，2009.

現高效率的經濟增長就必須解決收入分配問題。① 他的觀點與古典學派的市場會自動實現均衡不同,他提出要依靠政府的力量來解決市場在收入分配中的缺陷,應該採取國家干預的形式,從宏觀上制定合理的政策措施對收入分配進行調控。

2.3.1.4 福利經濟學的分配理論

福利經濟學認為某國或者某地區的經濟發展的目的應該是提升全國或該地區的總體福利,而收入分配的差距大大降低了總體福利水準,只有收入分配的均等化才是促進社會總體福利最大化的有效途徑。該學派的研究者認為,同生產的邊際生產率遞減規律一樣,貨幣的邊際效用也是隨著貨幣的增加而遞減的。當富人的收入越來越多,貨幣的邊際效用就會越來越低;而窮人由於收入較少的緣故,貨幣收入帶來的邊際效用就會很高。因此,如果將富人的收入轉移一部分給窮人,那麼富人減少的邊際效用將會小於窮人增加的邊際效用,那麼整個經濟的總效用將會增加,從而使社會福利得到有效提高。因此,福利經濟學注重對富人實行更高的稅率,窮人則免除稅收或者實行較低的稅率,同時轉移支付也是他們主張的調節收入分配的方式。

2.3.1.5 庫茲涅茨的倒 U 型理論

1995 年,西蒙·史密斯·庫茲涅茨(Simon Smith Kuznets)經過對歐美地區十多個國家的歷史數據進行分析研究,得出這些國家的收入分配往往是在工業發展的初期開始惡化,然後隨著經濟的發展有所緩和改進。這種先惡化、後改進的趨勢不僅出現在各國的經濟發展過程中,在同一時期,不同經濟發展水準的各國也有同樣的趨勢,發達國家比發展中國家具有更小的

---

① 約翰·梅納德·凱恩斯. 就業、利息和貨幣通論 [M]. 北京:商務印書館,2005:18-36.

收入差距。他將這種收入分配的變化軌跡總結為，「在工業化的初期，經濟增長速度加快，也帶來了收入分配的不平等加劇；在工業化的後期階段，經濟增長速度有所下降，收入不平等也有所緩和，然後開始降低」①，這就是著名的庫茲涅茨假說。在坐標軸上表示，若我們用縱軸表示收入分配不平等程度，橫軸表示經濟發展水準，則庫茲涅茨假說在圖形上呈倒「U」的形狀，因而被稱為庫茲涅茨倒 U 型曲線，如圖 2-4 所示。該曲線說明了：在經濟發展的過程中，隨著國民收入的增加，收入分配不平等狀況一般會經歷先惡化而後緩和，再下降得到改善的趨勢，最終達到較公平的收入分配情況，呈倒 U 型的狀態。

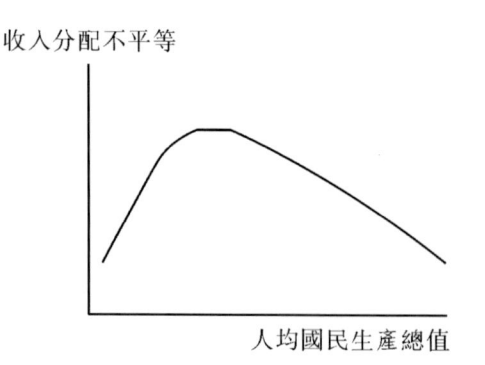

圖 2-4　庫茲涅茨倒 U 型曲線

庫茲涅茨認為，一國經濟的發展存在著多種因素會加劇收入分配不平等，這些因素有：①資本集中在少數富人手中，除了消費之外剩餘的資本可以通過投資、儲蓄等多種途徑獲得報酬，使得這些富人付出較少的勞動就能獲得高額的收入，而窮人主要靠勞動力獲得微薄的收入，較少有機會獲得其他財產性收入。②由於工業和農業的生產率差異，在城鎮工作的勞動力

---

① Simon Smith Kuznets. Economic Growth and Income Inequality [J]. The American Economic Review, 1955 (1): 1-28.

能獲得較高的收入，而農村地區由於生產力的落後，除了自給自足之外，銷售農產品的收入十分有限。這些因素通過累積效應加劇了收入的不平等，然而，庫茲涅茨認為，經濟中還存在一些抑制因素使得這種差距得以緩和。這些因素是：①法律和行政干預。由於收入差距過大會成為社會不穩定因素，於是政府會採取遺產稅、累進所得稅等措施來抑制收入分配差別擴大的趨勢；或者通過財政轉移支付提高窮人的收入，緩和社會矛盾。②人口結構變化。人口增長率在中等收入和低收入人群的人口增長率一般較高，而高收入階層中則有下降趨勢，由此，高收入階層慢慢減少，也緩和了收入不平等的惡化趨勢。③產業結構調整。隨著知識經濟的到來，新興產業不斷湧現，而這些高技術產業的收入增長速度一般快於傳統行業，那麼在傳統行業中收入較高者的比例就將越來越少，收入比例中來源於新的產業的比例增加抑制了收入的不平等。由於上述因素的共同作用，也使收入差距會呈現出先擴大後縮小的倒 U 型軌跡。

　　庫茲涅茨倒 U 型曲線提出後受到了學術界的廣泛關注，很多學者都進行了深入研究，在學術界存在著不同看法，有支持也有質疑的。一些學者的研究成果證明了庫茲涅茨假說是成立的。阿德爾曼等（1973）通過對 43 個國家的數據資料進行研究，結果發現在落後的農業經濟中，收入分配的差距一般不會太大，而在工業現代化發展迅速的國家收入分配的不平等現象會比較嚴重。他們實證分析說明了在這些國家中，只有 5% 的富人的收入會顯著增加，而 20% 中等收入會有所下降，而 60% 的低收入家庭的收入會出現大幅度的惡化。鮑克特（1973）通過對 56 個國家基尼系數的研究發現，各國的基尼系數變化與人均 GDP 之間存在先上升後下降的關係。這些國家的收入分配差距最大的點在人均 GDP 為 200～300 美元時，當人均 GDP 達到 1,000～2,000 美元後，收入差距開始趨於緩和，當人均 GDP 超

過2,000美元後,收入差距下降更加迅速。他們三位學者採用的數據多以截面數據為主,結果都支持了庫茲涅茨假說的存在。由於截面數據採取的隨機散點的平均法存在的缺陷,他們的方法也受到一些學者的質疑。

一些學者通過對1950—1960年韓國、印度、墨西哥、巴西、斯里蘭卡等12國的經濟增長進行分析,發現收入分配與經濟發展水準之間並不存在有規律的變化趨勢。他們中一些國家的收入分配在工業發展初期未發生惡化,反而出現了下降的趨勢,如新加坡、巴基斯坦等國。韓國在1964—1970年間經濟增長迅速,同時收入分配也並未惡化,反而保持不變。東南亞其他國家的經濟發展與收入分配也存在與韓國類似的情況。但也有某些國家存在庫茲涅茨所說的先惡化後好轉的現象。因此,學者們的研究證明庫茲涅茨假說並不是對任何國家、任何地區都適用的,這種變化規律可能僅出現在某些國家的經濟發展過程中。

2.3.2　收入差距的衡量

收入分配不平等需要進行調控,而收入差距衡量是整個收入分配差距調節的出發點。其中常用的衡量方法有:洛倫茲曲線、基尼系數、恩格爾系數、泰爾指數等。

2.3.2.1　洛倫茲曲線

1905年,奧地利統計學家馬克思·奧托·洛倫茲(Max Otto Lorenz)在研究收入分配時首次提出了洛倫茲曲線,主要用於分析工資、土地、財富的分配是否公平。在一個坐標軸上,橫軸、縱軸分別表示人口和收入的累計百分比,在一個正方形內,沿著45度的對角線表示收入絕對平均分配,而處於對角線之下的則表示收入不平等的曲線。在經濟發展某時期,將某地區的人口從貧窮到富裕分為若干等份,那麼從收入最貧窮到最富裕的人口百分比和各自對應擁有的收入占該地區總收入的百

分比在圖上描出，形成一條在45度對角線以下的曲線。這條曲線彎曲程度越大那麼說明該地區的收入不平等越嚴重，反之，則收入分配較平等，世界上幾乎所有的地區的收入分配曲線都處於對角線以下。這種方法簡單明了，迅速在世界範圍內得到廣泛應用。如圖2-5所示，若某地區的收入分配絕對平等，那麼洛倫茲曲線就是圖中的對角線OL；若某地區的收入嚴重不平等，所有收入為一個人所擁有，那麼洛倫茲曲線就是圖中的折線OHL；而處於兩者之間的分配方式對應的曲線介於該對角線和折線之間，並且曲線的曲率越大，表示收入越不平等。

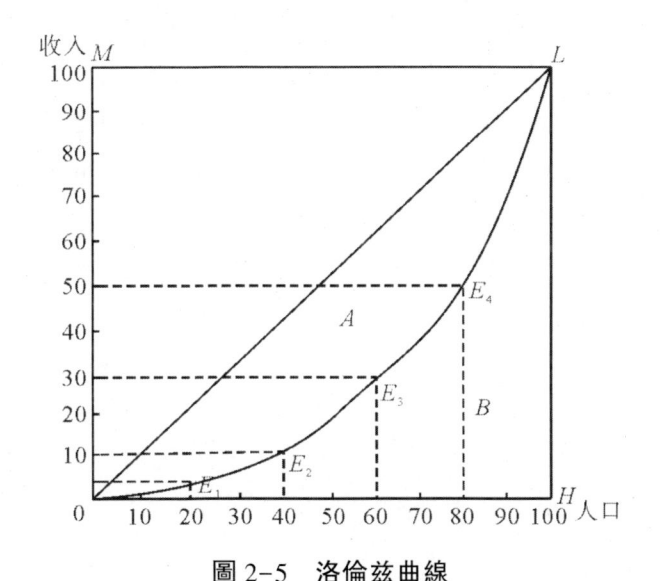

圖2-5 洛倫茲曲線

2.3.2.2 基尼系數

美國經濟學家阿爾伯特·赫希曼（Albert Otto Hirschman）在洛倫茲研究的基礎上，提出了具體的數據量化收入不平等的指標，即基尼系數。如圖2-5所示，不平等面積為A區域，即洛倫茲曲線與45度對角線之間的部分，用A區域占對角線以下的整個三角形的區域即A+B的總面積的比例表示收入分配不平等的程度。因此有：

基尼系數 $G = \dfrac{A}{A+B}$

若收入絕對平等，則 A 區域的面積為 0，基尼系數也為 0，若收入完全不平等，A 的面積也等於整個 A+B 的面積，此時基尼系數為 1。一般而言，基尼系數為 0~1，基尼系數越接近 0 則越平等，越接近於 1 表示越不平等。[1] 基尼系數的提出在世界範圍內引起強烈反響，眾多的學者用基尼系數衡量某地區的收入分配。

國內學者們對基尼系數的計算方法進行了深入研究，其中被廣泛應用的是張建華（2007）提出的簡易公式。首先將某地區的人口按照收入由低到高分為人數相等的 n 組，從第 1 組到第 i 組人口累積收入占總人口收入的比重為 W_i，洛倫茲曲線下方的面積 B 通過定積分分成 n 份等高的梯形面積之和的方式進行計算，基尼系數為：

$$G = 1 - \dfrac{1}{n}\left[2\sum_{i=1}^{n-1}(W_i+1)\right]$$ [2]

田衛民（2012）針對中國統計年鑒中，城鎮和農村居民收入數據格式不一致的問題提出新的計算方法，為無論是等分還是非等分的基尼系數計算公式提供了口徑一致的計算結果。他給出了新的基尼系數計算方式：

$$G = 1 - \dfrac{1}{PW}\sum_{i=1}^{n}(W_{i-1}+W_i)\times P_i$$

其中，P 為總人口，W 為總收入，W_i 為累積到第 i 組的收入。該公式避開了等分和非等分這一難題，只按居民收入進行

---

[1] Albert Otto Hirschman. The paternity of an index [J]. The American Economic Review, 1943 (5): 54-67.

[2] 張建華. 一種簡便易用的基尼系數計算方法 [J]. 陝西農業大學學報, 2007 (3): 275-280.

分組，若已知每組的人數和收入，就可以計算基尼系數。[①]

一般而言，世界各國認為基尼系數小於 0.2 時該國的收入分配高度平均，達到 0.2~0.3 時為收入分配相對平均，為 0.3~0.4 時收入分配較為合理，當一國基尼系數超過 0.4 那麼收入分配較不平等，需要政府進行調控，而當基尼系數大於 0.6 時，該國就存在不穩定的因素，可能發生動亂。

2.3.2.3　恩格爾系數

1950 年後，德國經濟學家恩斯特·恩格爾（Ernst Engel）通過對比利時家庭消費情況的研究發現，家庭的消費結構呈現一定的規律性。貧窮的家庭購買食物的支出占總收入的比重較大，隨著收入的增多，購買食物的支出占總收入的比重會逐漸下降，越富裕的家庭購買食物的支出占總收入的比重越低。他提出的這一帶有規律性的原理，即恩格爾定律。在一個國家或者地區，居民越貧窮，那麼他們平均用於購買食物的比例占平均收入的比例越大，反之，居民越富裕，購買食物的比例占總收入的比例越低。根據恩格爾定律恩格爾系數的計算公式為：

$$恩格爾系數 = \frac{購買食物支出金額}{支出總金額} \times 100\%$$

恩格爾系數可以用於表示一國或者某地區，甚至家庭的生活水準的高低。一般而言，在其他條件不變的情況下，恩格爾系數越大，說明用於食物支出的所占比重越大，說明該國（地區或家庭）的整體收入水準越低，該國國民越貧窮，反之，則該國國民越富裕。

2.3.2.4　泰爾指數

1967 年荷蘭經濟學家泰爾（Theil）受到物理學的熵概念的

[①]　田衛民. 測算中國國民收入分配格局：1978—2006 [J]. 財貿研究，2010（1）：8-16.

啓發，提出了泰爾熵標準來衡量區域之間或者個人之間收入不平等程度，即泰爾指數。

假設 U 是某一特定事件 A 將要發生的概率，$P(A) = U$。這個事件發生的信息量 $E(U)$ 肯定是 U 的減函數。用公式表達為：$E(U) = \log 1/U$。當有 n 個可能的事件 $1, 2, \cdots, n$ 時，相應的概率假設分別為 $U_1, U_2, \cdots, U_n$，$U_i \geq 0$，並且 $\sum U_i = 1$。

那麼這些時間的期望值或者熵可以表示為：

$$E(U) = \sum U_i h(U_i) = \sum U_i \times \log 1/U_i$$

顯然，n 種事件的概率 U_i 越趨近於 $\dfrac{1}{n}$，熵也就越大。在物理學中，熵是衡量無序的標準。如果 U_i 被解釋為屬於第 i 單位的收入份額，$E(U)$ 就是一種反應收入分配差距不平等的尺度。收入越平均，$E(U)$ 就越大。如果絕對平均，也就是當每個 U_i 都等於 $\dfrac{1}{n}$ 時，$E(U)$ 就達到其最大值 $\log_n$。泰爾將 $\log_n - E(U)$ 定義為不平等指數，也就是泰爾熵標準：

$$T = \log n - E(U) = \sum U_i \times \log U_i$$

為了表示國家之間或者地區之間的差異，泰爾指數可以用各地區的收入占總收入比值，除以人口占總人口比值，然後取對數的加權和，即：

$$T = \sum \left[\dfrac{I_i}{I} \times \log\left(\dfrac{I_i/I}{P_i/P} \right) \right]$$

T 為泰爾指數，I_i 是第 i 個地區的收入，I 為該地區的總收入，P_i 是地區 i 的人口，P 為該地區總人口。那麼泰爾指數的範圍即為 $T \geq 0$，泰爾指數越小表示區域間的差異越小。

2.3.2.5 城鄉收入差距的衡量

對於城鄉收入差距的衡量，學者們提出了各種方法。萬廣華（2008）[①] 提出了城鄉收入差距的衡量可以分為絕對收入差距和相對收入差距兩種指標，由於絕對收入差距受限於量的影響，一般較少採用。王藝明等（2010）提出城鄉收入差距比、基尼系數、泰爾指數等均可以衡量城鄉相對收入差距，國內學者使用最多的是城鄉收入差距比：

$$城鄉收入差距比 = \frac{城鎮人均可支配收入}{鄉村人均純收入}$$

也有學者提出了泰爾指數對於城鄉收入差距衡量的優勢。羅楚亮（2006）提出泰爾指數能更好地反應城鄉居民收入的分佈結構及動態變化。王少平等（2007、2008）也提出了泰爾指數比基尼系數能更好地反應城鎮和鄉村之間的收入差距變化。城鄉收入差距的泰爾指數的計算方法如下：

$$泰爾指數 = \frac{農村收入}{總收入}\ln\frac{農村收入/總收入}{農村人口/總人口}$$
$$+ \frac{城鎮收入}{總收入}\ln\frac{城鎮收入/總收入}{城鎮人口/總人口}$$

2.4 城鄉收入差距的相關理論

學者們大多從兩個視角來研究城鄉收入差距：一是圍繞著經濟發展和城鄉收入分配的關係研究；二是就城鄉收入差距本身的形成原因、影響因素及變化趨勢等方面進行研究。國內學者的研究側重於全國視角的城鄉收入差距，而對於西部地區區

[①] 萬廣華.不平等的度量與分解 [J].經濟學（季刊），2008，8（1）：347-368.

域性的特殊狀況研究較少引起學者們的關注。

2.4.1 城鄉收入差距趨勢研究

從理論上講，一個國家或地區居民收入分配不平等包括城鄉之間、城鎮內部和農村內部三種類型。但國內外學者們一致認為就中國的居民收入分配格局而言，存在比其他國家更大的城鄉收入差距（Kahn & Riskin，2001；陳宗勝、周雲波，2002）。而在影響收入分配不平等的因素中，城鎮化是最重要的因素之一，並且城鄉收入差距隨著城鎮化的推進呈現出先向上攀升後緩和下降的趨勢（陳宗勝，1991）。由於城鄉收入差距在中國收入差距中佔有較大比重，因此，城鄉收入差距的縮小有助於緩解中國整體收入分配不平等的矛盾。由於中國城鎮化發展迅速，未來全國居民總體收入差距巨大的現狀將會有所改善。

在實證檢驗方面，當前中國的數據是否支持這種倒「U」關係還存在分歧。王小魯等（2005）利用中國1996—2002年的省級城鄉收入基尼系數的面板數據來檢驗倒U型假說，發現其呈現出先向上攀升後緩和下降的趨勢，存在庫茲涅茨曲線，總體而言中國收入分配不平等仍在加劇。劉榮添（2006）運用中國30個省市的數據進行實證分析，證明了中國整體城鄉收入差距與人均GDP之間存在庫茲涅茨倒U型曲線的關係，但不同的省份的不平等程度有所差異。李志軍和奚群（2012）運用數據進行實證研究發現，中國金融發展不僅與城鄉收入差距之間存在倒U型關係，與城鎮、農村各自的收入不平等也存在相同的倒U型關係。

也有經濟學家對倒U型曲線在中國是否存在提出質疑。一些學者通過對中國一些省、縣的歷史數據進行分析，發現中國城鄉收入差距並不滿足倒U型假說（Khanetal，1992；李實，1993；趙人偉，1999）。在計算中國的基尼系數後，唐平

(2006)指出改革開放後城鄉居民收入差距擴大速度雖有放緩，但基尼系數仍在不斷擴大。王亞芬等（2007）通過對中國分省的年度數據進行分析，發現中國發達地區收入分配存在倒U型假說的關係，但城鎮內部收入差距仍處於不斷擴大階段，不滿足該假說。有經濟學家提出現有的部分研究認為倒U型假說在中國不成立，是因為中國在較長一段時間內經濟發展仍落後於發達國家，學者們選擇研究的時間階段仍是城鄉收入差距擴大的階段，當經濟進一步發展，城鄉收入差距的縮小將會有更有力的數據支持（陳宗勝，2002）。

2.4.2 城鄉收入差距的影響因素

改革開放以來，由於中國城鄉收入分配不公平長期存在，影響了中國經濟的健康發展，學者們開始關注影響城鄉收入差距的各種因素，試圖解釋中國的城鄉收入差距的原因。

2.4.2.1 城鎮化

蘇雪串（2002）提出雖然城鎮化在發展初期加速了城鄉收入分配的平等，但在工業化發展到一定階段後，中國的城鎮化滯後也制約了農民收入的增加，阻礙了城鄉收入差距縮小。陸銘等（2002）提出，由於城鎮化的推進，農村居民向城鎮居民身分的轉變將會使得統計上的城鄉收入差距有所擴大，但是農村人口向城鎮遷移有助於降低城鎮平均工資，也有利於提高農村的生產率水準。他們通過實證證明了中國城鎮化有助於降低城鄉收入分配不平等。城鎮化與城鎮傾向政策常常被許多學者綜合討論，同時納入研究的框架，但二者對城鄉收入分配的影響機制有較大差異。程開明等（2007）提出城鎮化對城鄉收入差距的影響機制有：一是由於城鄉期望收入的差異導致農村人口向城鎮遷移，城鎮勞動供給增加，均衡工資迅速下降，由於農村勞動生產率的提高以及農村人均資源擁有量的增加，農村

均衡工資開始上升；二是由於農村勞動力進城就業的收入增加，寄回農村的資金會有所增加，這些資金可以用於改善農業生產條件，提高農業生產效率，從而增加農民的收入；三是城鎮的數量增加和規模擴張會增加對農產品的需求，促進農業的發展。由此，城鎮化有助於緩和城鄉收入分配的不平等。曹裕等（2010）通過對中國的省級數據進行實證分析，得出中國城鎮化的推進縮小了城鄉收入不平等的差距。

2.4.2.2 城市偏向政策

部分國外研究者站在城市偏向政策的角度對目前發展中國家出現的城鄉收入差距巨大的問題進行了詳細的研究。Schultz（1978）明確提出了他的觀點，對於大部分的發展中國家來說，他們採用的城市偏向政策普遍是通過「剪刀差」的手段完成的，也就是說由政府出力去改變產品價格以及生產要素價格，並從農業中抽取剩餘資源去補貼工業的發展。Wei（1997）認為中國，實行的金融系統在資源分配方面呈現出非常明顯的城鎮傾向。Park（2001）通過一些研究也發現中國實行的信貸政策很大部分都有著向國有部門或多或少傾斜的問題，因此進一步擴大了城鄉的收入差距。對於這類問題，國內的部分學者也提出了類似的觀點。由於存在的工農產品的「剪刀差」現象和很多對於農村地域明顯歧視的制度安排，使得產生的農業剩餘逐漸轉為非農產業資源（Yang，1999）。然而也有一部分的學者提出，早在1985年中國的農產品收購價格上調的幅度便超過了農村工業品零售價格，所以存在的「剪刀差」問題並非造成城鄉收入差距大的主因（王德文、何宇鵬，2005）。李實（2003）提出了自己的觀點，由於目前政府採取的稅費徵收標準不盡合理，並且存在的城鄉勞動力的割分不均，以及在社會福利和保障方面向城鎮傾斜，這些現象對城鄉收入差距的增大起到了推波助瀾的作用。陸銘等（2004）提出，影響1987到2001年出現的

城鄉收入差距大的因素有：開放經濟、經濟所有制調整以及政府對經濟活動的干預。

對於那些向城鎮傾斜的經濟政策，財政支出起到的作用特別關鍵。從理論上來說，採用財政轉移支付手段主要目的是為了減小城鄉之間的收入差距。然而，鑒於目前存在的財政支出對城鎮傾斜的問題，那麼財政的收入再分配的作用就有待商榷。沈坤榮等（2007）根據對農村公共支出的研究，發現了公共支出對於城鄉收入之間的差距有不小的貢獻。他們認為：從整體上講，農村公共支出有利於農村的經濟發展，並且對農民收入的提高起到了一定的促進作用；但也存在制約農民收入增加的因素，包括投資支出信息不夠透明，市場化程度低，監督管理也不到位，缺乏運行效率，阻礙了城鄉收入差距的下降。陳安平（2009）通過對收集到的1994年分稅制改革後財政分權相關數據對影響城鄉收入差距的力度進行了一定的客觀估算，結果表明雖然財政分權對當地的財政支出起到了推動增長的作用，但是並未明顯加大城鄉間的收入差距。與此同時，若地方政府能兩者兼具，一方面努力維持著支出水準不斷上漲，另一方面不斷加大在科教文衛和支農等方面的支出比重，則有利於縮小城鄉收入差距。王藝明等（2010）深入研究了支出結構對城鄉收入差距的干預，結果表明：無論是科教文衛的支出還是基礎建設的支出均擴大了城鄉收入差距，然而對於支農支出來說，則剛好相反，縮小了城鄉收入差距；根據對不同區域的調查與考證發現，由於財政支出具有城鎮偏向，較多類型財政支出會加劇城鄉收入分配不平等。

2.4.2.3 勞動力流動與戶籍制度

就理論而言，勞動力在流動的過程中能夠起到縮小城鄉收入差距的作用。一些研究人士認為由於中國實行的戶籍制度，嚴重地制約了勞動力的流動，並且較大地提高了流動成本，導

致勞動力的流動規模大大降低，最終無法起到縮小城鄉差距的作用，中國的戶籍制度削弱了勞動力流動的積極性。王美豔（2005）在她的研究中發現，戶籍的存在使得勞動力在城市市場受到歧視，導致勞動力無法找到相應的在正規部門的工作，進而自然也難以提高勞動力的平均報酬。陳劍（2009）也認為，城鎮戶籍是勞動者成功在高收入行業工作的敲門磚，若通過一系列的措施削弱這方面的非市場力量，打破進入這些壟斷行業的壁壘，則能有效改善目前的不合理分配狀況，縮小城鄉收入差距。Whalley 等（2004）在他們的實驗研究中發現，若是取消戶籍制度，那麼勞動力的流動性勢必會改善，如今存在的收入不平等現象也會得以改善。但是上述的研究都是建立在戶籍制度是阻礙勞動力遷移的唯一障礙的基礎上的。但蔡昉（2008）認為，戶籍制度並不是阻礙勞動力流動的唯一障礙，因為即便有戶籍制度，勞動力流動也未因此而停止。

實踐證明勞動力流動不僅僅從理論上可以降低城鄉收入差距，中國的各省份數據也支持了該理論。2002 年社科院對全國流動人口的調查表明，人口遷移對收入分配有顯著影響，雖然擴大了城鎮內部收入差距，但對縮小全國城鄉收入差距有著促進作用（李實，2008）。蔡昉（2009）認為，如今中國勞動力流動與城鄉收入差距擴大的現象同時存在，的確有悖常理，他對勞動力流動和戶籍制度改革之間的關係做了一系列的研究，對勞動力流動帶給城鄉收入差距的負面影響進行了邏輯上的解釋。他認為主要的原因在於現有的統計制度是無法完全地覆蓋所有人的。鐘甫寧（2010）另闢蹊徑，從統計制度的角度出發，給出了利用勞動力流動性縮小城鄉收入差距的方法，換言之就是把對常住人口統計劃分為現行收入統計。在整個勞動力的流動時候，居民身分必定會發生變化，進而促使人口進行重新分配，事實上那些身分發生轉變的居民普遍是農村中較富裕的人，一

旦劃入城鎮居民類別中，以他們所擁有的豐富的資源勢必會擴大城鄉收入差距。所以由於居民身分的轉變，通過勞動力流動促進收入差距縮小不太現實。不僅如此，部分研究人士開始對勞動力流動能夠縮小城鄉收入差距的觀點提出了自己的質疑。有學者將居民分為農村居民、農民工和城鎮居民，並又具體將對農民工進行分類並歸類：一類獲得城鎮戶籍的農民工屬於城鎮居民，另一類未獲得城鎮戶籍的農民工屬於農村居民。理論推導顯示：農民工階層的出現在縮小城鄉收入差距的同時也加劇了城鎮內部和農村內部的收入不平等（鐘笑寒，2008）。

2.4.2.4 人力資本

目前較多學者認為人力資本的差異是造成中國城鄉收入差距擴大的重要原因（Secularetal，2007；陳斌開等，2009）。溫嬌秀（2007）通過對內生結構收入函數模型的研究，發現在研究城鄉收入差距成因時教育不平等的因素常常被忽略了，並且伴隨著經濟的發展，它對加劇收入不平等的作用越來越明顯。陳斌開（2010）利用2002年的CHIP數據，運用瓦哈卡—布林德的方法對其進行分解，得出教育水準差異確實導致了中國城鄉收入差距的增大，其實際貢獻率為34.69%。王突豔（2005）研究農村勞動力在城鎮就業的制約因素，發現農村勞動力參與城市公有單位工作十分困難，存在這種現象的主要原因是城鄉人力資本差異。由於存在人力資本差異，在同一行業的工作人員的工資報酬也可能相差甚遠。郭劍雄（2005）提出，目前出現的城鄉收入差距問題的主要原因就是城鄉經濟增長源泉的差異性。究其根本，城鄉收入差距擴大的原因孕育城鄉人力資本與生育率的差異性。若不存在其他因素，生育率與城鄉人力資本之間的差異越來越小，最終可以實現城鄉收入的「絕對收斂」，雖然依然存在著城鎮偏向政策等因素，但是通過降低農村生育率和提高人力資本也能實現最終的城鄉收入的「條件收斂」。

2.5 國內外文獻綜述

2.5.1 國外城鎮化與城鄉收入差距的關係研究

國外學者在城鎮化與城鄉收入差距的問題上已經進行了深入研究。Tsui（1994）利用時間序列數據和 Solow 增長模型進行分析，結果表明中國 1978—1993 年的區域發展不平衡，不僅僅存在於沿海與內陸之間，在中國的城鄉間表現得更加明顯。Lipton（1997）通過研究發現，正是由於發展中國家在城鎮化進程中實施的城市偏向的經濟政策，造成資源配置的不平衡和收入差距的擴大。Carter（1997）則認為，由於農產品價格被強制壓低導致的「剪刀差」效應是擴大城鄉收入差距的一個主要原因；另外，由於農民自身教育水準較低，難以勝任城鎮其他高收入的工作，導致湧向城市的人口數量降低，成為擴大城鄉收入的一個原因。Li（2002）通過實證分析，較為全面地研究了多種導致城鄉居民收入差距擴大的原因，發現戶籍制度可以解釋其中的 28%的原因。Zhang（2003）通過實證研究發現，中國城鎮與鄉村的收入差距的主要原因是勞動力在城鄉之間流動，而城鎮化與其關係並不明顯。Sumon（2004）提出由於城鎮與農村生產生活條件的差異，農村居民獲取信息的範圍遠遠比城鎮居民小，使得更多的資源被分配到城鎮居民中，而城鄉居民收入差距越來越大。Somik 等（2006）提出由於城鄉收入水準的差異，勞動力必然會朝著城鎮流動，這樣的轉移對於整個經濟的發展是有利的。對於推進城鎮化能否減少貧困，Panudulkitti（2007）從理論分析中得出，最佳的城鎮化水準能有效減少貧困，同時，他還通過用實證檢驗得出，推進城鎮化進程可以幫

助不同地區的貧困居民進行不同程度的脫貧。Albrecht（2009）則側重於經濟結構變化與市場經濟水準提高等方面的研究，他通過研究發現，改革開放以來，中國市場經濟得到了迅速發展，在此期間，經濟處於快速增長階段，經濟結構發生了巨大變化，城鎮與農村生產率差異越來越明顯，導致了更為嚴重的城鄉收入差距。Nguyen（2012）通過對越南的微觀數據進行分析發現，城鎮化與貧困之間存在密切關係，城鎮化的加快會提高農村家庭的實際收入，同時也會影響到他們的日常消費，據相關調查數據表明，城鎮化水準每提高1%，農村家庭的實際收入會隨之提高0.54%，而人均支出則增長0.39%。

2.5.2 國內城鎮化與城鄉收入差距的關係研究

陸銘等（2004）通過對中國25個省（市、自治區）面板數據進行實證分析，得出城鎮化水準的提高有利於縮小城鄉收入差距。還有學者研究表明，城鎮化與城鄉收入差距存在穩定的長期均衡關係，他們相互影響、相互促進（姚耀軍，2005；程開明、李金昌，2007）。許秀川等（2008）通過建立聯立方程模型分析發現，工業化水準的提高有助於推進城鎮化進程，但卻引起了城鄉收入差距惡化。郭軍華（2009）通過對中國三大經濟區域1978—2007年的分省年度數據進行協整檢驗分析發現，各經濟區域的城鄉收入差距與城鎮化水準有著穩定的協整關係，但不同的區域的城鎮化對收入差距的影響程度存在不同的差異。曹裕等（2010）認為城鄉收入差距過大不利於經濟的發展，這一問題可以通過推進城鎮化來解決。陳曉毅（2010）的研究結果表明，城鎮化對城鄉收入差距有著負面的影響，但影響程度隨著時間的推移而逐漸減弱。董敏等（2011）認為城鎮化可以為農村剩餘勞動力提供更多的工作以及創業機會，利用其輻射作用增加農民收入，從而縮小城鄉收入差距；但政府的徵地政

策則降低了農民的財產性收入，導致城鄉收入差距擴大。賀建清（2013）通過構建基於全國 31 個省市 1997—2010 年數據的面板數據模型，發現不同省市在城鎮化進程中，居民城鄉收入差距的縮小效果有較大差異，從東部到西部效果依次增強。李江濤（2012）的研究發現，空間關係對收入差距有一定的影響，城鄉收入差距狀況在相鄰的省份之間有相同的發展趨勢。王朝明等（2014）通過構建兩部門經濟模型分析城鄉教育差距、城鄉收入差距與城鎮化的關係，發現城鄉教育均衡有利於城鎮化質量的提高，但阻礙了城鎮化的推進速度，城鄉收入差距的擴大對城鎮化發展具有阻礙作用，兩者的共同作用阻礙了新型城鎮化的推進。趙永平等（2014）從城鄉二元收入的理論模型出發，利用中國 2000—2011 年的省際面板數據考察了新型城鎮化對城鄉收入差距的作用，發現新型城鎮化的推進有利於中國城鄉收入差距的縮小。趙燾（2014）運用西部地區 1978—2012 年的省際面板數據，通過協整以及多元迴歸等方法對西部城鎮化對城鄉收入差距的關係進行分析，發現城鎮化與城鄉收入差距存在倒 U 型的關係，臨界點在城鎮化率為 35%時達到。

　　國外學者的相關文獻為研究城鎮化與城鄉收入差距提供了重要的理論基礎和經驗借鑒，但由於研究對象的不同，將這些理論運用到中國時應注意結合中國的實際情況進行分析。國內學者的研究主要是圍繞中國國情展開的，因此亦可為本書的研究奠定一定的基礎，提供思路和方法。眾多國內外研究表明，城鎮化與城鄉收入差距具有密切的關係，但是現有研究均未將區域差異這一因素考慮進去，這會影響結論的準確性。不同於以往將研究視角基於全國視角這一做法，筆者經過大量的調研與研究後發現，區域差異對於城鎮化的發展具有較大影響，西部地區與東、中部地區自然環境、社會條件等不同，導致其城鎮發展基礎、城鎮發展條件等都有很大差異。因此，研究過程

中要切實結合西部地區的實際情況，全面系統地分析城鎮化與城鄉收入差距的關係，在此基礎之上提出具有針對性的城鎮化發展政策建議。筆者力圖彌補現有研究的不足，綜合考慮西部地區的現實情況，全面分析西部地區城鎮化與收入差距的態勢與問題，並利用西部12個省份的面板數據進行實證檢驗，然後利用計量結果分析兩者間的關係，使結論更加準確，提出的建議也更具有針對性。

2.6 本章小結

本章筆者首先從城市化與城鎮化的概念界定出發，梳理了國外不同的學者及不同學科對城市化的定義，總的看來，城市化即人口從農村向城市集中，第一產業向第二、三產業轉換的過程。城鎮化是中國學者提出的始於城市化而又不同於城市化的一個新詞，他們認為在中國小城鎮居多的情況下，城鎮化包含和側重了更有潛力的縣域城鎮，使用城鎮化比使用城市化更加綜合、全面、更切合實際情況。新型城鎮化是具有中國特色的城鎮化實踐道路，更加強調以人為本、城鄉統籌、集約低碳的城鎮化道路。其次，筆者系統梳理了國外學者們關於城鎮化發展的理論基礎，主要包括：區位理論、二元結構理論、增長極理論、中心—外圍理論和人口遷移理論等，這些理論分別從不同的視角對城鎮化現象進行了考察和論證。雖然國內外學者對城鎮化的衡量未形成一個統一的城鄉劃分標準，但筆者就常見的劃分法——人口總量法、土地利用比重法、非農就業結構法、行政建制法和人口比重法等進行了梳理。

就收入分配理論發展而言，隨著經濟學家對其研究日漸深入，也得出了許多的研究成果，西方學術界對於收入分配理論研究的

主要流派有：古典學派分配理論、新古典學派的分配理論、凱恩斯學派的分配理論、福利經濟學的分配理論等。庫茲涅茨倒 U 型曲線提出後受到了學術界的廣泛關注，國內外許多學者都對其進行了深入研究，在學術界存在著不同看法，有支持也有質疑。學者們的研究證明庫茲涅茨假說並不是對任何國家、任何地區都適用的，這種變化規律可能僅出現在某些國家的經濟發展過程中。收入分配不平等需要進行調控，而收入差距衡量是整個收入分配差距調節的出發點。本章筆者梳理了常用的衡量方法：洛倫茲曲線、基尼系數、恩格爾系數、泰爾指數等。

在總結收入差距衡量方法的基礎上，筆者在本章分析了國內外對城鄉收入差距的研究趨勢，學者們一致認為就中國的居民收入分配格局而言，存在比其他國家更大的城鄉收入差距。由於城鄉收入差距在中國收入差距中佔有較大比重，因此，城鄉收入差距的縮小有助於緩解中國整體收入分配不平等矛盾。由於城鎮化是影響城鄉收入差距的重要因素，隨著中國城鎮化發展迅速，未來全國居民總體收入差距巨大的現狀將會有所改善。在實證檢驗方面，當前中國的城鄉收入差距數據是否支持庫茲涅茨倒 U 型曲線關係還存在分歧。學者們對影響中國城鄉收入差距的各種因素進行了深入研究，主要包括城鎮化、城市偏向政策、勞動力流動與戶籍制度、人力資本等因素。

最後，筆者總結了國內外學者關於城鎮化與城鄉收入差距關係的研究成果，眾多國內外研究均表明，城鎮化與城鄉收入差距具有密切的關係。國外學者的相關文獻為本書提供了重要的理論基礎和經驗借鑑，但由於研究對象的不同，對於中國的研究也應結合中國的實際情況進行分析。國內學者的研究主要側重於全國視角，較少考慮中國西部地區與東、中部地區的自然地理條件和經濟發展基礎等差異。

3 國外城鎮化進程與收入差距縮小的經驗與啟示

他山之石，可以攻玉。世界各國經過多年的發展，探索出了各種縮小城鄉收入差距的發展模式，本章通過追溯國外城鎮化的歷程、規律、經驗與教訓，總結了美、日、韓等發達國家發展過程中縮小城鄉收入差距的經驗與啟示，以期為中國西部地區新型城鎮化推進和縮小城鄉收入差距起到一定的借鑑作用。

3.1 國外城鎮化發展歷程

3.1.1 國外城鎮化的起源

雖然城市在至少五千年前就已經隨著以手工業與農業相分離為標誌的第二次社會勞動大分工而出現，但大部分國內外學者們認為世界城鎮化進程始於工業革命，工業化的發展是城鎮化的根本動力，率先實現工業化的發達國家引領了全球的城鎮化進程。

美國經濟學家阿瑟·奧沙利文（Arthur O'Sullivan）認為，雖然公元前3000年到公元前2000年期間，世界範圍內的城市已經發展迅速，但那時農業仍是全球的主導，農業生產率較低和

交通不便限制了城鎮化的推進速度。到1800年，世界平均城鎮化率僅有3%，由於工業化的發展，到1970年，世界城鎮人口已經增長到占總人口的近40%。① 美國社會學家巴巴拉·菲利普斯（E. Barbara Phillips）提出，在人類發展歷史中，存在較長時間的城市不斷增長，而城市人口占總人口的比例卻未能增加的現象，因此，她認為直到19世紀，世界才真正地進入了城鎮化時代。國內學者們也基本認同19世紀世界城鎮化進程才正式開始的說法。謝文蕙（1981）② 提出，雖然世界範圍內的大城市存在遠早於19世紀，並且也是社會的政治、經濟、文化、軍事的中心，但那時世界範圍的人口仍基本居住在農村，並且受到農業生產落後的束縛，城市的規模有限，發展速度也停滯不前。18世紀60年代後，伴隨著工業革命的到來，大規模的機械化生產使得生產力水準大大提高，人口和資本開始向城市集中，商業、服務業迅速發展，城市如雨後春筍般迅速發展起來。

工業革命的到來，改變了製造業的生產水準，也大幅度提高了農業的勞動生產率，火車、輪船、汽車等交通工具的發明對城市的發展起到了重要的推動作用。隨著工業化進程的加快，工業、農業、交通和建築等領域的變革使得城市的發展進入了一個歷史新階段。

3.1.2 國外城鎮化的發展階段

世界城鎮化的發展主要起源於18世紀60年代，經過兩百多年的發展，世界各國經歷了工業化、城鎮化和現代化，國內學術界一般將國外城鎮化的發展分為起步、發展和發達三個階段。

---

① 阿瑟·奧沙利文. 城市經濟學（第四版）[M]. 北京：中信出版社，2002.
② 謝文蕙，鄧衛. 城市經濟學 [M]. 北京：清華大學出版社，1996.

3.1.2.1 起步階段（1760—1850年）

18世紀60年代以來，第一次產業革命在英國興起，除英國外，世界其他國家的傳統農業經濟占社會主導地位，世界城鎮化進程十分緩慢。聯合國數據顯示，從18世紀到19世紀初，世界平均城鎮化率維持在大約5%~6%，19世紀中葉，世界城鎮化率仍僅為6.3%。工業革命的發生，使得英國在18世紀60年代成為全球首個工業化國家，英國的城鎮化進程也隨之開始。此後，英國城鎮規模迅速擴張，城鎮人口不斷增長，城鎮數目也越來越多。到1750年，英國人口達到了130多萬，城鎮人口占總人口比例接近17%。19世紀初，英國城鎮人口已達到350多萬，城鎮化率達到34%，經過幾十年的發展，19世紀中葉，英國城鎮人口首次超過農村人口，達到1,120多萬，成為全球首個實現城鎮化的國家。

3.1.2.2 發展階段（1850—1950年）

1850年以後，隨著工業革命擴散到世界各地，當時的世界主要資本主義國家陸續進入了以電氣化為主要特徵的工業生產時代，重工業逐步取代輕工業成為支撐發達國家經濟發展的主導產業。率先完成工業化的國家有英國、法國、德國、美國等。第一次產業革命極大地推動了生產力的發展，1850—1950年，歐美國家的城鎮化進程迅速推進，人口大規模地向城鎮集中，形成了較成熟的城鎮佈局和城鎮體系，城鎮化率也從10%左右迅速上升到了50%以上，從而使得城鎮人口比重超過了農村人口比重，標誌著西方主要資本主義國家實現了城鎮化。1950年左右，世界城鎮人口達到7.45億，平均城鎮人口比重達到29.4%，而這一時期也成為發達國家城鎮化發展的黃金時期，發達國家平均城鎮化率達到54.5%，基本實現了城鎮化，英國城鎮化水準達到79%，依然保持領先，同時，其他國家也各自實現了城鎮化，如美國為64%，加拿大為61%，法國為55%，

瑞典則達到了66%。在二戰後，日本經歷了短暫的恢復，城鎮化率保持著35%的水準，明顯落後於其他發達國家。而此時，發展中國家的城鎮化水準遠遠落後於發達國家，在20世紀中葉，發展中國家的平均城鎮化水準僅為17.6%。

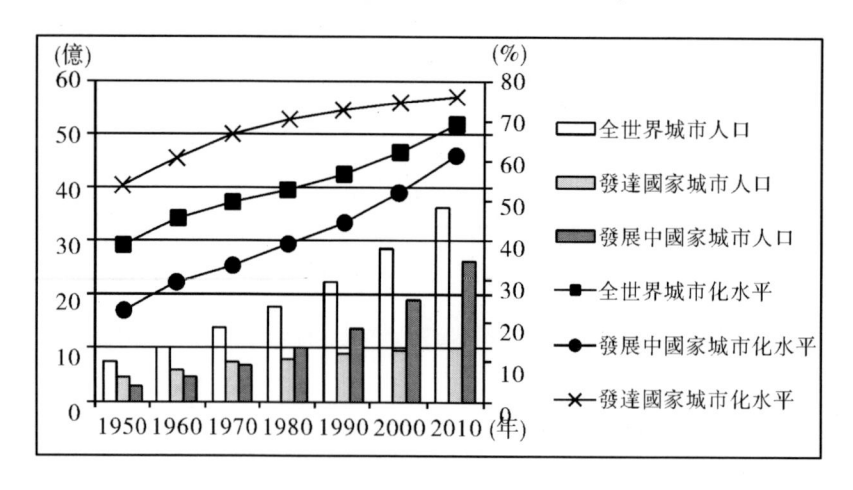

圖 3-1　1950—2010年世界城鎮化率變化

3.1.2.3　發達階段（1950年至今）

20世紀50年代以來，第三次產業革命在英、德、美、法等發達國家興起，其主要標誌是逐步向信息化發展，表現為以重工業為主導向信息化高新技術產業為主導轉變，同時也標誌著其步入信息經濟時代，城鎮化速度隨之迅速提升，如表3-1所示。此時，欠發達國家也進入工業化階段，為全球城鎮化發展貢獻了重要的力量，城鎮化逐步在全球普及。截至2016年年底，世界城鎮人口已有41億，城鎮人口比重達到67%，發達國家的平均城鎮人口比重從1950年的54.4%增長到81%，欠發達國家的平均城鎮人口比重也從1950年的17.6%增長到61%，年均增長率高於發達國家。而中國的城鎮人口比重為57.5%，遠

低於發展中國家的平均值。①

表 3-1　1950—2016 年全球主要國家城鎮化水準

年份	1950	1960	1970	1980	1990	2000	2005	2010	2016
美國	64.2%	70.0%	73.6%	73.7%	75.3%	79.1%	79.9%	80.8%	81.9%
英國	79.0%	78.2%	77.1%	78.4%	78.5%	78.7%	79.9%	81.3%	82.9%
德國	68.1%	71.4%	72.3%	72.8%	73.1%	73.1%	73.4%	74.3%	77.2%
法國	55.2%	61.9%	71.1%	73.3%	74.1%	75.9%	77.1%	78.3%	79.9%
義大利	54.1%	59.4%	64.3%	66.6%	66.7%	67.2%	67.7%	68.3%	69.9%
西班牙	51.9%	56.6%	66.0%	72.8%	75.4%	76.3%	77.3%	78.4%	79.8%
澳大利亞	77.0%	81.5%	85.3%	85.8%	85.4%	87.2%	88.0%	88.7%	85.8%
加拿大	60.9%	69.1%	75.7%	75.7%	76.6%	79.5%	80.1%	80.9%	81.3%
俄羅斯	44.1%	53.7%	62.5%	69.8%	73.4%	73.4%	73.5%	73.7%	74.2%
日本	53.4%	63.3%	71.9%	76.2%	77.3%	78.6%	86.0%	90.5%	93.5%
韓國	21.4%	27.7%	40.7%	56.7%	73.8%	79.6%	81.3%	81.9%	81.6%
中國	11.2%	16.2%	17.4%	19.4%	26.4%	36.2%	42.9%	49.7%	57.5%
巴西	36.2%	46.1%	55.9%	67.4%	73.9%	81.2%	82.8%	84.3%	86.0%
印度	17.0%	17.9%	19.8%	23.1%	25.5%	27.7%	29.2%	30.9%	33.2%
南非	42.2%	46.6%	47.8%	48.4%	52.0%	56.9%	59.5%	62.2%	65.3%
阿根廷	65.3%	73.6%	78.9%	82.9%	87.0%	89.1%	90.1%	91.0%	91.6%

數據來源：根據聯合國人口司經濟和社會事務部歷年公布數據整理而來

3.1.3　國外城鎮化發展道路

國外城鎮化發展經歷了上述的三個階段，筆者選取具有典型代表性的英國、美國、日本和巴西的城鎮化發展道路進行進一步的分析。

3.1.3.1　英國城鎮化道路

作為全球首個實現工業化的國家，英國從 18 世紀 20 年代開始就保持了世界領先的綜合國力，工業革命始於該國，它也是全球城鎮化道路的探索者。英國是世界上首個實施社會保障和

---

① 資料來源：United Nations, Department of Economic and Social Affairs, Population Division: World Urbanization Prospects, the 2014 Revision.

實現郊區城鎮化的國家，也是首個通過制定相關城市規劃法實現建立田園城市目標的國家。作為城鎮化的先行者，英國為我們提供了豐富的學習借鑑經驗。

（1）城鎮化起步階段（1750—1850年）。

1750年後，隨著工業革命的擴散，農業生產率也大幅提高，大量農村人口脫離土地進入城鎮，鄉村地區大農場的逐步興起促進了人口向城鎮的轉移。如表3-2所示，1750年，英國城鎮總人口為130萬人，城鎮人口比重僅為17%。1760年後，英國經濟發展速度加快，由於工業化的推進，到1800年，英國城鎮人口已達到354萬人，城鎮化率達到33.8%。由於工業的發展，人口加速向城鎮集中，一批小城鎮逐漸發展成為大城市，倫敦、伯明翰、曼徹斯特、利物浦、格拉斯哥、利茲、謝菲爾德等城市的規模迅速擴大，發展成為大都市。由於公路、鐵路和水運更加發達，交通運輸成本大大降低，新興工業隨之興起，各大、中、小城市之間形成了有機的城市網絡體系，區域城市群在英國各地開始顯現。截至1850年年底，英國城鎮人口達到1,124萬人，占總人口比重達到54%，至此，英國基本實現了城鎮化。

表3-2　　　　英國的城鎮化發展歷程

年份 \ 城鎮化	總人口（萬人）	城鎮人口（萬人）	城鎮化率（%）
1750	766	130	17.0
1801	1,050	354	33.8
1831	1,626	720	44.3
1851	2,082	1,124	54.0
1871	2,607	1,700	65.2
1901	4,146	3,192	77.0

表3-2(續)

年份 城鎮化	總人口 （萬人）	城鎮人口 （萬人）	城鎮化率 （％）
1931	4,607	3,598	78.1
1950	4,982	3,935	79.0
1970	5,483	4,227	77.1
2000	5,967	4,696	78.7
2005	6,052	4,835	79.9
2010	6,200	5,040	81.3
2014	6,451	5,309	82.3
2016	6,564	5,442	82.9

數據來源：根據聯合國人口司經濟和社會事務部歷年公布數據整理而來

（2）城鎮化發展階段（1850—1900年）。

19世紀50年代後，隨著工廠規模的擴大，英國工業發展日趨集中，農村小工業隨之衰落，農村和城市的分工也更加明確，農業人口更多地向城鎮轉移，城鎮化速度也隨之加快，城鎮人口比重顯著提高。如圖3-2所示，1900年，英國城鎮人口已經達到3,192萬人，城鎮人口比重達到77％。一批新型工業城鎮也開始在這一時期迅速增長，從19世紀中葉到20世紀初，工業重鎮利物浦的人口增長了29萬，而伯明翰的人口增長了32.8萬。這一時期，英國形成了以倫敦城市群為代表的六大城市群，到1900年，六大城市群的城鎮人口已占英國總人口的52.8％，城市群的形成對於英國城鎮化進程的演進有著重要的推動作用。

（3）城鎮化發達階段（1900年以來）。

進入20世紀，英國已經進入城鎮化發達階段。由於受第二次世界大戰的影響，20世紀上半葉，英國的城鎮化水準有所波動，但幾乎沒有變化。如圖3-2所示，二戰後，英國出現了一

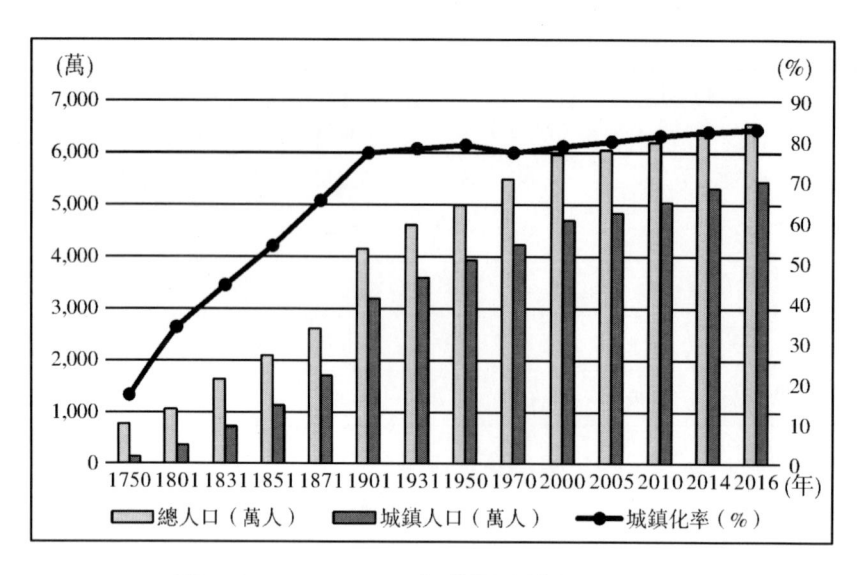

图 3-2 1750—2016 年英國城鎮化發展趨勢

段時間的城鎮化率下降的時期，1931 年英國城鎮人口為 3,598 萬人，城鎮化率為 78.1%，1950 年，英國城鎮人口達到 3,935 萬人，占總人口比重的 79%，到 1970 年，英國城鎮人口雖然達到 4,227 萬人，城鎮化率卻有所下降，僅有 77.1%。20 世紀後半葉，英國城鎮化水準幾乎停滯不前，2000 年，城鎮化率僅有 78.1%。進入 21 世紀，英國城鎮人口增長緩慢，截至 2016 年年底，英國城鎮人口比重為 82.9%，城鎮化質量仍名列世界前茅。在田園城市的理念下，英國城市文明不斷提高，完善的社會保障體系實現了城鄉無差別全覆蓋，教育制度及基礎設施也實現了城鄉均等化，城鄉差別逐漸消失。

3.1.3.2 美國的城鎮化道路

（1）城鎮化起步階段（1790—1850 年）。

如表 3-3 所示，美國的城市形成開始於 17 世紀初的歐洲移民，而城鎮化道路則開始於 18 世紀末期，受自然和地理因素影響，美國的城市早期偏向於東部港口城市，如紐約、波士頓、

費城等。由於工業革命的到來，工廠制度的確立和鐵路公路等基礎設施的逐步完善，為農村人口城鎮化創造了良好的條件，城鎮人口從1790年的20萬人、城鎮人口比重5.1%，上升到了1860年的城鎮人口620萬人、城鎮人口比重19.8%，從此，美國城鎮化開始加速發展。在本階段，美國城鎮水準也存在區域發展不平衡，東北部地區的繁榮和西部地區的落後形成強烈反差，統計數據顯示，1860年東北部地區的城鎮人口比重為35.7%，遠遠高於全國平均值，西部地區則還未起步。

表3-3　　　　　　　美國的城鎮化發展歷程

年份 城鎮化	總人口（萬人）	城鎮人口（萬人）	城鎮化率（%）
1790	390	20	5.1
1800	530	30	6.1
1810	720	50	7.3
1830	1,290	110	8.8
1850	2,330	350	15.3
1860	3,140	620	19.8
1870	3,980	990	25.0
1880	5,020	1,420	28.2
1900	7,610	3,020	39.6
1910	9,240	4,200	45.7
1920	10,650	5,420	50.9
1930	12,310	6,900	56.2
1940	15,170	7,440	56.3
1950	15,170	9,650	63.6
1960	17,930	12,530	69.9
1970	20,320	14,930	73.5

表3-3(續)

年份 城鎮化	總人口（萬人）	城鎮人口（萬人）	城鎮化率（%）
1980	22,650	16,710	73.7
1990	24,962	18,700	75.3
2000	28,222	22,320	79.1
2005	29,552	23,612	79.9
2010	30,935	24,995	80.8
2014	31,886	25,955	81.4
2016	32,276	26,759	82.9

數據來源：根據聯合國人口司經濟和社會事務部歷年公布數據整理而來

（2）城鎮化發展階段（1850—1950年）。

19世紀下半葉，美國開始了第二次工業革命，內燃機、電動機等新技術的廣泛應用使得美國工業化進程加速發展，城鎮化水準也迅速提高。工廠城鎮在美國發展的速度很快超過了英國，工業化給美國帶來了深刻的變化，將這個以農村為主的國家變成了大城市遍地開花的地方。受益於外來移民的迅速增長、本國消費水準的快速提升和歐洲的投資，美國大規模的工廠開始在城鎮集中，製造業蓬勃發展，美國城鎮化發展迅速，短短50年間，城鎮人口從1870年的990萬人提升到1920年的5,420萬人，城鎮化率也從25%迅速提升到50.9%，如圖3-3所示。在西進運動和西部開發的帶動下，美國西部城市開始有了較快發展，洛杉磯、舊金山等一批大中城市迅速崛起，美國各區域的城鎮化差距逐步縮小，不平衡的態勢有所緩解。雖然城市人口在本階段有了較大的提升，但隨著交通的發達，汽車取代了其他運輸工具成為人們最主要的交通工具，美國部分城市人口開始向郊區擴散，人口郊區化成為一種趨勢。隨著城鎮化的推進，美國的城鎮體系也隨之形成，城市密度大幅度提高，城市

功能不斷完善，各種綜合性的城市和專業性的城市相結合，城市間分工合作、緊密聯繫，到 20 世紀中葉，美國已經基本實現了城鎮化。

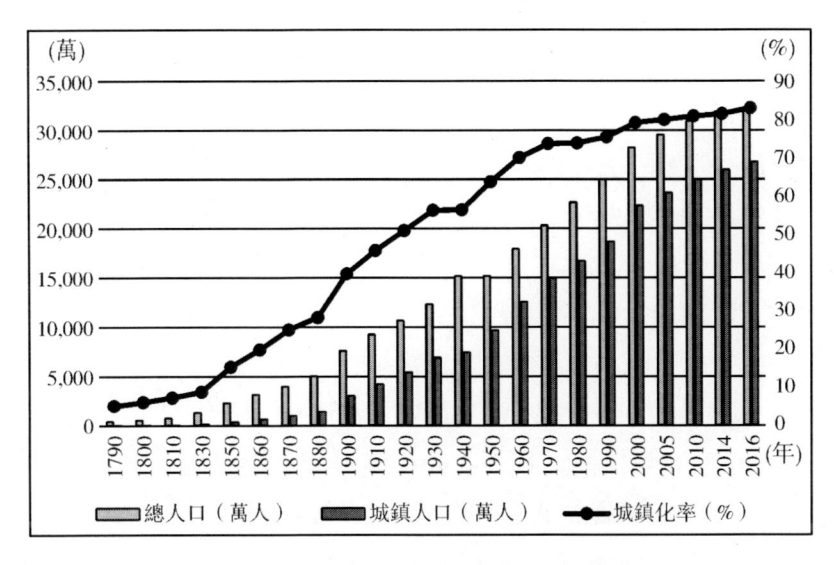

圖 3-3　1790—2016 美國城鎮化發展趨勢

（3）城鎮化發達階段（1900 年至今）。

1950 年後，美國的經濟結構發生了重大變化，服務業的就業人數迅速增長，其產值也迅速超過工業。在隨後的半個世紀裡，美國超過歐洲其他國家成為全球經濟最發達的國家。信息技術的發展和知識經濟的到來使得高新技術和服務業在經濟中的比例快速提升，對城市人口和空間佈局產生了重要影響。如圖 3-3 所示，1950 年，美國城鎮人口為 9,650 萬人，截至 2016 年年底城鎮人口增長到 32,276 萬人，城鎮人口比重也從 63.6% 攀升到了 82.9%。這一階段，美國城鎮化推進的主要特點為「大都市化」和「逆城市化」。大都市化即在一個國家或地區以某一個或幾個經濟較為發達的城市區域發展為核心，帶動周圍地區的發展，並對區域經濟的發展產生重大影響。這一時期美

國形成了以紐約、華盛頓、波士頓等大城市為核心的東北部大西洋都市區，和以舊金山、洛杉磯、拉斯維加斯等為中心的西部大都市區，這些地區的發展對美國經濟增長產生了重要影響。20世紀80年代前，由於城市人口膨脹造成的交通堵塞、環境污染、住房緊張等「城市病」開始顯現，城市人口開始向郊區或者衛星城市遷移，出現「逆」城市化，即城市人口郊區化，隨後更多的企業和工廠也開始向經營成本較低、環境質量更好的郊區遷移。20世紀80年代以後，主城區環境的改善，以及石油價格上升導致交通成本上升，部分郊區的居民又開始回到城鎮，產生了「再城市化」的現象。

3.1.3.3 日本的城鎮化道路

（1）城鎮化起步階段（1860—1950年）。

19世紀60年代前，日本的國民經濟發展主要依靠農業，農業就業人數占全部就業人數接近90%，城鎮化率不到10%，全國性的大城市為數不多。直到1868年，日本開始了明治維新，政府政策以鼓勵工業為主，大量農村剩餘勞動力向城鎮轉移，推進城鎮化的大幕正式拉開，到1920年，日本城鎮人口比重已經達到18%。隨著日本工業化不斷發展，農村人口向城鎮轉移，進一步推動了城鎮化的發展，1940年，日本城鎮人口比重已經接近38%。此後，由於受二戰的影響，日本工業化進程受阻，國民經濟發展十分糟糕，城鎮化進程止步不前，甚至出現衰退，到1945年，日本城鎮化率僅為27.8%，如表3-4所示。

（2）城鎮化發展階段（1950—1970年）。

由於二戰的影響，日本經濟和城鎮發展幾乎處於停滯狀態，1945年，日本政府開始了經濟恢復計劃，但受到通貨膨脹的影響，日本經濟在初始的幾年並未得到有效改善。1950年，朝鮮戰爭爆發，日本生產的大量戰爭物資被美國購買，其工業產出迅速增長，經濟開始恢復。1955年後，日本經濟增長速度驚人，

在隨後的 20 年裡，日本經濟以歷史罕見的年平均增長率 10%以上的速度增長。截至 1970 年年底，日本經濟已經排名世界第三，城鎮化率達到 72.1%，期間，日本城市數量從 1950 年的 254 個增加到 1970 年的 644 個，村莊的數量也相應迅速減少。此後，受國際金融市場衝擊和兩次石油危機的影響，日本經濟增長開始放緩，由於城鎮生產、生活成本的上升，大量企業向郊區轉移，日本城鎮化速度也隨之下降。

表 3-4　　　　　　　日本的城鎮化發展歷程

年份 城鎮化	總人口（萬人）	城鎮人口（萬人）	城鎮化率（%）
1898	4,540	530	11.8
1903	4,850	680	14.0
1913	5,510	900	16.3
1920	5,590	1,010	18.0
1930	6,450	1,540	24.0
1940	7,310	2,760	37.7
1950	8,320	3,120	37.5
1960	9,340	5,930	63.5
1970	10,370	7,490	72.2
1980	11,710	8,920	76.2
1990	12,360	9,560	77.4
2000	12,690	9,990	78.7
2005	12,777	10,988	86.0
2010	12,807	11,590	90.5
2014	12,713	11,823	93.0
2016	12,682	11,858	93.5

數據來源：根據聯合國人口司經濟和社會事務部歷年公布數據整理而來

(3) 城鎮化發達階段（1980 年至今）。

如表 3-4 所示，1980 年後，日本城鎮基本呈現飽和狀態，城鎮化進程在很長時間內幾乎停滯不前。1996 年，日本城鎮人口比重為 78%，僅比 1976 年的 76% 稍有增長。20 世紀 80 年代以來，日本城鎮人口的區域分佈開始發生變化，人們開始從擁擠的大都市區遷移到郊區或者中小城鎮，呈現出大城市帶動周邊多個中小城鎮發展的中心—外圍發展方式。這一階段，日本在經濟全球化和知識經濟的浪潮下，開始向信息經濟發展，大規模的工廠從都市圈遷移到成本較低的郊區，城市和鄉村的界限也逐漸模糊，最終形成了沿太平洋的一個巨大城市群。截至 2000 年年底，日本城鎮人口比重為 78.6%，2016 年已經增長到 93.5%。

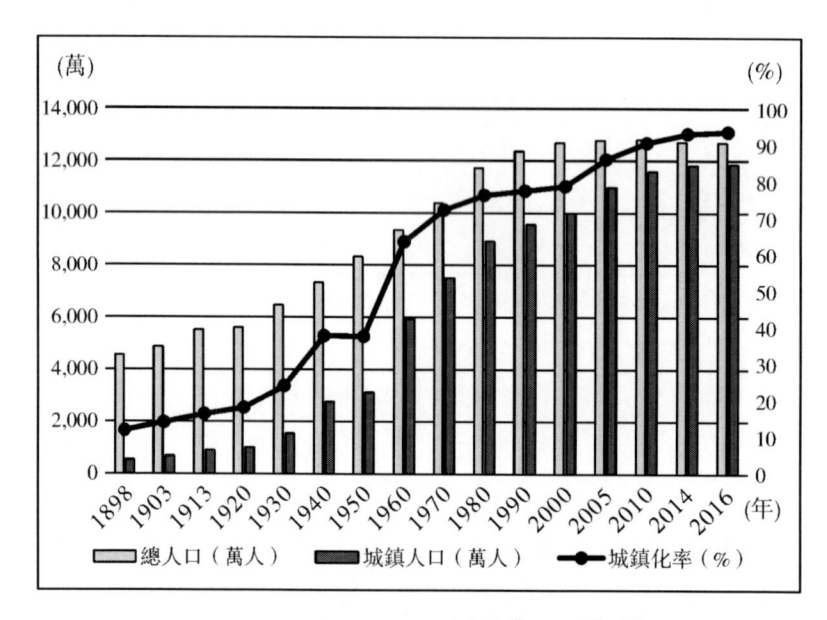

圖 3-4　1898—2016 日本城鎮化發展趨勢

3.1.3.4 巴西的城鎮化道路

（1）城鎮化起步階段（1930以前）。

巴西作為金磚國家之一，是拉美地區國土面積最大的國家，其自然資源豐富，經濟發展迅猛，其城鎮化道路在拉美地區具有一定的代表性。自從16世紀巴西淪為殖民地後，巴西開始作為葡萄牙的農產品和原材料供應國，對其經濟具有很強的依附性。1930年前，巴西是一個靠農業生產為主的國家，工業化推進比較緩慢。這一階段，巴西城鎮化進程相對也比較緩慢，其城鎮人口也主要來源於歐洲移民，而不是國內農村人口的遷移。

表3-5　　　　　　　　巴西的城鎮化發展歷程

城鎮化年份	總人口（萬人）	城鎮人口（萬人）	城鎮化率（%）
1950	5,391	1,952	36.2
1955	6,284	2,545	40.5
1960	7,279	3,268	44.9
1965	8,438	4,244	50.3
1970	9,592	5,352	55.8
1975	10,819	6,675	61.7
1980	12,163	8,198	67.4
1985	11,497	8,198	71.3
1990	14,941	11,176	74.8
1995	16,125	12,545	77.8
2000	17,386	14,116	81.2
2005	18,641	15,701	84.2
2010	19,521	16,456	84.3
2014	20,203	17,253	85.4
2016	20,529	17,654	86.0

數據來源：根據聯合國人口司經濟和社會事務部歷年公布數據整理而來

（2）城鎮化發展階段（1930—1970 年）。

1930 年，瓦加斯革命爆發，巴西開始實行經濟和社會改革，推動巴西走上了現代化道路。瓦加斯政府改革了稅制，推動工業化計劃，以促進工商業的發展，使得巴西的重工業和消費品工業在隨後的幾十年裡迅速發展。工業化速度加快帶動了巴西的城鎮化發展，聖保羅等一大批的新城市不斷壯大，集聚經濟和規模經濟效益開始在各大城市顯現，農村人口加速向城鎮遷移。由於工業化進展迅速，巴西在60年代至70年代中期的十多年裡增長速度年均超過10%，創造了著名的「巴西奇跡」。如圖 3-5 所示，1950—1980 年的 30 年裡，巴西城鎮人口增加了 8 倍之多，城鎮化率也從 36.2% 提升到 67.4%，巴西城鎮化推進過快也為巴西留下了巨大傷痛。

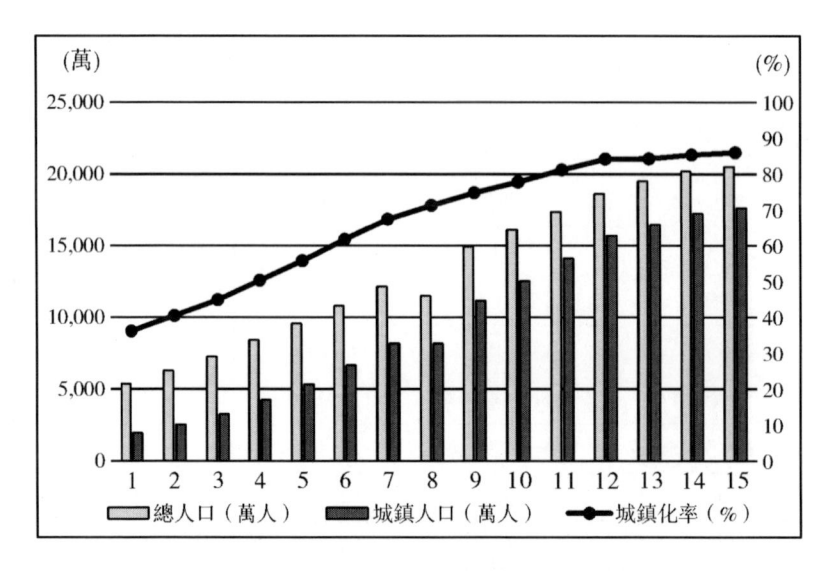

圖 3-5　1950—2016 巴西城鎮化發展趨勢

（3）城鎮化發達階段（1970 年至今）。

1970 年後，過度城鎮化帶來的各類問題開始顯現，由於城鎮人口比重增長過快，未能充分考慮城鄉結構因素、城鎮基礎

設施、三次產業佈局、城鎮體系結構等問題，導致城鎮化率過快提升，而城鎮化質量未能同步跟上，導致城鎮化質量與城鎮化規模不協調。問題主要體現在：經濟發展水準遠遠落後於城鎮化水準，使得巴西經濟難以健康持續增長；土地改革制度不完善，使得農業發展嚴重滯後；大城市過於擁擠，小城鎮發展緩慢，城鎮結構不協調；貧富差距出現高度分化，收入差距巨大。為緩解過度城鎮化問題，巴西政府出抬了一系列政策，包括進行土地改革，實施鼓勵農村發展；協調城鎮體系，使得各類型城市結構合理；推行促進工業發展的措施，提升就業人口的勞動技能。20世紀80年代以來，巴西政府的種種措施試圖校正過度城鎮化帶來的問題，也收到了一定成效，但過快城鎮化引發的諸多矛盾仍是巴西城鎮化進程之殤，制約著巴西經濟的健康發展。截至2016年年底，巴西城鎮人口比重已達到86%，但巴西仍在為走過的彎路付出代價。

3.2 國外城鎮化發展規律及經驗教訓

18世紀60年代以來，工業革命在世界範圍內興起，世界城鎮化也從發達國家向發展中國家擴散，目前，發達國家的城鎮化基本都達到了成熟階段。雖然各國的歷史、文化環境不同，城鎮化發展在各國也表現出不同的特點，但城鎮化進程在全球範圍內呈現出一定的共通性。

3.2.1 國外城鎮化發展的基本規律

3.2.1.1 城鎮化發展的三階段規律

世界範圍內的城鎮化進程表現出一定的階段性特點。1975年，美國地理學家諾瑟姆（R. M. Northam）通過分析各國城鎮

化推進的歷史情況，發現雖然不同國家的城鎮化起步時間、發展狀況不盡相同，但大部分國家和地區的城鎮化都經歷了三個階段：初始城鎮化起步階段、中期城鎮化加速發展階段和後期的城鎮化成熟階段，發展過程呈一條拉長的 S 型曲線（如圖 3-6 所示）。各國在經歷這三個階段過程中，起始時間不同，持續時間和發展狀態也各有差異，但城鎮化進程的推進經歷了起步、發展和成熟三階段的過程是其共同的規律。

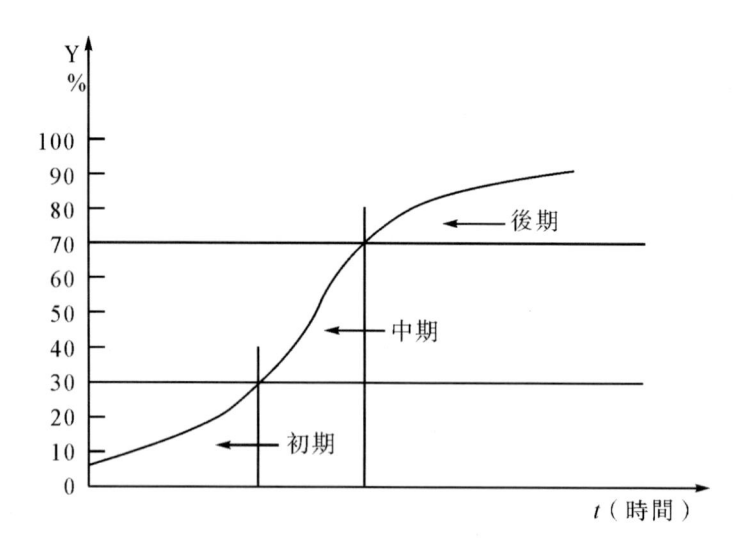

圖 3-6　城鎮化發展的 S 型曲線

資料來源：嚴正. 中國城市發展問題報告 [M]. 北京：中國發展出版社，2004.

圖 3-6 表明，全球範圍內的城鎮化發展都經歷了如下階段：第一階段，初始起步階段，城鎮化率低於 30%，推進十分緩慢。在該階段，農業仍是國民經濟的主導產業，但生產率低下，社會資本累積速度也受到限制。因此，由於該階段工業化本身處於緩慢發展的初級階段，其產生的推進效果非常有限，從而使得推動力不足，因此城鎮化推進極其緩慢。

第二階段，當城鎮化率大於 30% 後，城鎮化開始了中期加

速的階段，農業勞動生產率大大提高，大量農村人口進入城市，工業化也進入起飛階段，當城鎮化率小於70%時都處於這個階段。本階段工業在國民生產中的地位慢慢確立，農業退到次要地位，農業生產比重持續下降，第二、三產業比重相繼上升，城市內涵的發展和各類服務業的發展使得城鎮進入高速成長階段。

　　第三階段，城鎮化率大於70%，城鎮化達到成熟階段，城鎮化推進開始趨於緩慢，進入平穩時期。由於科技的進步，發達國家進入信息化和知識化的時代，農業也基本實現現代化，由於工業的生產率更高，工業過剩的勞動力向服務業轉移，此時服務業為城鎮化推進貢獻的力量最大。由於農業多餘人口已經基本轉移完成，沒有更多的人口進入城鎮，「城市病」和「逆城市化」現象開始出現，部分城鎮的人口甚至出現停滯和下降趨勢，城鎮質量的提升開始作為本階段的主題。

　　就全球的城鎮化而言，19世紀50年代，世界平均城鎮化率為30%，此時城鎮化初始起步階段結束，開始了中期加速發展。目前，雖然很多的發達地區的城鎮化早已達到成熟階段，但實現全球的城鎮化成熟還有很長的距離。

3.2.1.2　集聚效應與擴散效應

　　產業在區域中的集聚作用是城鎮擴張和發展的基本動力。由於城市更加優良的資本、人才、技術和基礎設施等，吸引更多的農村人口流向城鎮，使得城鎮的規模逐漸擴大，人口不斷增長，有利於工業化的推進，第二產業在城鎮發展初期階段迅速發展，也帶來了第三產業的興起。城鎮的集聚效應使得市場規模不斷擴大，有利於工廠的標準化、規模化生產，大大降低了生產成本，城鎮便捷的交通設施也使得運輸成本持續降低，從而使得生產率迅速提高。由於大量農村人口向城鎮轉移，降低了水、電、煤氣、道路管網等基礎設施的單位成本。在城鎮

化的起步和發展階段，更加便捷的生產、生活方式又吸引更多的人口向城鎮集中，形成良性循環效應，集聚效應得到加強。集聚效應不僅使得城鎮成為人口集中的中心，也使得城鎮成為地區經濟活動的中心，帶動周圍腹地的經濟發展。

當城鎮化進程發展到一定階段，人口過度向大城市集中會帶來一系列的「城市病」，人口的膨脹使得城鎮生活成本上升、交通堵塞、房價過高、環境質量惡化，產生了「集聚不經濟」，城鎮化的矛盾凸顯。在城鎮化的發達階段，當由於過度集聚帶來的弊端大於其為人們帶來的便捷時，人們開始向城市郊區遷移，產生「逆城鎮化」現象。隨著居民向郊區遷移，更多的工廠也向郊區轉移，將資本、人才和技術帶向城鎮周邊地區，擴散效應開始出現。一般而言，城市規模越大，擴散效應就越明顯。

世界城鎮化的發展歷程，是集聚效應和擴散效應交替作用的結果。在發展初期，以集聚效應為主的城鎮化推進方式，使得人口向城鎮加速集中，城鎮人口迅速提升，而在城鎮化的發達階段，由於「城市病」的出現，人們開始向郊區轉移，擴散效應明顯。在某些發達國家，城鎮化推進到一定階段還會出現再城鎮化的過程，因此，城鎮化進程最顯著的特徵是集聚效應和擴散效應。

3.2.1.3 產業同步演化

國外城鎮化的經驗表明，產業結構的演化是城鎮化過程中的必然現象。在經濟的發展過程中，一個國家或地區的主導產業一般由第一產業逐步演變為第二產業，然後向第三產業升級，就業人口也從農業向工業和服務業轉移，因此，人口從農村逐步向城鎮集中。產業的升級對人口的城鎮化有著一定的促進作用，同時，城鎮化的集聚作用加速了產業的升級換代，它們具有相輔相成的互動作用。

在城鎮化的初期階段，隨著農業生產率的提升，部分農村

人口從農業中脫離出來，向城鎮轉移，開始從事手工業和其他輕工業，為城鎮的工業化累積了原始資本。同時，隨著工業革命的發生，城市和農村的生產率都隨之提高，更多的農村勞動力剩餘人口向城鎮集中，城市規模的擴大為農產品和工業產品提供了更大的市場。人口從農業向工業轉移成為城鎮化初期的基本特點。隨著生產力的提高，工業替代農業成為地區發展的主導產業。由於集聚效應的存在，生產成本的降低和更優厚的工資待遇，工業化推動城鎮化迅速發展。隨著科學技術的進步，第二產業中的很多崗位被機械化和自動化技術替代，技術密集型成為工業化的發展方向，更多的勞動力開始轉向服務業，服務業成為推進城鎮化的新動力。由於第三產業對勞動力的需求加大，城鎮化的步伐也隨之加快，金融、管理、信息、教育等的發展提高了勞動力對知識需求的程度，城鎮人口的教育程度也隨之提高，對隨之而來的信息化革命和知識經濟的到來起到了重要累積作用，第三產業逐漸成為某些發達地區的主導產業。第三產業的發達也意味著一個城市文明程度和城鎮化水準的深化。所以，城鎮化進程的推進與產業結構轉型升級之間是相輔相成、互相推動的關係。

3.2.2　國外城鎮化發展的經驗與教訓

城鎮化在國外經歷了一個很長的歷史過程，從公元前3000年左右，最早期城市在尼羅河流域、兩河流域、古希臘出現，到了18世紀中葉，工業革命的發生推動城鎮化在西方資本主義國家迅速擴張，國外城鎮化走過的道路的經驗與教訓為中國西部地區新型城鎮化的推進研究提供了重要的學習素材。

3.2.2.1　國外城鎮化發展的經驗

通過對國外城鎮化發展的歷程和規律的分析，我們可以總結出國外城鎮化發展的主要經驗有：

第一，城鎮化推進要以工業發展和產業集聚為支撐。國外城鎮化發展歷史表明，城鎮化與工業化是相輔相成的，工業生產率的提升有助於吸引更多的農村人口轉向城鎮。發達國家城鎮化加速階段都出現在工業變革時期，說明工業化是城鎮化的最大推動因素。工業化發展到一定時期就會產生產業集聚現象，埃德溫·米爾斯（Edwin Mills）認為，產業在區域中的集中發展是城鎮化推動因素之一。城鎮化帶來的規模經濟效應使得工廠可以以更低的成本大量生產標準化的產品，由於生產和生活區位的靠近，人們的通勤成本大大降低，更多的人口向城鎮集中。隨著科技的進步和城鎮基礎設施質量的提升，運輸成本大大降低，人口和經濟活動的集聚會產生積極的外部效應，即集聚經濟，集聚經濟又會帶來一系列的連鎖反應，相關產業及人口更加集中，城鎮化推進更加快速（如圖 3-7 所示）。[①]

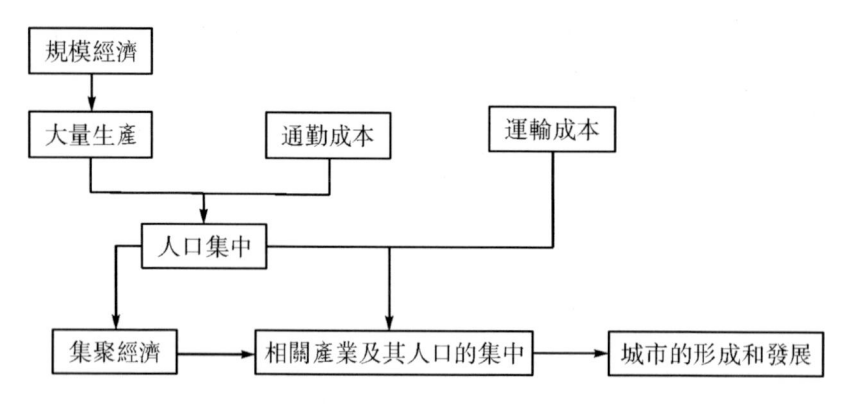

图 3-7 城鎮化推進的米爾斯—漢米爾頓模型

資料來源：謝文蕙，鄧衛. 城市經濟學 [M]. 北京：清華大學出版社，1996.

第二，制定完善的政府干預政策。英國是全球首個實現城

---

① 李清娟. 產業發展與城市化 [M]. 上海：復旦大學出版社，2003.

鎮化的國家，它也是首個將城鎮規劃管理作為政府職能管理的國家。在城鎮化的初期，由於城鎮基礎設施匱乏，城市環境質量持續惡化，尤其以「倫敦菸霧事件」最為有名，社會穩定和經濟發展的危機促使英國先後制定了一系列解決城鎮問題的規範法案，包括《公共健康法》（1848年）、《住宅補貼法》（1851年）等，採取公共干預政策引導城鎮化有序推進。歐洲其他國家也繼英國之後，頒布了各自的城市管理辦法。日本政府在城鎮化的發展過程中，主要通過鼓勵和引導技術進步，使得日本這個人多地少、資源匱乏的國家在1950年後以高速的經濟增長帶動城鎮化加速發展，大大提高了國民的生活水準。為了緩解集聚經濟和區域經濟不平衡發展帶來的各種問題，日本實施了多個全國綜合開發規劃方案，促進城鎮化可持續推進。完善的政府干預政策大大提升了發達國家的城鎮化質量，為中國的城鎮化發展提供了借鑑。

第三，建立合理的城鎮體系。西方發達國家城鎮數量眾多，而且中小城鎮占較大比例。美國中小城鎮個數占全國城鎮數量的99%以上，並且集聚程度較高，德國的城鎮人口主要分佈在11個大都市圈，達到全國人口的一半以上，法國、日本也均以中小城鎮為主。大量中小城鎮形成的城鎮群不僅解決了由於大城市無限擴張帶來的城市矛盾，也有利於產業在區域空間的佈局，大、中、小城鎮在空間上互相依存、互聯互通，形成有序互補多層次的有機城鎮體系。由此可見，合理的城鎮體系是城鎮化健康可持續發展的基礎。

3.2.2.2 國外城鎮化發展的教訓

19世紀以來，工業革命和世界城鎮化進程的推進為人類帶來了技術進步，創造了巨大的社會財富，在城鎮化的過程中，各國也經歷了不少的慘痛教訓。國外城鎮化走過的彎路值得我們認真分析和警惕，主要有：

一是缺乏政府調控。西方國家信奉的自由主義經濟和市場調節，使得發達國家產生了各種「城市病」。由於對利潤最大化的無限追逐，城市發展過程中缺少前期規劃和中期管控，使得城鎮的發展具有很強的盲目性。城市生產和住宅片區分佈混亂，基礎設施不夠完善，大量貧民窟和城中村大大降低了城市發展的文明程度。由於缺乏前期的規劃，政府對城鎮人口發展不加限制，對城鎮的發展缺乏管控，使得人口膨脹、交通堵塞、環境污染成為城市發展後期的常態，城鎮秩序的混亂使得城鎮居民的生活水準惡化，大量的城鎮人口向外遷移，又造成了一些城鎮的「空心化」。這一系列的問題在城鎮化的發達階段才引起各國政府的重視，但由於問題龐雜，積重難返，也為政府後續的調控帶來了很大的負擔。

二是過度城鎮化。城鎮化水準增長過快，超過工業化和經濟發展水準，而配套設施未能及時提升，轉移的農村人口未能在城鎮得到穩定就業。過度城鎮化多存在於拉美地區，以巴西最為嚴重，巴西用發達國家城鎮化進程一半的時間完成了城鎮化中期到後期的所有過程，但過快的城鎮化為巴西帶來了沉重的傷痛。城鎮基礎設施建設不足、城鎮產業佈局不合理、城鎮體系結構不合理、城鎮內部貧富人口高度分化等問題一直困擾著巴西的城鎮改造，抑制了巴西經濟的健康發展，大量的失業人口成為城鎮質量提升的負擔。

三是缺乏城鄉統籌。從古至今，西方發達國家推進城鎮化的過程中往往伴隨著在城鄉二元結構的矛盾。在城鎮化的初期階段，工業發展初始資本的累積基本都是靠來自農村的資金，而工業的發展帶來的科技進步卻並未帶動農業的技術進步，工業生產率的提高速度遠遠高於農業。由於很多發達國家都採用了「城市偏向」的政策，越來越多的農村人口開始向城鎮轉移，農業投入大大減少，大量農村土地開始荒廢，農業逐漸被邊緣

化。「三農」問題也成為阻礙經濟持續增長的重要制約因素，城鎮的繁華與農村的衰落形成強烈對比，城鄉收入差距的擴大在一定時間內困擾著發達國家，直到城鎮化發展後期，更多的國家開始意識到農業與農村的重要性，各國紛紛出抬了利於「三農」發展的政策，並推進城鄉互動，促進城鄉經濟均衡發展，才有效緩解了城鄉二元結構的矛盾。

分析國外城鎮化推進的弊端，究其根本原因，主要在於政府對城鎮規劃、管理的缺失和缺乏城鄉統籌。規劃是城鎮化科學推進的先導，合理的規劃能有效降低城鎮化推進中各種社會問題的發生概率。在城市發展的各個時期，政府對城市發展和公共服務的管理應成為政府日常行政工作的重要內容。要以工業化和產業集聚為支撐，要尊重經濟社會發展的基本規律，警惕過度城鎮化，進行城鄉統籌才是城鎮化穩定可持續推進的科學有效途徑。以史為鑒，國外城鎮化的發展是一面歷史的鏡子，認真分析西方國家和其他發展中國家在城鎮化的發展進程中的經驗教訓，可以讓我們在反思歷史的同時，認真審視中國城鎮化發展中必須堅持的以人為本的城鎮化，注意政府在城鎮化過程中的引導作用，積極穩妥地推進中國的新型城鎮化建設，縮小城鄉收入差距。

3.3　國外城鎮化進程中縮小城鄉收入差距的經驗與啟示

就世界歷史發展來看，各國在城鎮化的過程都會伴隨著城鄉收入差距，並且城鄉收入差距在某些發展階段會迅速擴大。農業、工業和服務業三大產業在經濟發展的過程中生產率增長不一致，就一定會形成收入差距，政府在這個過程中發揮著至

關重要的作用。我們將對成功縮小城鄉收入差距的典範——美、日、韓三國進行分析探討。

3.3.1 國外縮小城鄉收入差距的經驗

美國和日本的情況與中國類似，在工業化的初期城鄉收入差距迅速擴大，財富在城鄉之間分配懸殊，20世紀30年代，日本的城鄉收入比一度超過了3倍，但是隨著工業化與城鎮化的進一步深化，這兩個國家的城鄉收入差距不斷縮小，不僅實現了無差距，在某些地區甚至出現了反向差距，是中國應學習的成功典範。韓國的工業化進程從1960年開始，在這個過程中收入差距雖有所擴大，但差距並不明顯，其比值始終在1左右波動，中國在城鎮化建設的過程中應當思考和借鑑韓國政府在採取的控制城鄉收入差距的相關措施。

3.3.1.1 美國縮小城鄉收入差距的實踐經驗

美國加強農業相關設施建設力度，通過農業多元化支持政策為農業發展創造良好的環境，為其城鎮化打下堅實的基礎。第一，美國政府加強了農村道路、信息化、供水管網等基礎設施的全面覆蓋，政府出抬了各種優惠政策鼓勵社會資本參與農村的建設。這些設施的建設提高了農業生產效率，改善了農民生活水準，對縮小城鄉差距有重要意義。第二，美國通過多項惠農政策，提升農民素質，促進農業發展。美國每年在農業上的財政投入不斷增加，並且在財政預算中佔有很高比重。據朱剛（2005）估計，到1990年，美國農業投入已佔其農業總產值的四分之一，而2003年中國這一數據才達到5.91%，2016年，中國農業投入僅佔農業總產值的7.9%。第三，美國採取對農民進行直接補貼與農產品最低限價收購等政策手段來確保城鄉收入差距不會過大。

3.3.1.2 日本縮小城鄉收入差距的實踐經驗

日本主要通過政府推動農村建設，提供農產品價格補貼以及建設農業協同組織的方式縮小城鄉收入差距。其新農村建設從1955年一直持續到1980年前的「造村運動」。國家為了促進農業產業化，提出了「一村一品」的理念，大力挖掘農村自身資源潛力，並提供資金支持，促進農產品品牌化、農業產業化、農民職業化。政府制定了明確的法律允許農民建立農業合作組織，保護農民各方面的利益，防止社會對農民的剝削，還提供了多項政府公共服務。同時採取了與美國相似的農產品價格補貼政策，對購買農業現代化工具進行財政補貼與利息減免，從而推進農民生產的科技化。日本政府通過採取上述措施，實現對農民的全方位支持的目標，以各種渠道穩定並提高農民收入。

3.3.1.3 韓國縮小城鄉收入差距的實踐經驗

對韓國而言，工業化起步較晚，但韓國在工業化的初始階段，同樣面臨了經濟增長與城鄉收入差距擴大二者並存的問題。意識到這一問題的韓國政府，為消除城鄉之間的差距，以「新村運動」為出發點，積極採取各種措施，例如，改善農村基礎設施，為新農村建設免費提供水泥、鋼筋等建築原料；推廣農業生產技術，促進農業現代化；政策上支持農產品加工業和農村文化事業的發展；改善農村生產與生活條件等。韓國政府在消除城鄉收入差距方面所實施的政策有一個鮮明的特點，即以提高農民自身發展和增收能力為目標。新農村建設中，政府除了從物質和資金上給予支持，還從精神層面上改變農民的傳統價值觀念，建設可以舉辦各種活動的「村民會館」，豐富農民生活，提高農民生產能動性。另外，韓國還發起成立了農民協會組織，在提高農村教育和技術水準、促進農產品流通、加強金融服務等方面發揮了重要作用。為提高農民收入水準，韓國政府實施了農產品價格補貼和直接農業補貼等扶持政策，而正是

這一系列在農業上的政府扶持措施使得韓國農民的收入水準顯著提高，城鄉收入差距明顯縮小。

綜合以上各國在農業扶持上的政策我們會發現，經濟發達的國家在縮小城鄉收入差距方面，所採取的政策都從維護農民切身利益出發，努力實現城鄉收入的平衡。具體表現為大力改善農村基礎設施，加大對農業的財政支持力度，成立民間互助組織並發揮它們在保護農民利益上的積極作用，實施農產品價格支持和補貼政策等。這些措施對當前中國縮小城鄉收入差距具有重要的借鑑意義。

3.3.2 國外縮小城鄉收入差距對中國的啟示

發達國家城鎮化進程中縮小城鄉收入差距的經驗對我們的啟示有：

第一，加大農村基礎設施建設力度。1930年左右，美國政府為實現農業現代化並消除城鄉收入差距，大力進行生產基礎設施的建設，提高農業生產率。日本政府通過對農村的各項支持有效推進了農業現代化，縮小了城鄉居民收入差距。韓國出抬了一系列政策用於縮小收入差距，拿出了大量的資金用於農村基礎設施建設，切實提高了農業產能。各國結合本國國情，採取了不同措施，有效降低了農業生產成本並穩定了農業市場，保證了農民收入。而中國由於改革開放以來的城鎮偏向政策，忽略城鎮對鄉村的帶動作用，使得目前農村生產和生活條件比較落後，經濟發展也明顯落後於城鎮，農村基礎設施長期不完善，用於「三農」的財政資金比例過小。所以，中國需要在農業產業發展、農田水利網絡、農業技術研發、農村基本教育等方面加大資金投入，並運用基金化管理、財稅補貼等手段進行間接支持。只有完備的基礎設施建設才能為農村經濟的轉型提供堅實的物質基礎。

第二，提高農產品質量。美國政府出抬了政策支持適合農村發展的工業，包括支持生產農業生產工具，農用收割機、拖拉機等，以及支持生產家禽飼料、種苗、化肥、農藥等。這些產業由於符合農村發展需求，因而能夠在農村得到充分發展。而日本的造村運動通過深入挖掘地方特色，培育標誌性產品與項目，打造相應品牌，面向世界進行推廣，並以此來帶動區域經濟發展。從這些歷程中，我們應當汲取經驗，以質量為核心競爭力，優化品種，增加效益，提升農產品附加值。鼓勵發展特色農產品加工業，完善相關服務體系，推進中國的農業現代化。

第三，建設服務型政府。日本和韓國的經驗表明，政府的參與和指導才能提高農村合作組織的效率，良好的政策和制度基礎有利於農村資源的集中利用，有利於推進農業的規模化和產業化經營。結合中國具體國情，地方政府作為政府職能的代表，應充分調動農民的主動性，在科學指導的基礎上，讓農民按照自己的想法與意願去生產經營，從而提高生產效率，降低管理成本，使其成為新農村建設的最重要力量。為了達到這個目的，地方政府應轉變思考視角與工作方式，健全溝通機制，完善法律保障，以滿足農民的需求為出發點，從而調動農民的積極性、創造性與自主性。

第四，建立完善的法律和制度體系。在收入分配的調節和農村的建設方面，國外都有完善的法律法規體系，使相關法律法規覆蓋經濟生產活動，做到有法可依，有法必依。韓國在新農村建設中頒布了詳細的法律法規和制度條例，日本政府也在收入分配方面不斷完善其現有的法律，促進農業改革，縮小城鄉收入差距。中國也應及時完善相關的法律法規，各級地方政府應進一步制定利於農村發展的配套制度措施，確保新農村建設的順利推進，通過農村的現代化發展縮小城鄉收入差距。

第五，提升人力資本水準。從長遠來看，科學文化水準和

勞動者技能的提高才是有效調節收入分配的關鍵。美國在20世紀70年代不僅實現了農業產業化，構築了完整的農業產業鏈，還投入了大量資金，強化了農業人才的培養，實現了人力資源貯備。與此同時，日、韓兩國對農業培訓十分重視，日本為農民提供全方位多領域的無償培訓，成立了專業技術培訓機構，而韓國大力鼓勵農村基礎教育，更注重提升農村勞動力的技能，還鼓勵農民學習「合作、創新、勤勉」的精神，提高農民的職業水準。中國政府也應當開展相關教育和宣傳，引入競爭意識和終身學習觀念，鼓勵農民進行自我提升，為農民提供免費的科學生產技能培訓，培養農民市場化的經營觀念，才能為有效調整收入分配打下堅實基礎。

3.4　本章小結

本章從國外城鎮化的起源出發，分析了國外城鎮化的發展歷程。大部分國內外學者們認為世界城鎮化進程始於工業革命，城鎮化的根本動力是工業化的發展。世界城鎮化的發展主要起源於18世紀60年代，經過兩百多年的發展，世界各國經歷了工業化、城鎮化和現代化。國內學術界一般將國外城鎮化的發展分為起步階段（1760—1850年）、發展階段（1850—1950年）和發達階段（1950年至今）三個階段。

筆者選取了國外城鎮化發展道路具有典型代表性國家，包括英國、美國、日本和巴西。英國作為全球首個實現工業化的國家，英國在從18世紀20年代開始就保持了世界領先的綜合國力，它也是全球城鎮化道路的探索者，作為城鎮化的先行者，英國為我們提供了豐富的學習借鑑經驗；美國的城鎮化過程也出現過東、西部地區差距較大的階段，在西進運動和西部開發

的帶動下，區域不平衡的態勢有所緩解，為中國的區域協調發展提供了一定借鑑；日本在城鎮化發展的過程中通過大城市帶動周邊多個中小城鎮的中心—外圍發展方式也為中國的城鎮化發展提供了良好的經驗；巴西在城鎮化推進過程中，由於推進過快，過度城鎮化帶來了各類問題，為巴西留下了巨大傷痛，是中國城鎮化進程中需要避免的。

在梳理國外城鎮化發展歷程的基礎上，筆者總結了國外城鎮化發展的規律：第一，城鎮化發展的三階段規律；第二，集聚效應與擴散效應；第三，產業同步演化。此外，筆者分析了國外城鎮化的發展經驗，主要包括：第一，城鎮化推進要以工業發展和產業集聚為支撐；第二，制定完善的政府干預政策；第三，建立合理的城鎮體系。國外城鎮化發展的教訓主要有：一是缺乏政府調控，城市發展過程中政府對城鎮規劃和管理的缺失，使得城鎮的發展具有很強的盲目性；二是過度城鎮化，城鎮化水準增長過快，超過工業化和經濟發展水準，而配套設施未能及時提升，轉移的農村人口未能在城鎮得到穩定就業，大量的失業人口成為城鎮質量提升的負擔；三是缺乏城鄉統籌，由於很多發達國家都採用了「城市偏向」的政策，農業逐漸被邊緣化。

世界各國在城鎮化的推進過程中都會伴隨著城鄉收入差距的擴大，對於國外縮小城鄉收入差距的經驗，筆者選擇了成功縮小城鄉收入差距的美、日、韓三國進行分析。美國通過農業多元化支持政策為農業發展創造良好的環境，加強農業相關設施建設力度，為其城鎮化打下堅實的基礎；日本主要通過政府推動農村建設，提供農產品價格補貼以及建設農業協同組織的方式縮小城鄉收入差距；韓國以「新村運動」為出發點，以提高農民自身的增收能力為目標，政府重視對農民在物質和精神上的雙重支持，使得韓國農民的收入水準顯著提高，城鄉收入

差距明顯縮小。經濟發達的國家在縮小城鄉收入差距方面，所採取的政策都從維護農民切身利益出發，努力實現城鄉收入的平衡，這對當前中國縮小城鄉收入差距具有重要的借鑑意義。國外縮小城鄉收入差距的經驗也為中國提供了不少的啟示，主要包括：第一，加大農村基礎設施建設力度；第二，提高農產品質量；第三，建設服務型政府；第四，建立完善的法律和制度體系；第五，提升人力資本水準。

4 中國西部城鎮化與城鄉收入差距的態勢與問題

對西部地區城鎮化與城鄉收入差距的發展歷程的分析是把握其發展特點與問題的重要手段之一。中國西部城鎮化發展的態勢與全國的發展路徑有一定的關係，也呈現出自身鮮明的特點，回顧西部地區城鎮化和城鄉收入差距的發展態勢與問題才能有效推進西部新型城鎮化和縮小城鄉收入差距。

4.1 中國城鎮化與城鄉收入差距發展歷程與問題分析

4.1.1 中國城鎮化發展歷程

城鎮化在全球範圍內的推進經歷了漫長的演變過程，城鎮也是人類文明進步發展的重要體現。歐洲城市化推進經歷了擴張、擁堵和郊區化三個階段。相對於外國城鎮化的發展過程而言，中國城鎮化的發展具有時間和空間維度上的根本區別，形成了具有中國特色的城鎮化漸進發展演變過程。以中國不同階段城鎮化具有不同的特點為依據，可以將中國城鎮化歷程大致分為以下幾個時期：1949—1977 年、1978—2000 年、2001 年以後三個時期（如

圖4-1所示)。

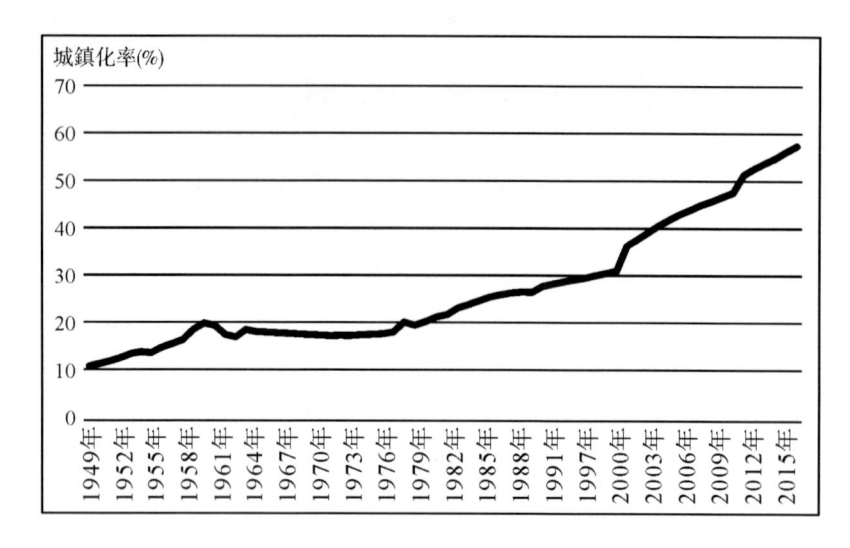

圖4-1　1949年以來中國城鎮化率走勢

資料來源：根據1949—2016年《中國統計年鑒》數據作圖

4.1.1.1 城鎮起步發展時期（1949—1977年）

中華人民共和國成立初期，由於深受蘇聯建設社會主義重工業發展理念的影響，中國以重工業為發展重點，而對建設城鎮基礎設施和發展第三產業未引起足夠的重視，城鎮作為生產中心而非消費中心存在。1949年，中國城鎮人口比重僅為10.6%，隨著中國工業化進程的推進，城鎮的產業結構也越加多樣化，提供了更多的就業機會，農村人口也更多地向城鎮轉移，城鎮人口開始有計劃的增長。1950年後，城鎮化發展開始加速，到1960年已經達到17%。但由於經歷了「文化大革命」等，城鎮化發展受阻，甚至出現停滯現象，到1977年中國的城鎮人口比重僅為17.55%，較長一段時間幾乎沒有任何提高，而截至1980年年底，世界的平均城鎮人口比重為42.2%，發達國家城鎮化水準則已達到70.2%。

改革開放前夕，中國城鎮人口比重僅為17.55%，城鎮數量

從1949年的132個增長到1977年的190個，提升十分有限。究其原因，主要是因為在探索社會主義建設過程中不可避免的波折及發展基礎落後。這一時期城鎮化發展速度緩慢，在徘徊震盪中前進。

4.1.1.2 改革開放後的加速發展時期（1978—2000年）

1978年後，中國城鎮化邁入了穩步增長期，城鎮化水準從1978年的17.92%增加到2000年的36.22%，實現0.83%的年均增長率，城市數量、建制鎮數量也從1978年的193個、2,173個分別增加到2000年的636個、20,312個，實現了較大幅度的增長，這一時期城鎮化穩步推進。改革開放後，中國城鎮化進程明顯加速，一是由於中國戰略方向調整為以經濟建設為中心；二是中國開始發展可以吸納大量勞動力的第三產業，吸引了大量農村人口；三是城鎮偏向的政策使得城鄉差異越來越明顯，城鎮的高質量生活水準促進了農村人口向城鎮轉移。特別是1985年後，中國採取優先發展東部地區的區域發展政策，沿海地區成為城鎮化領頭羊，表現為中小城市和小城鎮數量在東部沿海地區大幅增加，這使得沿海地區在國家政策的引領下走在了城鎮化進程的前列。同時，大量農村勞動力湧入中小城市和小城鎮，促進了城鎮化的迅速推進，而20世紀末至21世紀初進行的大規模國企改革成為引爆城市經濟的增長點，為城市帶來了上億進城務工的農村勞動力。

4.1.1.3 21世紀以來的質量提升時期（2001年至今）

21世紀以來，住房體制改革成為推進城鎮化進程的新引擎，房地產市場如火如荼的發展帶來土地價值的大幅提升，導致城市面積的不斷擴大，加之發達的城市交通基礎設施建設極大地拓寬了城市圈的規模，改變了城市的空間結構，出現舊城改造和新城建設齊頭並進的現象，CBD成為城市建設的新方向。新城建設如火如荼，如上海浦東新區、天津濱海新區、四川天府

新區等。同時，城市規模的擴大帶來了城際之間的分工合作，促進了如成渝城市群、武漢都市圈等城市群的形成和發展，城市規模的擴張和都市圈的發展成為這一時期城鎮化的主要推動力。中國已經進入城鎮化快速增長時期，城鎮化的質量和人民生活水準也有了較大改善，城鎮的文明也開始向鄉村擴散。截至2016年年底，全國常住城鎮人口達到7.93億，城鎮化率達57.35%，比2000年上升了21.13%，預計2020年全國城鎮人口比重將超過60%。

4.1.2 中國城鎮化發展的問題

通過對中國城鎮化發展歷程的分析，我們進一步總結出中國城鎮化發展的主要問題：

第一，巨大的城鄉差距。這個差距首先表現在城鄉居民的收入差距，在1978年城鄉收入比值是2.56：1，1990年為2.20：1，2000年是2.79：1，而到了2010年則達到3.21：1，差距逐步擴大。國家統計局的數據顯示，2016年中國城鎮居民平均可支配收入是33,616元，農村居民純收入為12,353元，城鄉居民收入比為2.72：1，城鎮居民收入是農村居民的近3倍。在此背後的是城鄉巨大的福利差距，城鄉間的醫療、社保、教育等福利差距愈發明顯，在顯性的收入與福利差距的背後是更為嚴重的隱性的機會不平等。儘管農村人口進入城鎮能夠獲得大量的工作機會，但長期存在的思想觀念與生活方式使農村人口難以順利融入城鎮。若城鄉二元結構導致城鄉差距的不斷擴大，城鎮化進程也難以持續健康推進，為未來經濟社會發展留下了隱患。

第二，人口城鎮化滯後於土地城鎮化。雖然中國的城鎮化發展取得了顯著的成績，但中國土地城鎮化的速度是人口城鎮化的2~3倍已是不可迴避的事實。由於經濟利益的驅動，以及

土地使用監管不夠，中國城鎮化推進過程中土地的規劃使用存在諸多問題。土地的粗放式使用到處可見，「攤大餅」式的盲目擴張使得城鎮化質量難以得到有效提高，表現為失地農民增多與農民落戶城鎮的配套措施不完善之間的矛盾。來自國家統計局的數據表明，目前農業戶籍人口占城鎮生活人口的比重近1/3，約為2.82億人。失地農民不斷增加，正在成為社會潛在的不穩定因素。

第三，「城市病」開始顯現。近年來，由於中國人口過於向大城市集中而帶來的問題表現在：城鎮生活成本上升、交通堵塞、房價過高、環境質量惡化等。城鎮化雖然提高了人們的生活水準，但另一方面卻導致資源的日趨枯竭和生態的日益惡化。城鎮化推進過程中產生的「城市病」若缺乏及時有效的控制，困擾中國大城市的懸殊的貧富分化、高失業率、環境污染等一系列問題將無法解決，並將持續困擾中國大城市發展。隨著城鎮化進程的推動，相關問題也逐漸增多，2010年，中國政府首次提出了治理「城市病」的口號。如何在發展中結合中國人口眾多的具體國情，充分發揮各級政府的智慧，吸取總結外國先進經驗，實現環境友好、資源節約、宜居和諧的生態城鎮化，是中國需要重點解決的問題。

第四，城鎮規劃不科學，基礎設施落後。按照國家規劃，到2030年，中國城鎮化進程的目標是實現5億農民的市民化，儘管中國城鎮發展總體上已經達到一個較高的水準，但在完善農民進城的配套基礎設施方面仍存在較多不足。目前，中國很大一部分城市缺乏科學的規劃和完善的基礎設施，如下水道管網系統承載能力差、垃圾處理流程落後、交通通信設施配套不到位等，直接制約了城市功能的發揮，阻礙了城鎮化的進一步發展。之所以會出現這些問題，很大程度上是城鎮建設融投資渠道的匱乏而導致建設資金不足。由於中國各省、市、縣的城

鎮建設鮮有總體規劃，在城鎮化推進過程中存在大量如資源使用不當、設備荒棄、城鎮再三改建的問題，城鎮基礎設施也長期滯後於城鎮化的發展需要。由於忽視了總體規劃的重要性以及實施過程中的隨意性，城鎮的建設偏離了總體目標。

4.1.3 中國城鎮化進程中城鄉收入差距發展歷程

中華人民共和國成立以後，中國經濟發展取得了非凡的成績，而中國收入分配的明顯變化卻是從1978年以後開始的。改革開放後，經濟發展的成效更多地惠及了沿海地區的城鎮人口，然而一味地追求做大蛋糕的同時卻忽略了分好蛋糕的問題，效率與公平的不協調成為中國城鎮化推進和經濟發展中的重要問題。城鄉二元結構體制加速了城鄉收入差距的擴大，城鎮與鄉村的居民收入未能同比提高，使得農村居民在中國經濟迅速發展中被邊緣化。為了更深入地研究西部地區的發展態勢，我們首先分析改革開放以來中國的城鎮化與工業化的推進歷程，這樣才能夠以史為鑒，從中總結經驗教訓，為西部地區的發展提供相關借鑒。在指標選取方面，分別以城鎮居民人均可支配收入與農村居民人均純收入作為衡量城鄉居民家庭收入水準的指標，以二者之比、二者之差分別作為相對收入差距的衡量指標和絕對收入差距的衡量指標。

表4-1是中國1978—2016年城鎮與農村居民收入情況。從該表可以看出，中國居民收入水準整體有明顯增長，其中城鎮居民收入年均增長率約為12.83%，農村居民收入年均增長率約為12.64%，城鎮居民收入增長率長期高於農村地區，造成了中國城鄉收入差距呈現震盪攀升的趨勢。

表 4-1　　　　　　1978—2016 年城鄉收入變化

年份	城鎮居民人均可支配收入（元）	農村居民人均純收入（元）	絕對收入差距（元）	城鄉收入比
1978	343	134	209	2.56
1979	405	160	245	2.53
1980	478	191	287	2.50
1981	500	223	277	2.24
1982	535	270	265	1.98
1983	565	310	255	1.82
1984	652	355	297	1.84
1985	739	398	341	1.86
1986	901	424	477	2.13
1987	1,002	463	539	2.16
1988	1,180	545	635	2.17
1989	1,374	602	772	2.28
1990	1,510	686	824	2.20
1991	1,701	709	992	2.40
1992	2,027	784	1,243	2.59
1993	2,577	922	1,655	2.80
1994	3,496	1,221	2,275	2.86
1995	4,283	1,578	2,705	2.71
1996	4,839	1,926	2,913	2.51
1997	5,160	2,090	3,070	2.47
1998	5,425	2,162	3,263	2.51
1999	5,854	2,210	3,644	2.65
2000	6,280	2,253	4,027	2.79
2001	6,860	2,366	4,494	2.90

表4-1(續)

年份	城鎮居民人均可支配收入（元）	農村居民人均純收入（元）	絕對收入差距（元）	城鄉收入比
2002	7,703	2,476	5,227	3.11
2003	8,472	2,622	5,850	3.23
2004	9,422	2,936	6,486	3.21
2005	10,493	3,255	7,238	3.22
2006	11,760	3,587	8,173	3.28
2007	13,786	4,140	9,646	3.33
2008	15,781	4,761	11,020	3.31
2009	17,175	5,153	12,022	3.33
2010	19,109	5,919	13,190	3.23
2011	21,810	6,977	14,833	3.13
2012	24,564	7,917	16,647	3.10
2013	26,955	8,896	18,059	3.03
2014	28,844	9,892	18,952	2.92
2015	31,195	10,772	20,423	2.90
2016	33,616	12,353	21,263	2.72

資料來源：1978—2016年《中國統計年鑒》數據

就絕對收入差距而言，城鄉居民的絕對收入差距從1978年的209元增長至1980年的287元，到了1983年又下降至255元。之後，從1984年到2016年，三十年多間絕對收入差距由297元增加到了21,263元，增長了約71.59倍，年均增長幅度不斷擴大，雖然該增幅從1995年到1998年四年間有所下降，但之後又恢復了原來的增長水準，甚至更高，城鄉居民絕對收入差距加速增長十分明顯。

就相對收入差距而言，1978年後，城鄉居民的收入差距有

所下降，1978年城鄉居民收入比為2.56左右，五年之後，該比值降低為1.82，達到最低點。1984年後，伴隨著經濟體制改革，城鄉居民收入差距呈現震盪上升趨勢，1990年後，差距加速擴大，1992年鄧小平南方談話以後，比值進一步擴大到了1994年的2.86，得益於當時的農村改革，1997年該比值下降至2.47。但是，從1998年開始，城鄉居民的收入差距開始逐步擴大，到了十年之後的2007年達到最高值3.33倍。由此可以看出，改革開放與經濟發展所帶來的財富並沒有實現公平分配，過度依賴市場機制使得效率與公平之間產生了不平衡，大部分財富向城市集中，導致農村發展長期落後。隨後，中國開始重視城鎮對鄉村的帶動作用，出抬了一系列有益於「三農」發展的政策，收入差距趨於緩和下降，截至2016年年底回落到2.72倍。

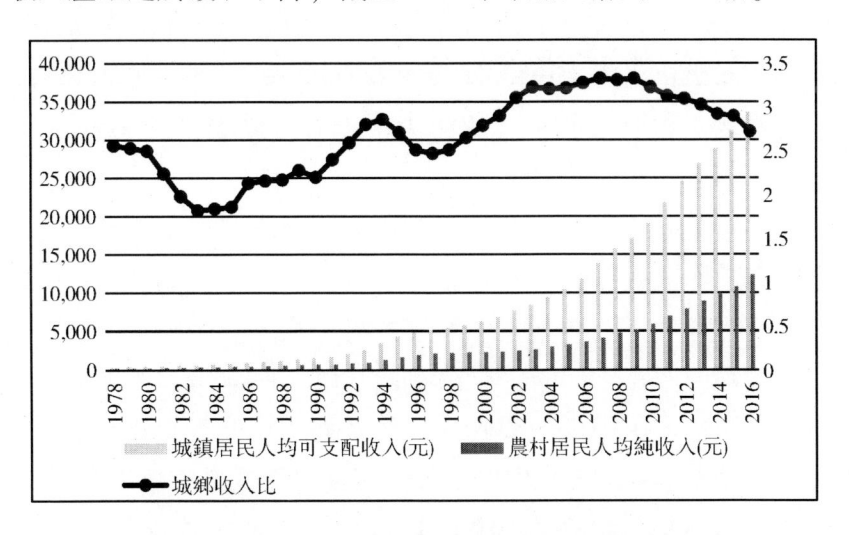

圖4-2　1978—2016中國城鄉收入差距變化趨勢

資料來源：根據1978—2016年《中國統計年鑑》數據作圖

根據表4-1及圖4-2的城鄉收入差距變化趨勢，我們可以從中看出中國的城鄉收入的差距與經濟體制改革進程的推動之間先存在著一定程度的正相關關係，之後，又逐步變為反相關。

城鄉收入比值在 2007 年、2009 年均達到改革開放以來的峰值 3.33，然後於 2014 年下降到 2.92，下降約 10%，是城鄉收入比近 13 年來首次下降至 3 倍以下，2016 年，城鄉收入比值降低到 2.72，城鄉收入分配的不公平得到一定程度的緩解。近年來，中國在堅持工業化、信息化、城鎮化深入推進的同時，加強城鎮對鄉村的帶動作用，推進了農業現代化的發展，鞏固和加強了農業在國民經濟中的地位。國家更重視工業對農業的反哺作用，由於城鄉互動更加頻繁，對「三農」的支持政策進一步加強，各項惠農政策的不斷推出，農民收入增速快速提升，收入增長開始快於城鎮居民，2010—2016 年，中國城鎮居民可支配收入分別增長 11.26%、14.13%、12.63%、9.73%、7.01%、8.15%、7.76%，農村居民純收入分別增長 14.87%、17.87%、13.47%、12.37%、11.20%、8.90%、14.68%，農村居民收入水準連續 7 年超過城鎮居民增長率。中國農村綜合生產能力和綜合競爭能力得到提高，城鄉收入結構有了明顯的改善跡象，城鄉收入差距開始緩慢下降。

　　由於改革開放初期，中國政府制定並實施了一系列加深城鄉二元矛盾的財政、教育、社保等政策，政策不協調和制度安排的不合理導致了資源配置的城鄉差異和收入差距擴大。總體而言，中國的城鄉二元結構以及在此基礎上的政策、制度安排等因素共同造成了中國城鄉收入的巨大差距。但近年來，由於在推進新型城鎮化的過程中，中央政府更注重城鄉的協調發展，突出了城鎮對鄉村的帶動作用，以及工業對農業的反哺作用，使得城鄉收入結構得以有效優化，收入差距顯著縮小。

4.1.4　中國城鎮化進程中城鄉收入差距發展的問題

　　西奧多・威廉・舒爾茨（Theodore W. Schultz）認為，在經濟增長的過程中，工業與農業、城市與農村在動態發展過程中

必然會出現不平衡，而且這種不平衡的發生是不可避免的。因此，我們應正確看待中國城鄉發展不平衡的現象，分析原因和問題所在，並結合中國國情提出具有針對性的解決方案。從 1978 年以來，中國城鄉收入差距面臨的主要問題有：

第一，城鎮化進程推進緩慢。中國城鎮化發展長期滯後於工業化。自 1978 年以來，中國城鎮化人口比重逐年增加，但遠落後於工業化的發展水準，也落後於發達國家對應工業化進程中的城鎮化率。雖然 2016 年中國城鎮人口比重已達到 57.35%，但與國際發達國家相比仍十分落後，這成了城鄉收入差距居高不下的一個重要影響因素。一方面，農村人口向城鎮轉移不僅能充分消化農村的剩餘勞動力，而且有利於提升農業規模化和產業化水準，增加農村居民收入；另一方面，更多的農村剩餘勞動力進城會降低城鎮勞動力成本，促進工業現代化的發展。因此，推進城鎮化與農業、工業現代化同步發展，更有利於城鄉收入差距的縮小。

第二，收入分配政策不合理。鄧小平同志於 1978 年提出了「先富帶動後富」，其目的是通過改革開放，讓一部分人或地區先實現富裕，然後帶動其他人或其他地區富裕起來，並最終實現共同富裕。然而，中國在經濟發展過程中逐步偏離了這個方向，只做到了「先富」而忽視了「帶動後富」，地區之間和城鄉之間的發展差距越來越大。要實現經濟的可持續增長，需要一定量的資本累積作為支撐，這就要求把有限的社會經濟資源集中起來，進行優化配置。總的來說，解決分配問題最根本的是要制定合理的收入分配政策。2013 年，國務院推出了《關於深化收入分配制度改革的若干意見》，但相關配套措施仍不完善。近年來，中國經濟高速的發展不斷累積了豐富的資本，然而城鄉收入差距卻未見縮小，收入分配制度改革未能有效突破，城鄉收入差距也難以得到有效改善。

第三，城鎮偏向制度。在中國的收入差距走勢分析中，我們不難看出，改革開放以來，中國城鄉收入差距的變化歷程與政府的政策制度密切相關。中國長期以來的城鎮偏向政策，使得各種資源在城鎮和農村分配嚴重不公平，這是制度安排的結果，而不是自然因素造成的。二戰後，新中國的經濟基礎非常薄弱，各種資源被殖民掠奪後十分稀缺，新中國受到西方國家的排斥，為了趕超發達國家，中國開始了優先發展重工業的經濟戰略，農村為城鎮發展提供資本和資源，政府制定的稅收、投資、價格等政策均有利於城鎮，而不利於「三農」的發展，並且忽略了城鎮對鄉村的帶動作用。城市和工業偏向的制度下，資金流向也偏向城市，基礎設施、戶籍制度、教育制度、社會保障等均長期存在著嚴重的城鎮偏向，缺乏城鄉互動，在此背景下，中國城鄉收入差距呈震盪攀升趨勢，雖然偶有回落，但總體仍持續上升。城鎮偏向制度不利於中國城鄉收入差距縮小和經濟健康可持續發展。

第四，戶籍制度限制。中國的戶籍制度從20世紀50年代形成以來，存在了六十多年，形成了現在中國特有的城鄉二元經濟模式，到2014年，《關於進一步推進戶籍制度改革的意見》正式推出，開始了戶籍制度改革。在城鄉二元經濟結構下，城市和農村之間在就業、教育、醫療、養老等很多方面都存在巨大的差異，直接阻礙了鄉村人口向城鎮流動，導致了城鄉收入差距的擴大。由於戶籍制度的存在，農村剩餘勞動力進入城鎮就業時受到嚴重歧視，難以融入城鎮的就業體系，只能就職於城鎮的非正規部門，而這些工作一般收入較低且不穩定。這種情況下，由於進城的農民工收入不高，城市居民的工資收入並沒有因此而受到衝擊，農民工與城鎮市民的收入差距也未能得到改善。2014年，中國雖然進行了戶籍制度改革，推行了城鄉統一的戶口登記制度，但由於相關制度並未完善，實現城鄉統

一的就業、教育、醫療、養老等城鄉公共服務均等化的目標還有較長的一段路要走，城鄉收入差距較大的態勢在短時間內難以得到有效改善。

4.2 西部地區城鎮化發展態勢與問題

改革開放初期，中國實施東部沿海地區優先開放發展的政策，推動了中國的工業化和城鎮化的快速發展，然而，中國中西部地區與東部地區的差距也逐漸拉大。到20世紀90年代中期，區域發展不平衡已經成為中國經濟增長的制約因素，區域經濟發展失衡成為黨和國家所面臨的最緊迫的問題，成了阻礙中國經濟可持續發展的重大難題。1995年後，黨和國家先後制定了一系列政策支持西部地區的發展，其中影響最大的是西部大開發戰略。

4.2.1 西部城鎮化的發展歷程

1949年以來，中國工業化和城鎮化快速推進，如表4-2所示，在60多年的時間裡，西部地區的城鎮化推進取得了巨大的進步，也走過不少的彎路，總體而言可以分為如下幾個時期：

第一階段，城鎮化起步時期（1949—1977年）。新中國成立後，受蘇聯建設社會主義重工業發展理念的影響，中國選擇了優先發展重工業的工業化模式，農產品價格被大大壓低，在經濟迅速發展中，農民也被邊緣化。西部地區城鎮數量和規模有所擴大，但城鎮與農村經濟發展水準和居民收入差距逐漸拉大，隨之形成了長久的二元經濟結構。由於這種發展方式以犧牲農業為代價，導致了城鄉收入差距的加速擴大，工業化的內在動力不足，城鎮產業結構低級化特徵明顯，城鎮化發展極其緩慢，

綜合功能較弱。

表 4-2　　　　西部地區各省份城鎮化率

年份 地區	1995 年（%）	1999 年（%）	2016 年（%）	西部大開發以來增減百分比（%）
全國	29.04	30.89	57.35	26.46
西部地區	23.18	25.90	51.51	25.61
廣西	16.55	17.54	48.08	30.54
重慶	17.15	34.30	62.60	28.3
四川	16.94	18.04	49.21	31.17
貴州	13.52	14.48	44.15	29.67
雲南	13.64	15.21	45.03	29.82
陝西	20.55	22.18	55.34	33.16
甘肅	23.05	23.72	44.69	20.97
青海	33.90	34.59	51.63	17.04
寧夏	26.92	28.6	56.29	27.69
新疆	34.56	35.24	48.35	13.11
內蒙古	38.22	40.98	61.19	20.21

資料來源：1995—2016 年西部各省份統計年鑒

　　第二階段，城鎮化加速發展時期（1978—1999 年）。改革開放後到西部大開發之前，是新中國成立以來西部地區城鎮化發展的第二個重要時期，也是西部城鎮化水準明顯加快的階段。城鎮的數量和規模不斷擴張，其正面效應也開始發揮作用。黨的十一屆三中全會後，成都、重慶、西安等一批大城市發展速度明顯加快，與此同時，具有一定規模的城鎮群如雨後春筍般開始在西部地區湧現，如位於黃土高原地區的隴西、青東城鎮帶等。1980 年，東部與西部地區的差距已經明顯拉大，到 1999 年，全國平均城鎮化水準達到 30.9%，而西部地區僅為 22.5%，而此時世界的平均

水準為46%，西部地區城鎮化率不到世界平均水準的一半。

第三階段，城鎮化質量提升時期（2000年至今）。在西部大開發政策的推動下，西部地區城鎮化速度有了顯著提升，不僅城鎮面貌煥然一新，城鎮化質量也有了較大提高。西部地區逐漸縮小了與東、中部地區的城鎮化差距。截至2016年年底，西部地區擁有成都、重慶兩個人口已經超過1,000萬的超大城市，西安、昆明、南寧三個人口超過500萬的特大城市，而其餘城市人口均少於500萬，整體而言還是以中小城市為主。

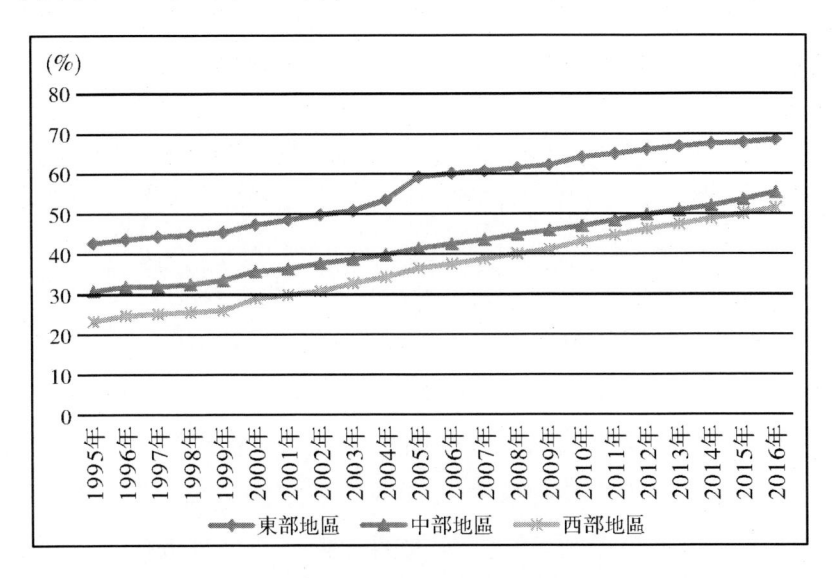

圖4-3　1995年以來東、中、西部城鎮化率走勢

資料來源：1995—2016年全國各省份統計年鑒

從表4-2和圖4-3可以看出，從1995年到2016年的22年間，西部地區城鎮化水準穩步上升。以西部大開發戰略的提出為起點來看，中國西部大部分地區已進入城鎮化加速發展階段，其中發展最快的省份是陝西，城鎮化率提高了34.79%，增長翻了一番以上，同時，重慶、陝西、青海、寧夏和內蒙古城鎮人口均超過鄉村人口，城鎮化率過半。截至2016年年底，西部地

區平均城鎮化率為51.51%，比西部大開發前——1999年平均水準25.90%提高了25.61%，增長近一倍。雖然西部大開發以來，西部地區城鎮化率有了很大的提升，但截至2016年年底，東部、中部地區①的城鎮化水準已達到68.56%和55.36%，西部地區仍遠遠落後。此外，西部地區還面臨著城鎮化質量亟待提高、大城市發展不足、城鎮群網絡體系不健全、基礎設施落後、城鎮對農村的輻射帶動作用有限等問題。

4.2.2 西部城鎮化發展的問題

中國西部地區人口約占全國總人口的26%，面積約占全國的2/3，大部分屬於欠發達地區，截至2016年年底，人均GDP為41,486元，僅為全國平均水準的77.09%，城鎮化率為51.51%，低於全國平均水準約6%。西部地區仍存在制度安排缺陷、城鎮結構體系失衡、特色資源開發不足、產業發展落後、農民工市民化進程緩慢等問題，影響了西部地區城鎮化進程的推進和經濟社會的健康可持續發展。

第一，制度安排缺陷。改革開放後，西部的城鎮化與工業化發展獲得了前所未有的機會，取得了一定的成績，但與全國平均水準相比仍相去甚遠。西部大開發後，西部地區加大了制度建設的力度，促進了西部經濟的迅速發展，但是制度的慣性、制度影響的根植性和制度變革的滯後性，使得西部城鎮化的發展過程中面臨著一系列的制度障礙。城鄉二元戶籍制度長期存在成為農村人口向城鎮轉移的最大壁壘，阻礙了城鎮化的順利推進。雖然中國2014年已經實行戶籍制度改革，但由於相關配

---

① 本書東部地區指：北京、天津、河北、遼寧、上海、江蘇、浙江、福建、山東、廣東、海南。中部地區指：山西、吉林、黑龍江、安徽、江西、河南、湖北、湖南。

套措施仍不完善，城鄉二元結構短期內仍未有較大改善。由於城鎮住房制度的限制，外來人口難以在當地落戶並享受基本的公共服務和社會保障，也阻礙了人口流動的積極性。由於城鎮的教育和社會保障制度僅覆蓋到了擁有城鎮戶籍的居民，所以本地居民和外來流動人口成了對立的兩個人群，不利於城鎮的社會和諧穩定。另外，由於城鎮化的過程中，農村為城鎮的發展提供基礎的累積，而城鎮卻未能有效帶動農村的發展，西部地區欠缺對城鄉統籌的制度設計，這導致了西部農村、農業的衰落，也使得西部城鎮和工業的發展缺乏厚實的農村市場，進而使得城鎮和工業的發展缺乏可持續性。長期的城鄉分離使得西部城鎮化的發展缺乏集聚效應和擴散效應，也阻礙了西部新型城鎮化的順利推進。

第二，城鎮結構體系失衡。理想的城鎮規模體系的基本結構應是以少量的大城市為引擎，引領部分中型城市和廣大小城鎮發展。西部地區由於以高原、山地丘陵地形為主，自然地理條件落後，城鎮佈局分散，未能形成有機的城鎮化網絡體系。截至2016年年底，西部除了成都、重慶這兩個人口超過1,000萬的超大城市，西安、昆明、南寧三個人口超過500萬特大城市，其餘城市人口均少於500萬。西部地區除了少量的省會城市規模較大外，中型城市嚴重斷層，小城鎮發展也十分緩慢，中小城鎮整體分佈也十分分散。大城市稀少、中型城市斷層抑制了經濟的梯度擴散，加上西部地區的產業支撐的匱乏，地理位置的先天不足，造成了其城鎮化發展難以獲得空間經濟學提出的報酬遞增和規模效應。由於城鎮間較少互動發展，城鎮體系發展也主要由大城市向中小城市、小城鎮單向的梯度擴散，中等城市對大城市的發展、小城鎮對中等城市的發展未能形成回流效應和反向的產業互動，同等級別的城市間也未能形成優勢互補、互相滲透的發展趨勢，呈現出單中心—外圍的發展模

式。因此，西部現有的城鎮化發展多是封閉的、靜態的、缺乏關聯的，較少形成開放的、動態的、產業聯動的城鎮網絡化發展體系。

第三，特色資源開發不足。西部地區是中國重要的戰略資源儲備區和保障區，富含大量的礦產資源、生物資源、人文資源。由於其獨特的自然條件與地理特徵，西部地區還擁有豐富的風能、水能、太陽能、沼氣資源等可以作為未來能源發展方向的特色資源，這些資源的人均擁有量比全國平均水準要高許多，各種核心資源在全國都具有開發利用的比較優勢。但是，西部各級地方政府對特色資源的挖掘和發展重視不夠，使得西部的資源優勢未能轉換為產業優勢，帶動經濟的發展和城鎮化的推進。對於礦產資源的開發，西部地區存在開採技術落後，資源環境破壞嚴重，生態環境脆弱並不斷惡化的問題。雖然西部地區現有的特色旅遊資源開發已經初具規模，但仍存在佈局太分散，未能形成規模效應，形成高品位、高知名度的特色優勢品牌。將特色資源的開發與綠色、低碳、集約的新型城鎮化的推進有機結合，是新時期擺在西部各級地方政府面前的長期任務。

第四，產業發展落後。截至 2016 年年底，西部地區三次產業的比例為 11.53：46.15：42.32，第二產業仍是帶動經濟增長的主要產業，產業結構等級遠低於東部，落後於全國平均水準，未能形成在全國甚至國際上具有競爭優勢的特色產業，成為阻礙西部地區社會經濟又好又快發展的主要因素。西部地區幅員遼闊，具有獨特的自然地理環境，資源稟賦優勢突出，但未能重視特色產業的培育。產業結構的優化和變革是促進社會經濟全面發展的重要推動力，而西部地區三次產業內部的問題有：一是西部傳統農牧業仍占很大比重，農業產品結構單一，不能完全適應消費多樣性的需求，特色農業發展十分緩慢，現代化

程度較低；二是西部地區工業發展水準落後，煤炭、石油、天然氣、有色礦產等不可再生資源開採技術層次較低，浪費較大，工業產出以資源型初級產品居多，具有典型的粗放增長特徵，難以實現節約資源和保護生態的目的，未能將特色資源優勢轉化為特色產業優勢；三是西部第三產業總體規模較小，發展重點不突出，結構水準較低，仍以傳統的服務型為主，具有區域特色的旅遊業、物流業、商貿業、金融等現代服務業發展不完善。未能通過產業結構的升級和特色產業的發展帶動農村剩餘勞動力向城鎮的轉移，促進城鎮化的推進。

第五，農民工市民化推進緩慢。由於西部地區城鄉二元結構矛盾突出，農村地區發展長期滯後，農村剩餘勞動力進城務工提高收入水準已經成為普遍現象。但由於城鎮勞動力市場存在嚴重歧視、自身職業素質的不足以及農民工在城鎮居住條件惡劣，西部地區農民工問題已經成為影響新型城鎮化推進和社會和諧穩定的重要因素。就現有的城鎮勞動力市場而言，農民工進入城鎮就業只能就職於城鎮的非正規部門，難以與城鎮勞動者取得同等的待遇，尤其是大部分農民工未能納入社會保障的覆蓋範圍，使得農民工的收入難以得到有效改善。由於農民工大部分受教育水準較低，工作技能較差，西部各級地方政府也未重視對他們職業培訓的引導和支持，使得農民工人力資本累積緩慢，自我發展能力不足。就農民工的居住條件而言，由於政府缺乏關於農民工住房的各方面優惠政策，農民工未能享有住房公積金，在城鎮買房置業成為他們遙不可及的夢想，使得他們的生活質量、醫療衛生、子女教育都受到嚴重影響。農民工市民化進程的緩慢成為西部新型城鎮化推進的重要制約。

4.2.3 「一帶一路」倡議對西部城鎮化進程的影響

2013年，中國國家主席習近平提出了「一帶一路」的新時

期發展倡議，得到國際社會高度關注。隨著「一帶一路」倡議的逐步推進，交通網絡等基礎設施在西部地區的建設投入力度將進一步加強，由於西部地區有著與多國接壤的獨特地理優勢，西部將迎來一個快速發展時期，西部地區的發展也將為「一帶一路」倡議的順利實施產生深遠的影響。對外的互聯互通是西部新型城鎮化推進的必要前提，西部各省份交通壁壘的打通、相關產業的發展和對外開放的局面的打開勢必將加快西部地區的新型城鎮化的推進。西部地區目前處於城鎮化加速階段，在新常態的宏觀經濟發展背景下，借力「一帶一路」倡議，未來將會產生巨大的發展機會。「一帶一路」倡議將加快產業向西部轉移，西部地區應抓住有利時機，形成新的發展動力，進而為西部城鎮化推進創造更多有利條件。西部地區城鎮化迎來了新的發展時機，如何把握機遇，推進西部新型城鎮化又好又快發展成為擺在西部各級地方政府面前的重要課題。

　　西部城鎮化的推進是實現「一帶一路」倡議的基礎，由於西部的人口密度較東部地區低，因此城鎮化的發展模式不會走東部密集城鎮化的道路，而是應該走出一條適應自身特點的新型城鎮化道路。推進新型城鎮化的過程中，應由過去片面追求經濟增長速度和效率轉向兼顧公平，扶持農村經濟發展，有效防止收入差距的擴大，追求共同富裕；要由過去偏向城鎮的經濟政策，轉向城鎮帶動鄉村的城鄉經濟一體化發展；要由過去片面追求城鎮規模擴大、空間擴張轉變為提升城鎮化質量和促進農民工市民化待遇為中心的新型城鎮化發展。特殊的地理區位條件和別具特色的歷史文化決定了西部城鎮化建設將更多依託較大規模的中心城市，建立以大城市為核心，帶動周圍中小城鎮群的發展，再向農村輻射，這種多中心—外圍城鎮群的發展方式更適合新時期西部新型城鎮化的推進。西部地區應引導大、中、小城市合理佈局，形成以少量高水準、大規模、具有

充分帶動能力的中心大城市為引擎，部分規模適中的中等城市為橋樑，大批量小規模外圍小城鎮為補充的西部地區城鎮互動、互促的網絡體系。

4.3 西部城鎮化進程中城鄉收入差距發展的態勢與問題

4.3.1 西部城鎮化進程中城鄉收入差距發展歷程

1995年以來國家實施了一系列支持西部地區經濟發展的優惠政策，影響最大的是西部大開發戰略。西部大開發戰略極大地推動了西部地區的城鎮化水準的提高，同時實行初期未能注重城鎮對鄉村的帶動作用，城鄉二元化結構明顯，導致了城鄉收入差距的不斷擴大。後來，中央政府意識到了城鄉發展差距帶來的各種問題，更加重視城鎮對鄉村的帶動作用，並實施了一系列利於「三農」發展的政策調整，尤其是2010年西部地區實施第二輪新的西部大開發政策後，西部地區城鄉收入差距有了顯著的下降（如表4-3所示）。

表4-3　1995—2016年西部地區城鄉收入差距

年份	城鎮居民人均可支配收入（元）	農村居民人均純收入（元）	絕對收入差距（元）	城鄉收入比
1995	3,997	1,208	2,789	3.31
1996	4,454	1,354	3,100	3.29
1997	4,700	1,454	3,247	3.23
1998	4,969	1,550	3,420	3.21
1999	5,294	1,578	3,716	3.35

表4-3(續)

年份	城鎮居民人均可支配收入（元）	農村居民人均純收入（元）	絕對收入差距（元）	城鄉收入比
2000	5,655	1,669	3,986	3.39
2001	6,217	1,728	4,489	3.60
2002	6,768	1,830	4,938	3.70
2003	7,203	1,955	5,248	3.68
2004	7,991	2,195	5,796	3.64
2005	8,766	2,383	6,383	3.68
2006	9,721	2,582	7,139	3.76
2007	11,346	3,025	8,321	3.75
2008	13,010	3,517	9,493	3.70
2009	14,238	3,807	10,431	3.74
2010	15,782	4,417	11,365	3.57
2011	18,121	5,263	12,858	3.44
2012	20,568	6,025	14,543	3.41
2013	22,655	6,858	15,798	3.30
2014	24,327	8,274	16,053	2.94
2015	26,145	8,975	17,170	2.91
2016	28,543	9,775	18,768	2.92

資料來源：1995—2016年西部各省份統計年鑒

為了更清楚地瞭解西部大開發前後西部地區城鄉收入差距的走勢變化特點，我們選取城鎮人均可支配收入和鄉村人均純收入作為衡量指標，用1995—2016年西部12個省份的城鄉絕對收入差距和城鄉收入的比值衡量差距的大小。表4-3是西部地區1995—2016年城鄉收入差距的變化趨勢。從表中我們可以看出，西部地區1995年以來絕對收入差距一直呈擴大趨勢，城鄉

相對收入差距總體上經歷了先震盪上升後下降的走勢。從表中我們得出，1995年以來西部農村以及城鎮居民收入均有明顯的增長；2006年前，城鎮和鄉村人均收入年均增長率分別為8.41%和7.15%，由於城鎮地區收入增長速度長期快於鄉村地區，收入差距持續擴大。新一輪的西部大開發戰略更注重城鎮與鄉村的協調發展，加強了城鎮對鄉村的擴散和帶動作用，也更注重「三農」的發展。2009年後，鄉村居民收入上漲的幅度遠大於城鎮，城鎮和鄉村人均收入年均增長率分別為11.31%和16.80%，西部地區城鄉收入比值逐漸縮小。

就絕對收入差距而言，1995年後，西部地區城鄉居民收入差距先從1995年的2,789元持續上升，增加到了2016年的18,446元。從相對收入差距看，自1999年西部大開發提出後，城鄉收入差距持續向上攀升，直到2006年達到峰值3.76倍後稍有回落，並在2009年達到相對高點3.74倍後持續下降到2016年的2.92倍。說明西部大開發的前期，國家的政策忽略了城鄉的協調發展，以犧牲農村的發展帶來了城鎮的繁榮，城鎮居民的收入顯著提高，而農村地區則未能享受到更多的福利。而2010年後，國家新一輪的西部大開發戰略佈局實施，加強了城鎮與鄉村、工業與農業的互動，為城鎮化進程中縮小收入差距提供了一系列優惠措施，有效提高了農民的收入。

根據表4-3及圖4-4所示的西部城鄉收入差距變化趨勢，結合西部大開發前後國家實施的各項政策措施，我們可以將1995年以來西部地區城鄉收入差距分為三個階段：

一是城鄉收入差距緩慢縮小階段（1995—1998年）。1995年後西部城鄉收入差距緩慢縮小，從1995年的3.31緩慢下降，到1998年達到城鄉收入比的最低點3.21。1995年，黨的十四屆五中全會提出要正確處理區域經濟發展的差異，提出要縮小東、中、西部地區的發展差距，支持西部地區發展。「九五」初期，

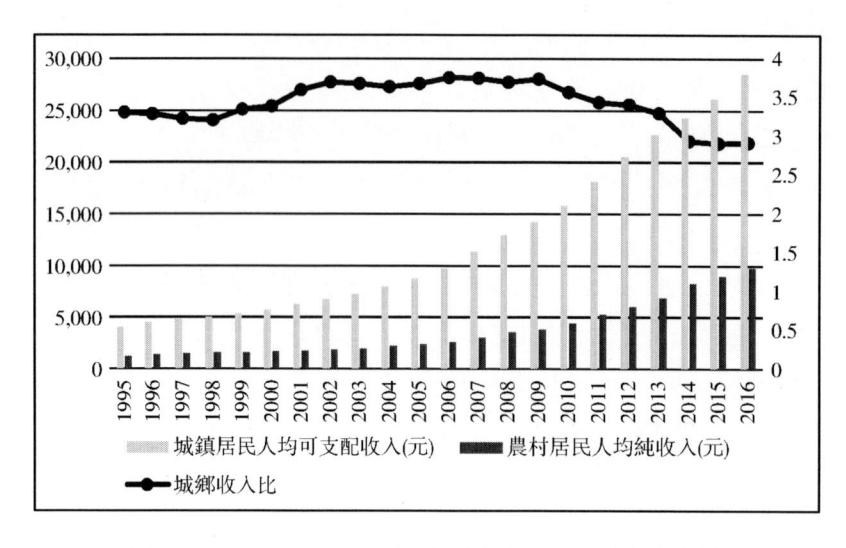

圖 4-4　1995—2016 年西部城鄉收入差距變化趨勢

資料來源：1995—2016 年西部各省份統計年鑒

國家對西部地區的支援主要體現為不發達地區的財政轉移支付方面，對西部的傾斜力度較大，西部的該項財政支出首次超過東部地區，超過 40%。中央對中、西部新增的扶貧資金的 70% 以上也都投入到了西部地區，財政轉移支付和這些扶貧資金解決了貧困地區群眾的溫飽，這使得西部地區的城鄉收入差距得到一定程度地緩解。

二是城鄉收入差距震盪攀升階段（1999—2009 年）。1999 年提出西部大開發戰略後，城鄉收入比從 1999 年的 3.35 擴大到 2006 年的最高值 3.76，期間，城鎮居民收入差距年均增長 9.07%，而農村居民收入差距年增長則僅為 7.29%。2007 年、2008 年收入差距雖稍有下降但 2009 年仍高達 3.74。雖然，國家制定了一系列的支持西部發展的扶持政策，但其基礎設施投資主要在城鎮地區，產業結構調整政策、鼓勵外商投資、增加金融信貸支持力度等也更加有利於城鎮發展，但是忽略了城鎮對鄉村的輻射帶動作用，城鄉經濟未能協調發展，因此，西部大

開發戰略實施前期城鄉收入差距迅速擴大。2004年，國務院開始實行減徵和免徵農業稅，2006年，中國全面取消農業稅，是中國為縮小城鄉收入差距制定的重大戰略調整，有效緩解了城鄉二元經濟結構的矛盾。同時，西部大開發更注重城鎮對農村地區發展的帶動作用，加大了支持「三農」的力度。2004年後，西部城鄉收入差距急速擴大的態勢有所緩解，收入差距比值在2007年、2008年均出現環比下降的趨勢。說明西部大開發政策方向的轉變和農業稅的取消對西部城鄉收入差距的縮小起到了重要作用。

三是城鄉收入差距緩慢下降階段（2010年至今）。城鄉收入差距從2010年的3.57下降到2016年的2.92。本階段西部城鎮居民收入年均增長10.38%，而此時農村居民收入年均增長達到了14.16%。近年來，西部城鄉收入差距的縮小主要得益於國家在2010年之後實施的西部大開發戰略轉型，新戰略著重強調了城鄉經濟的協調發展，提出了城鎮帶動鄉村的政策方向，實施了各種有利於農村經濟發展的優惠政策，包括加大對農村基礎設施的投入，大力發展特色農業，促進西部農業現代化發展等一系列措施。

1995年以來，西部地區城鄉收入差距經歷了總體先震盪上升後緩慢下降的走勢，在西部大開發之前城鄉收入差距緩慢下降，在西部大開發戰略實施之初的前幾年，城鄉收入差距急速上升，之後上升速度有所趨緩，在2010年國家新一輪西部大開發戰略實施之後，政府加強了城鎮對鄉村的帶動作用，城鄉互動明顯，西部城鄉收入差距開始呈現快速下降態勢，說明國家的戰略轉型對於西部農村經濟發展和城鄉收入差距的縮小起到了重要的作用。

4.3.2　西部城鎮化進程中城鄉收入差距發展的特點

西部地區城鄉收入差距的變化趨勢有著與全國相似的背景，然而由於其自然歷史條件的特殊性，其發展變化也有獨特的特點，表現為：

第一，區域性。西部地區作為中國少數民族主要聚居區，其發展特點與少數民族歷史文化、宗教觀念、民族經濟等因素息息相關，有著與其他省份不同的特點。2016 年，廣西、寧夏、新疆、內蒙古四個少數民族自治區的城鄉收入差距平均為 2.76，而其他省份城鄉收入差距則平均為 3.01，後者明顯高於前者。中國少數民族大多聚居在高原、草原、荒漠和干旱地區，他們在較惡劣的自然條件下繁衍生息，由於他們特殊的生產、生活方式，這些地區的城鎮化進程推進一直滯後於其他地區，但城鄉二元結構和城鄉生產率的差異不如漢族地區明顯。西部民族地區生產力發展落後、區域發展封閉，影響了西部新型城鎮化的推進和未來城鄉收入差距的進一步縮小。

第二，階段性。不同的政策變遷導致中國城鄉收入差距經歷了不同的變化階段，西部地區城鄉收入差距也經歷了不同的發展階段。西部大開發之前，西部地區收入差距緩慢下降，西部大開發初期，由於忽略城鎮對農村的擴散和帶動作用，城鄉收入差距急速擴大，後緩慢震盪上行。到 2010 年，新一輪西部大開發政策更加注重城鎮帶動鄉村和工業反哺農業，也加大了對「三農」的支持力度，西部各省份收入差距開始有所下降，西部地區總體上經歷了先上升然後下降的倒 U 型趨勢。由於受不同時期政策因素的影響，各個階段收入差距的走勢有著不同的特點。

第三，複雜性。西部地區收入分配的複雜表現為，西部各省份收入差距走勢的擴大與收斂不具有同步性。西部地區作為

全國收入水準相對落後地區，各省份間的經濟發展水準參差不齊，產業結構不盡相同，引起收入差距的原因也各有不同。西部大部分省份在2010年後城鄉收入差距才開始迅速縮小，而重慶、四川兩省市在2006年後收入差距就已經緩慢下行，說明經濟較發達、城鎮化水準較高的省份城鄉收入差距的縮小更快，而推進城鎮化與縮小城鄉收入差距需要根據每個區域的不同情況採取不同的政策措施。

4.3.3 西部城鎮化進程中城鄉收入差距發展的問題

通過對西部地區城鄉收入差距的發展歷程的分析，筆者總結了西部地區城鄉收入發展的區域性、階段性和複雜性的特點，此外，城鄉收入差距的發展中存在的問題表現在：

第一，國家戰略層面問題。改革開放以後，由於中國提出了「先富帶動後富」的口號。國家對東部地區和城鎮地區的優先發展策略確實打破了中國經濟發展的桎梏，讓經濟得以迅速發展，起了巨大作用，尤其是東部地區和中國的部分大城市經濟取得了突飛猛進的發展，人民生活質量的提升，也拉大了區域發展的差距和城鄉發展差距。至今，先富的東部地區並未有效帶動西部實現共同富裕，城市的發展也未能反哺農村地區，而是貧富差距越來越懸殊。東、西部地區之間和西部地區內部的城鄉發展都存在巨大差距，發展差距和收入差距逐漸成為中國經濟發展的約束。西部大開發戰略的實施，在縮小區域發展不平衡和協調城鄉經濟發展方面取得了一定成績，但是在新常態下仍需要在戰略方向、發展重點、投資方式、區域開發以及發展機制上進行轉型，以進一步縮小城鄉收入的差距。

第二，財政轉移支付力度較弱。西部大開發戰略實施後，國家對西部地區的轉移支付有所加強，為縮小東、西部地區的區域差異做出了一定貢獻。但在進行轉移支付中仍存在各級政府財權

與事權劃分不清，界限模糊，各級職能部門存在交叉行使權力的範圍，也存在無人負責的空白區域。就現有的轉移支付體系而言，西部地區的專項補貼規模仍較小，對於平衡區域間和城鄉間的教育、文化、衛生以及社保等公共服務體系作用有限。國家對西部地區的稅收返還政策沒能從根本上觸及西部產業結構落後的問題，未能形成有針對性的稅收優惠來有效帶動西部特色產業的發展和產業結構的升級。此外，由於西部地區的貧困地區和民族地區往往經濟發展最為落後，自然條件惡劣，而財政轉移支付也往往忽略這些經濟基礎薄弱的地區，使得財政轉移支付功能未能起到均衡區域間和城鄉間公共服務的作用。

第三，農村基礎設施落後。西部大開發戰略實施後，政府加大了對西部地區的各項基礎設施投資，截至2016年年底，西部全社會固定資產投資年均增長達到18%以上。但西部地區的基礎設施與東、中部地區相比，尤其是農村基礎設施仍處於較低水準，更缺乏與其他區域或國外的暢通聯絡，成為制約西部地區發展和城鄉收入差距縮小的重要因素。由於對基礎設施的投資存在長期的「重城輕鄉」的傾向，對農村地區投入的財政支出比例較低，資金來源長期依賴政府，未能形成多元化的投資主體。農業基礎設施薄弱，生活基礎設施投入不足，部分農村地區與人們生活息息相關的生活用水，用電等設施仍然缺乏，通信、郵政等基礎設施也長期滯後。生產設施管理缺乏，西部農業的基礎設施管理由於產權不明晰而造成的所有權主體意識不強，資產損失、破壞嚴重等一系列問題也限制了西部農業的發展。農村信息基礎設施長期不足的現狀制約了西部農村經濟的快速發展和城鄉收入差距的縮小。

第四，農村人力資本水準低下。20世紀60年代，美國發展經濟學家西奧多·威廉·舒爾茨提出人力資本是經濟增長的重要源泉，得到學術界的廣泛認同。美國、日本、韓國等發達國家的經

驗也表明，農村人力資本的提升對城鄉收入差距的縮小起到了重要的作用。雖然西部大開發以來，西部地區實施了旨在提高農村地區基礎教育水準和人口素質的教育扶貧工程，但是由於自然條件的限制和發展基礎的薄弱，西部地區人力資源發展水準仍長期落後，義務教育辦學質量差、貧困導致失學的兒童較多、文盲率高、農民職業素質低下，仍是西部農村地區教育發展面臨的主要問題。教育水準的落後也使得西部地區的因教育致貧的比例遠超過全國平均水準，成為反貧困的又一艱鉅任務。農村人力資本的低下阻礙了農業生產技術的提高，農村生產力水準長期落後於城鎮地區也阻礙了城鄉收入差距的縮小。

第五，農業發展緩慢。縮小城鄉收入差距的關鍵是提高農村居民的收入，西部的農業市場化發展程度較低，經濟效益較差，農業現代化推進緩慢。農業、農村的發展面臨著諸多制約：一是中國西部地區農業信息化發展十分緩慢，發達地區農民通過互聯網進行決策、生產和銷售的先進模式還未能在西部普及，使得農業生產的效率未能顯著提高；二是農業的產業化發展落後，雖然西部農村較多的農民轉移到城鎮務工就業，但大量的耕地閒置、荒廢，政府未能加強對這些耕地的承包權的轉讓，引導農業規模化和專業化的生產；三是對於穩定農產品供給和降低農民生產風險的農產品價格支持與補貼制度，西部各級地方政府也未能引起足夠重視，使得農民的生產積極性不高，若遇到自然災害，收入也十分有限。西部地區農業發展緩慢，農業現代化程度不高成為縮小城鄉收入差距的阻礙因素。

第六，民族地區、貧困地區發展封閉。由於西部大部分民族地區和貧困地區自然條件惡劣、交通閉塞、經濟社會發展極為封閉，生產、生活方式十分落後，物質生活匱乏，使得他們與外界的聯繫甚少，思想觀念也十分保守、落後，現代文明與先進的文化難以傳入這些地區。由於民族地區和貧困地區具有

高度的重疊性，貧困人口分佈廣泛，自我發展能力嚴重不足，脫貧攻堅工程的推進是這些地區需要解決的首要難題。由於資金和技術的緊缺，民族地區和貧困地區少有的特色產業也未能得到有效開發，只能進行簡單、粗放的資源開採和初級加工，產業體系發展落後。由於在區域分工中長期作為資源的供給地，導致民族地區和貧困地區的先進高新技術引進和學習不足，加上物流、交通的不便，這些地區鄉村與城鎮的經濟社會交流互動極少，成為制約西部經濟發展和城鄉收入差距縮小的突出因素，也成為西部社會穩定和民族團結的重大隱患。

4.4　本章小結

本章從中國城鎮化的發展歷程出發以中國不同階段城鎮化具有的特點不同為依據，將中國城鎮化歷程大致分為三個時期：城鎮起步發展時期（1949—1977 年）、改革開放後的加速發展時期（1978—2000 年）、21 世紀以來的質量提升時期（2001 年至今）三個時期。分析了中國城鎮化進程中的主要問題：第一，巨大的城鄉收入差距。第二，人口城鎮化滯後於土地城鎮化。第三，「城市病」開始顯現。第四，城鎮規劃不科學，基礎設施落後。

在分析中國城鎮化進程中城鄉收入差距的發展歷程時，筆者發現，改革開放後，中國城鄉收入差距出現過短暫的緩和下降階段，伴隨著經濟體制改革，城鄉居民收入差距開始了震盪上升趨勢，到 2007 年、2009 年城鄉收入比比值都達到最高值 3.33，改革開放與經濟發展所帶來的財富並沒有實現公平分配，農村與城鎮的收入差距持續擴大。近年來，隨著中國出抬了一些有益於「三農」發展的政策，城鎮對鄉村的帶動作用也更加

明顯，收入差距趨於緩和下降，截至 2016 年年底，回落到 2.72 倍。中國在城鎮化推進過程中，城鄉收入差距面臨的主要問題有：第一，城鎮化進程推進緩慢，中國城鎮化發展長期滯後於工業化，不利於城鄉收入差距的縮小；第二，收入分配制度改革未能有效突破，城鄉收入差距也難以得到有效改善；第三，中國長期實行的城鎮偏向制度，使得各種資源在城鎮和農村分配嚴重不公平，城鄉收入差距持續擴大；第四，中國長期的二元戶籍制度成為阻礙城鄉勞動力流動的壁壘。

中國西部地區在城鎮化的發展歷程中經歷了三個階段：第一階段，城鎮化起步時期（1949—1977 年）；第二階段，城鎮化加速發展時期（1978—1999 年）；第三階段，城鎮化質量提升時期（2000 年至今）。在城鎮化的推進過程中，西部地區也存在制度安排缺陷、城鎮結構體系失衡、特色資源開發不足、產業發展落後、農民工市民化進程緩慢等發展問題。隨著「一帶一路」倡議的實施，西部城鎮化迎來了新的發展時機，如何把握機遇，推進西部新型城鎮化又好又快發展成為擺在西部各級地方政府面前的重要課題。

自 1995 年以來，西部城鎮化推進過程中城鄉收入差距也可以分為三個階段，一是城鄉收入差距緩慢縮小階段（1995—1998 年）、二是城鄉收入差距震盪攀升階段（1999—2009）、三是城鄉收入差距緩慢下降階段（2010 年至今）。西部地區城鄉收入差距的變化趨勢有著與全國相似的背景，然而由於其自然歷史條件的獨特性，其發展變化也有其獨特的特點，表現為：區域性、階段性和複雜性。城鎮化進程中城鄉收入差距的發展問題表現在：第一，國家戰略層面問題；第二，財政轉移支付力度較弱；第三，農村基礎設施落後；第四，農村人力資本水準低下；第五，農業發展緩慢；第六，民族地區、貧困地區發展封閉。

5 城鎮化對城鄉收入差距的作用機理分析

本章分析了城鎮化的農業、工業和第三產業驅動機制，進一步說明了城鎮化對經濟增長的作用。並在此基礎上，建立數學模型和理論模型，從城鎮化可以創造就業機會、推進農業規模化、促進鄉鎮企業發展和農民工市民化促進城鎮化的循環效應四個方面探討了城鎮化對城鄉收入差距的影響機理。

5.1 城鎮化的動力機制

5.1.1 基礎理論

城鎮化的過程往往伴隨著產業結構的轉換。1672年，英國經濟學家威廉・配第（William Petty）就提出：「由於三大產業的收入差異，使得人們總是從收入低的產業轉移到收入更高的產業就業。」1950年，科林・克拉克（Colin Clark）就此問題做了進一步研究，也得出了相似的結論，於是形成了「配第—克拉克定理」。即隨著經濟社會的發展，勞動力將會由農業慢慢轉向工業，隨著經濟的進一步發展，勞動者又將會從工業逐漸轉向服務業。

在前人研究成果的基礎上，美國著名經濟學家西蒙·史密斯·庫茲涅茨（Simon Smith Kuznets）在產業結構變動的成因方面做了進一步的深入研究，他整理了二十多個國家的龐大數據，通過對這些統計資料的分析，用時間序列分析方法得出了如下結論：「大多數國家的農業比較勞動生產率小於1，而工業和服務業則大於1，工業和服務業的相對勞動比例是不斷增加的。」[1] 德國經濟學家霍夫曼（W. C. Huffman）通過對工業結構演變規律進行研究，於1931年提出了著名的霍夫曼定理，即消費資料工業的淨產值和資本資料工業的淨產值之比，這個比值就是「霍夫曼比例」。

$$霍夫曼比例 = \frac{消費資料工業淨產值}{資本資料工業淨產值}$$

他將工業化分為四個階段：（1）消費資料占主導地位，而資本資料不發達；（2）消費資料規模仍然較大，但資本資料發展迅速；（3）消費資料和資本資料各占一半比例；（4）資本資料大於消費資料，占主導地位。霍夫曼定理認為在工業化的推進中霍夫曼比例是不斷下降。

5.1.2 農業驅動機制——最基本的推動力

農業是人類社會發展過程中的基礎產業，其發展是社會工業化發展的必要條件，同時也是城鎮化推進的基礎。在農業發達的地區能夠產生剩餘勞動力、剩餘資本和剩餘農產品，這三種要素為在農村地區進行物物交換提供了可能性，有了物物交換之後才會出現了最早的集市。在世界經濟的發展過程中，通常是在農業較為發達的地區會產生最早的城市。因此，農業對

---

[1] 西蒙·史密斯·庫茲涅茨. 現代經濟增長 [M]. 北京：北京經濟學院出版社，1989.

城鎮化的發展發揮出了基礎性作用，主要體現在：

第一，人口的增長是一個城鎮發展的根本條件。城鎮人口增長的首要條件是糧食的充分供應，如果沒有充足的糧食供應就不會有人口的持續增長，那麼城鎮的規模就不會逐漸擴大。

第二，農業為城鎮化的發展提供了初始原材料。輕工業是工業化發展初期的重要產業，而輕工業發展的大部分原料來源於農業，在原材料的基礎上加工為工業品，帶動了經濟的發展。

第三，廣大農村消化了大量的城鎮產品，進而成為城鎮產品的主要市場。在農業現代化的發展過程中，機械、化肥等工業產品大量地被送往農村以提高農業生產率，這為城市工業的發展提供了廣闊的市場。

第四，農村為城鎮提供了大量的勞動力和資金。工業的發展帶動了機械製造業的發展，農業機械化的推進大大提高了農業的生產效率。這改變了傳統農業需要大量人力耕作的方式，使得農村產生了大量的剩餘勞動力，這些剩餘勞動力的流動為城市工業化提供了人力保障。農產品的出口換來的外匯也為城鎮化以及城鎮科學技術進步累積了資本。

除了以上四點外，農業還在其他三個方面為城鎮化的推進做出了貢獻。一是在廢除農業稅以前，農業稅是國家稅收的重要來源之一，為城市工業化提供了資金支持；二是在資本市場上，農村居民在金融機構的存款和在資本市場購買債券同樣為工業的發展提供了資金支持；三是農業與工業產品的價格「剪刀差」，間接推動了工業的成長和發展。

5.1.3 工業驅動機制——核心拉動力

自英國開始產業革命後，世界歷史進入了城鎮化發展時代。城鎮化是工業化推進的內在要求，也是工業化發展到一定階段的必然產物。因為工業的發展需要集中大量的人才、資本、資

源，通過這種集聚效應和規模效應提高勞動生產率，這種聚集推動了城鎮的發展。

第一，在工業化發展中，只有生產要素向更高收益的區位集中才會促進城鎮的建立。工業化發展中存在一個重要的原則，即存在一個最低銷售額，只有當銷售額超過了最低銷售額，投資才會產生利潤，也即是「最低臨界值原則」。由於資本家追求利潤最大化，使得資本在不同的地區進行選擇，以獲得最大的收益，這就造成了生產要素的流動，促進了城鎮的形成。

第二，工業化與城鎮化相伴而生、相輔相成。工業化推進的兩個重要的要求就是規模化和專業化。企業經濟效益的提高在很大程度上都依靠明確細緻的專業分工和一定水準的生產規模，而規模化和專業化必然需要大量的人力和資源的聚集，由此會進一步推動城鎮化的進程。

第三，產業結構的擴張升級往往伴隨著城鎮規模的擴大。由於隨著工業化的推進，城鎮產業鏈會不斷延伸，更多的企業開始擴充現有的工廠，城鎮用地隨之大幅增加。由此，產業鏈的衍生、產業結構的擴張與城鎮化形成互相促進的效應。

第四，初始「棘輪效應」。由於投資者會關注一個地區的過去的經濟發展狀況，基礎設施的建設，過去經濟發展狀況較好，基礎設施較為齊全的地區能夠更多地吸引投資者和企業過去建廠投資，這些新企業的建立又會進一步推動城鎮化的發展。

第五，工業生產的循環累積效應。在經濟社會發展過程中各種因素都會相互影響，且這種影響的效果是不斷累積的。某些因素的變化會造成其他因素的改變，反過來又對其本身造成影響。例如，某一工業地區由於其良好的經濟發展狀況吸引了其他地區的一些發展資金，有了資金的注入，本地區的企業快速發展，形成了一個良好的市場循環，從而又進一步吸引外地去的資金進入本地區。長此以往，該地區的城鎮規模就會逐漸

擴張。

在工業發展的不同階段，推動城鎮化發展的主要因素也不盡相同。在初始階段要靠聚集效應將周圍的資本、勞動力、資源等聚集起來以推動城鎮化的發展。在發展後期則是更多地依靠產業結構、消費結構的升級的推動。

5.1.4 第三產業驅動機制——後續拉動力

當經濟發展到一定階段，在工業化已經基本實現後，城鎮化的主要推動因素就轉向了第三產業的發展。第三產業的推動作用主要表現在：

第一，為生產活動提供更多的服務。第三產業為城鎮提供了更多的媒體、金融、文化娛樂等的配套服務，使社會分工更加專業化。在產品的流通環節，儲藏、運輸、批發、零售等服務供給為產品的正常流通提供了良好的條件。另外，在企業產品的銷售環節上，諮詢、廣告、出版的服務供給為其奠定了良好的基礎。第三產業的服務就像是潤滑油，在已經存在的產業基礎上為其發展提供了細緻發達的市場。

第二，豐富了生活消費類服務。當經濟發展到一定階段，居民生活質量也不斷提高，物質和精神上的需求都相應地大幅度增加。其中包括諮詢、文化享受、教育需求、旅遊度假、產品購買等，需求的增加會帶來市場的發展，所以這些不斷增加的需求創造了大量的商機，帶動了社會相關產業的發展。服務業對勞動力的大量需求也促進了城鎮化的推進。

第三，第三產業通過集聚作用推動城鎮化發展。由於第三產業是一個勞動力需求量較大的產業，大量的第三產業就業人口通過集聚效應來到城鎮，城鎮廣闊的市場也促進了生產要素的進一步集中，從而加速了城鎮化進程。

總而言之，農業、工業和服務業作為三種最基本的因素推

動了城鎮化的發展。在這三種因素中，農業主要起到了為城鎮化提供原材料、多餘勞動力的作用；工業的不斷升級換代為城鎮化提供了基本動力；在工業化發展的後期，服務業將會是城鎮化發展的重要推動力量。未來高新技術產業和信息技術產業將會是城鎮化發展的核心動力，他們將會成為吸引勞動力的主要支柱產業。

5.2 城鎮化與經濟增長的關係

城鎮化的本質是人口不斷向一個區域匯集的過程，人口和技術的集中能夠帶來正的外部性，這有助於提高生產率，推動經濟發展。隨著一國的製造業和服務業份額不斷上升，集聚效應對城鎮發展的推動作用愈加明顯。1999—2000年的世界發展報告在統計分析了很多國家的城鎮化發展過程後，得出城鎮是經濟增長的引擎，是經濟增長的動力源泉的結論。

5.2.1 城鎮化推動經濟增長的理論

在涉及城鎮化與經濟增長的關係時，幾種不同的理論流派從不同的視角出發對城鎮化推動經濟發展的機制進行了闡述。

5.2.1.1 內生增長理論

內生增長理論的重要特點是將知識、技術和擴散效應融入增長模型。Lucas（1988）提出，城市是知識外溢的主要擴散地，也是技術創新的主要發生地。由於聚集效應形成的城市作為信息、技術和知識中心，具有很多的優勢，例如形成區域創新網絡、各產業深度融合等。城市作為集聚效應的主要發生地，其專業化與規模化優勢，有利於知識和信息的傳播，帶動科技的進步，成為經濟增長的引擎。人力資本在這裡更容易得到迅

速提升，城市更有利於解決勞動力匹配、剩餘的問題。在城市中有更多的工作機會、更好的受教育機會、更高的工資水準、更高的醫療水準和更完善的基礎設施能夠吸引更多的優秀人才向城鎮靠攏。另一方面城市中大量的企業對人才的需求更大，能夠為具有各種特殊技能和天賦的人才提供更多的工作崗位。雖然內生增長研究的因素較廣闊，城鎮化只是眾多因素中的一種，但城鎮為知識和技術的擴散提供了天然的實驗基地。

5.2.1.2 非均衡增長理論

佩魯於1955年提出增長極理論，認為城鎮作為產業集聚和區域經濟活動的中心，在發展自身產業的同時，也能對周圍地區經濟發展產生輻射和帶動作用。1957年，繆爾達爾提出，由於地區發展差異形成的二元經濟會使得發達的地方更加發達，而落後的地方更加落後，即所謂循環累積因果效應。1958年，赫希曼提出經濟發展的過程中，城鎮一般會快於農村的發展，這是經濟發展的必經過程。20世紀60年代，弗里德曼在前人研究的基礎上進行了拓展，提出了中心—邊緣理論，認為城鎮的發展往往伴隨著極化效應與擴散效應，極化效應擴大城鎮和鄉村的發展差距，而擴散效應則具有縮小城鄉發展差距的作用，兩種效應共同作用下區域經濟會不平衡發展。

5.2.1.3 新興古典經濟學

新興古典經濟學通過假設人們居住地點是固定的，建立了城鎮分工和專業化的模型，認為城鎮的空間集聚有利於人們縮短交易的距離和成本。同時運用超邊際分析的方法，分析了由於邊際報酬遞增帶來的勞動者的學習成本的降低，促進城鎮專業化的分工，對於產業規模的擴大和生產技術的提高具有重要的促進作用。由此，城鎮化通過降低交易成本，提高交易效率來推動經濟增長。

以上各流派理論都說明了城鎮化水準的提高有助於推動經

濟增長。然而在城鎮化發展的過程中也伴隨產生了一些負面效果，例如日益加深的環境污染、日益擁擠的住房、日益擁堵的交通、日益飽和的人才市場等。但是國內外學術界公認的事實是城鎮化的正面效果遠遠大於負面效果。

5.2.2 城鎮化對經濟增長的作用機制

學者們的研究說明了城鎮化與經濟增長有著密切的關係，那麼城鎮化對經濟增長的影響機制是什麼呢？我們就此從如下四個方面進行說明：

第一，城鎮化促進農業現代化。隨著城鎮化的推進，農村的大量剩餘勞動力會向城市流動，農村會剩下少量的人口。人口減少有利於土地的集中，從而促進農業的機械化、規模化和產業化的發展。更先進的生產工具銷向農村，也帶來了農業生產技術的進步，推進農業的現代化發展。隨著城鎮規模的擴大，城鎮人口增多，城鎮對農產品的需求也不斷增加，這也將促進農業生產力的發展。另外，當工業發展到一定階段後，工業反哺農業的政策的實行，也將會加速農業資本的累積（林玲，1995）。

第二，城鎮化發展刺激工業品需求。一般來說，較多農產品為生活必需品，因此其收入彈性較小。相對於農產品來講，工業品的可替代性較強，收入彈性更大。隨著城鎮規模的擴大和居民收入的提高，對工業品種類和數量的需求大大增加，促進了產業結構的升級和優化，帶動經濟增長。

第三，城鎮化促進服務業規模不斷壯大。當工業化發展到一定階段，隨著城鎮化的推進和科技的進步，人們的生活需求從基本的商業貿易擴展到對金融、教育、文化、娛樂等服務業的需求，並且在此過程中，由於競爭的加劇，第三產業開始了自我發展和自我升級的過程。

第四，城鎮化帶動區域經濟發展。除了促進三大產業的發展外，城鎮化還能通過擴散效應帶動區域整體經濟的增長。城鎮化水準越高說明城市的數量越多，規模越大，因此城市對農村的擴散效應將會越強，這將有利於帶動農村的經濟發展。總體而言，城鎮化影響經濟增長機制如圖 5-1 所示。①

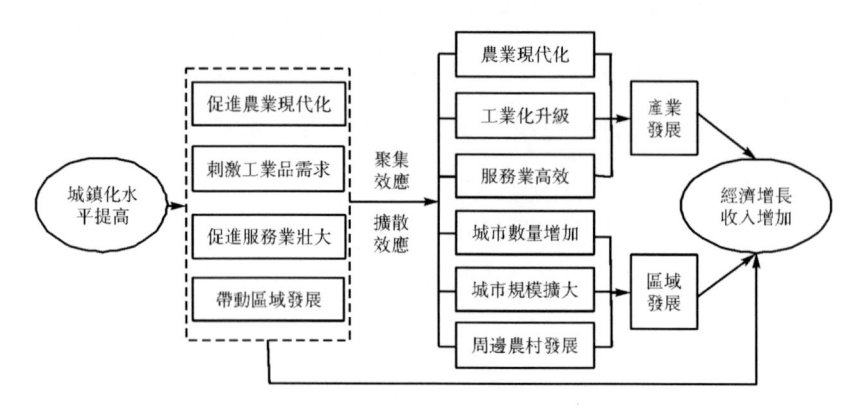

圖 5-1　城鎮化推動經濟增長的機制

另外，城鎮化水準的提高有利於促進知識和信息的交流和擴散。城市中較多的人口和較為完善的產業結構大大提高了人與人之間交流的可能性，同時也創造了使技術更好地擴散、教育更好地集中的環境（貝洛克，1991）。隨著城鎮化的推進，勞動分工更加細緻，有利於提高勞動生產率，也促進了競爭，推動經濟增長。

---

① 程開明. 城市化與經濟增長互動機制及理論模型評述 [J]. 經濟評論，2007（4）：143-150.

5.3 城鎮化影響收入差距的機制

5.3.1 城鎮化影響城鄉收入差距的理論模型

5.3.1.1 基礎模型

由於現有的模型大多僅考慮了城鎮與農村之間的人口流動，較少考慮到區域間的人口流動。而改革開放以來，中國勞動力從農村向城鎮流動和西部向東部地區流動往往是並存的，因此，在建立模型時要考慮到不同地區之間勞動力兩部門的交叉流動。在研究人口流動時，本書將全國分為 A、B 兩個區域，每個區域有城鎮和農村兩個部門。按照省級層面劃分，中國省份眾多，可以根據不同標準劃為很多不同地區，但是為了能達到簡化模型的目的，可以將某一地區為遷入地（遷出地），其餘地區均為遷出地（遷入地）。

本書構建模型的思路借鑑陸銘、陳釗（2004）以及孫臣華（2012），在考慮區域內部農村與城鎮人口的流動外，又考慮到人口的跨區域遷移兩種類型。假設該區域農村與城鎮人口數量分別為 p、q，他們的人均收入分別為 x、y，流動人口在農村的收入為 e_1，遷移到城鎮後收入為 e_2，（一般而言，$e_2 > e_1$，否則就不會存在農村人口的轉移）。此外，假設本地農村人口流動到本地城鎮和外地城鎮的人口分別為 a、b，從外地農村轉移到本地城鎮的人口為 c（為了使研究的對象更加明晰，我們暫時忽略農村之間的人口轉移）。那麼在發生轉以後本地區的城鎮人口為 $q + a + c$，農村人口為 $p - a - b$，那麼城鄉人均收入比值則為：

$$r = \{[q*y + (a+c)e_2]/(q+a+c)\}/\{[p*x - (a+b)e_1]/(p-a-b)\}$$

為了簡化模型，我們假設勞動力的流動有利於城鄉收入差距的縮小，即 $r < \dfrac{y}{x}$，因此有：

$$\frac{[q*y+(a+c)e_2](p-a-b)}{[p*x-(a+b)e_1](q+a+c)} < \frac{y}{x} \tag{1}$$

令 $T = \dfrac{q+a+c}{p-a-b}$，則有

$$T = \frac{城鎮人口數}{農村人口數} = \frac{城鎮人口數/總人口}{農村人口數/總人口} = \frac{城鎮化率}{1-城鎮化率}$$

$q+a+c$ 即為轉移後的城鎮化水準，則不等式（1）變為：

$$\frac{[q*y+(a+c)e_2]}{[p*x-(a+b)e_1]} < \frac{y}{x}*T \tag{2}$$

由於 $e_2 > e_1$，$q*y+(a+c)e_2 > q*y+(a+c)e_1$，此時不等式（2）可以變為

$$\frac{[q*y+(a+c)e_1]}{[p*x-(a+b)e_1]} < \frac{y}{x}*T \tag{3}$$

令 $A = \dfrac{y}{x}*T$，則不等式可以變為：

$$z_1 < \frac{Apx-qy}{(a+c)} < \frac{y}{x}*T = y\frac{pT-q}{(a+c)+\dfrac{y}{x}*T(a+b)} \tag{4}$$

令 $y\dfrac{pT-q}{(a+c)+\dfrac{y}{x}*T(a+b)} = K$，則由（4）可知，$e_1 = K$ 為臨界值，此時城鄉收入差距不發生變化；當 $e_1 > K$ 時城鄉收入差距擴大；當 $e_1 < K$ 時城鄉收入差距縮小。而 e_1 的決定因素有本地初始農村與城鎮人口 p、q，城鄉收入差距 $\dfrac{y}{x}$、本地的城鎮人口（$a+c$）、本地農村總的流動人口（$a+b$），和人口流動

後的城鎮化水準 T。至此，城鄉收入差距的變化仍難以判定，在上述基礎上，我們加入柯布-道格拉斯（C-D）生產函數進行拓展。

與上述假設類似，我繼續假設存在 A、B 兩個區域，A 地區經濟更加發達，收入水準比 B 地區更高，假設他們各自有城鎮與農村兩個部門，城鎮的收入水準始終高於農村地區，B 地區的城鎮居民收入大於 A 地區的農村收入（因為只有這樣才會存在 A 地區的農村居民向 B 區轉移的可能性），假設 A、B 地區都具有同樣的生產函數，為了簡化，我們均採用柯布-道格拉斯（C-D）生產函數，城鎮主要利用勞動力和資本進行生產，農村主要利用勞動力和土地進行生產，因此，我們有：

A 區域城鎮與農村各自的生產函數為：

$Y_{UA} = L_{UA}^{\alpha} K_{UA}^{1-\alpha}$，$Y_{RA} = L_{RA}^{\beta} K_{RA}^{1-\beta}$，$0 < \alpha < 1$，$0 < \beta < 1$

B 區域城鎮與農村各自的生產函數為：

$Y_{UB} = L_{UB}^{\alpha} K_{UB}^{1-\alpha}$，$Y_{RB} = L_{RB}^{\beta} K_{RB}^{1-\beta}$，$0 < \alpha < 1$，$0 < \beta < 1$

另外假設 A 區域農村與城鎮的勞動力人口分別為 pa、qa，B 區域農村與城鎮的勞動力人口分別為 pb、qb，由於 A、B 兩個區域農村與城鎮具有收入差距，由劉易斯模型及 HT 模型，勞動力有從低收入區域向高收入區域流動的動力。我們先從勞動力的區域內部流動開始，再逐步放開條件。[①]

5.3.1.2　區域內部流動模型

假設勞動力僅在各自區域內流動，僅由於農村地區流動到本地的城鎮，則類似於傳統的兩部門模型。我們假設農村與城鎮的人均收入等於各自的邊際產出，那麼城鄉收入比值等於各自的邊際產出比值。就 A 區域而言，僅發生區域內部的農村向

---

① 孫臣華. 城鎮化進程中的城鄉收入差距演變及其對經濟增長的門限效應 [D]. 濟南：山東大學，2012.

城鎮人口流動，流動的人口為 h，轉以後 A 區域城鎮人口為 qa+h，農村人口為 pa-h。

轉移前：A 區域城鎮與農村人均收入分別為：
$w_{UA} = \alpha * (qa)^{\alpha-1} K_{UA}^{1-\alpha}$，$w_{RA} = \beta * (pa)^{\beta-1} T_{RA}^{1-\beta}$；

轉移後：A 區域城鎮與農村人均收入分別為：
$\bar{w}_{UA} = \alpha * (qa+h)^{\alpha-1} K_{UA}^{1-\alpha}$，$\bar{w}_{RA} = \beta * (pa-h)^{\beta-1} T_{RA}^{1-\beta}$，

此時，$r = \dfrac{\bar{w}_{UA}}{\bar{w}_{RA}} \dfrac{w_{RA}}{w_{UA}} = \left(\dfrac{qa+h}{qa}\right)^{\alpha-1} \left(\dfrac{pa}{pa-h}\right)^{\beta-1} < 1$

我們可以知道：區域內部農村勞動力向城鎮的轉移會縮小城鄉收入差距。

5.3.1.3 跨區域流動模型

假設存在區域間的人口流動，A、B 兩個區域的農村勞動力除了內部的流動，還會向異地流動。設 A 區域農村向城鎮和向 B 區域流動的勞動力人口分別為 p_1、p_2，B 區域農村向城鎮和向 A 區域城鎮流動的人口分別為 p_3、p_4。那麼人口流動後，A 區域城鎮人口數量為 qa+p_1+p_4，農村人口數量為 pa-p_1-p_2，B 區域城鎮人口數量 qb+p_2+p_3，農村人口數量為 pb-p_3-p_4。一般而言，人們會向收入水準更高的區域遷移，那麼該區域的外來人口比例就會較高，同時，本區域的人口也較少向其他區域流動。那麼，B 區域農村向 A 區域城鎮流動的人口多於 A 區域農村向 B 區域城鎮流動的人口，即 p_4>p_2。

轉移前：A 區域城鎮與農村人均收入人別為：
$w_{UA} = \alpha * (qa)^{\alpha-1} K_{UA}^{1-\alpha}$，$w_{RA} = \beta * (pa)^{\beta-1} T_{RA}^{1-\beta}$

此時，B 區域城鎮與農村人均收入人別為：
$w_{UB} = \alpha * (qb)^{\alpha-1} K_{UB}^{1-\alpha}$，$w_{RB} = \beta * (pb)^{\beta-1} T_{RB}^{1-\beta}$

轉移後：A 區域城鎮與農村人均收入人別為：
$\bar{w}_{UA} = \alpha * (qa+p_1+p_4)^{\alpha-1} K_{UA}^{1-\alpha}$，
$\bar{w}_{RA} = \beta * (pa-p_1-p_2)^{\beta-1} T_{RA}^{1-\beta}$

此時，B 區域城鎮與農村人均收入人別為：

$\bar{w}_{UB} = \alpha * (qb + p_2 + p_3)^{\alpha-1} K_{UB}^{1-\alpha}$,

$\bar{w}_{RB} = \beta * (pb - p_3 - p_4)^{\beta-1} T_{RB}^{1-\beta}$

此時 $r_A = \dfrac{\bar{w}_{UA}}{\bar{w}_{RA}} \dfrac{w_{RA}}{w_{UA}} = \left(\dfrac{qa + p_1 + p_4}{qa}\right)^{\alpha-1} \left(\dfrac{pa}{pa - p_1 - p_2}\right)^{\beta-1} < 1$

$r_B = \dfrac{\bar{w}_{UB}}{\bar{w}_{RB}} \dfrac{w_{RB}}{w_{UB}} = \left(\dfrac{qb + p_2 + p_3}{qb}\right)^{\alpha-1} \left(\dfrac{pb}{pb - p_3 - p_4}\right)^{\beta-1} < 1$

由此可以得出：農村勞動力的跨區域流動將會縮小本區域和遷入區域的城鄉收入差距。

由上述模型可知，總體而言，區域內部的農村人口向城鎮轉移將會縮小城鄉收入差距，勞動力的跨區域流動也有助於縮小城鄉收入差距。

5.3.2　城鎮化對城鄉收入差距影響的途徑

在上文中我們探討了城鎮化通過推動農業現代化、刺激對工業品的需求、促進第三產業規模擴大和帶動區域經濟發展來推動經濟增長。國內外學者們對城鎮化影響城鄉收入差距的實證研究較多，而兩者的作用機制則鮮有涉及。那麼，城鎮化通過哪些途徑影響城鄉收入差距呢？如圖 5-2 的所示，下文將從四個方面進行說明：

第一，城鎮化創造更多的就業機會，提高農民的收入。城鎮化過程中，由於城鎮有著更高的期望收入使得更多的農村剩餘勞動力向城市轉移，由於城市更高的勞動工資率，這將顯著提高進城農民工的收入。大部分進城農民將工資寄回給在農村居住的親人用於改善生產、生活條件，直接提高這部分農民的收入，縮小了城鄉差距。隨著城鎮的擴張，城鎮的交通、通信、管網等基礎設施建設需要更多的勞動力，這時農村轉移的勞動力就成為城鎮建設的主力。隨著更多勞動力在城市集中，更多

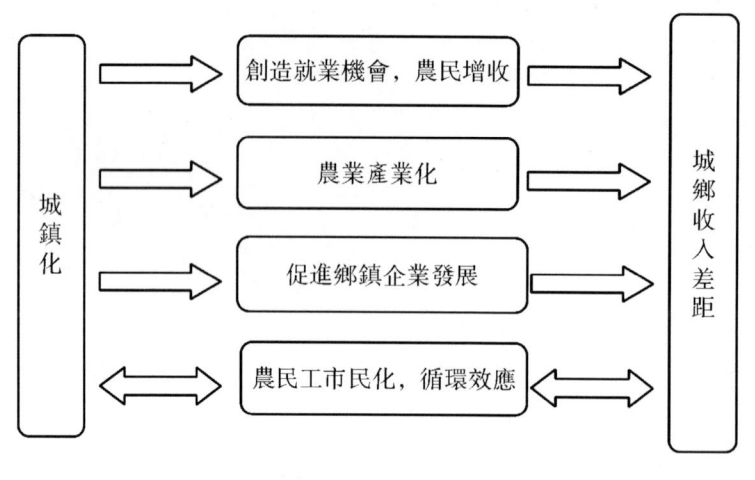

圖 5-2　城鎮化影響城鄉收入差距的途徑

的資金、信息、技術等在城市產生巨大的集聚效應和規模效應，城鎮經濟實力的進一步增強，城鎮產業開始多元化發展。城鎮化的產業升級過程，使得更多的勞動者進入第三產業，加速了金融、服務、通信、文體、娛樂、旅遊等的快速發展。由於第三產業能吸收較多的勞動力，這些產業的形成和發展也為進城的農村勞動力提供更多的就業崗位，於是加速了農村人口的轉移，增加了他們的收入。

第二，城鎮化是農業產業化的前提。農業生產率的提高是農民增收的必要條件，而農業規模化和產業化是生產率提高的主要途徑。農村人口過多將會制約土地的規模化經營，也會阻礙農村經濟結構的升級。城鎮化的推進，吸納了更多的農村剩餘勞動力，為農村土地的集約利用提供了良好的契機，土地的集約化使用使得農業能夠進行規模化經營，在一定的規模基礎上能夠使用大型機械和現代化的種植技術，有利於促進農業向產業化和現代化發展，提高農業生產率，增加農民的收入。城鎮化的推進還有利於知識、信息和科學技術向農村擴散，提高農業生產的科技含量，有利於農民利用信息技術進行生產指導

和銷售農產品，對於農產品品種的優化和質量的提高具有重要的促進作用。隨著城鎮化水準的提高，農村剩餘勞動力大量地轉向城鎮，農村人口的數量相應減少，農村資源的人均佔有率會相應地提高。當農村居民收入水準也隨之相應提高後農村的消費水準也會逐步的提高，這必然會帶動旅遊、醫療等各個產業的發展，優化農村的經濟結構，又會進一步增加農村居民的收入。

　　第三，城鎮化是鄉鎮企業發展的必然要求。西部大開發後，西部農民收入來源正在逐步轉向以鄉鎮企業為主體的非農產業，鄉鎮企業為農村工業化和吸納農村剩餘勞動力方面做出了巨大貢獻。鄉鎮企業吸收農村勞動力的最大特點是離土不離鄉，這造成了農民可以在家鄉進行就地城鎮化。這也促進了工業化在農村地區的推進，有利於農村產業結構的升級改造，也改變了現代農村的經濟發展方式。新型城鎮化的經濟基礎是產業的非農化。當農村向城市轉變時，必然會以農業的發展為基礎以帶動其他非農產業的發展，在這個過程中相應的生產和生活的空間組織形式會從農村型向城市型變化。當鄉鎮企業發展到一定階段，通過規模經濟將會推進鄉鎮的產業集聚，並帶動鄉鎮規模的進一步擴大。根據西部的特點和發展現狀來看，必然要憑藉國家的優惠政策和管理的創新來推動新型城鎮的發展，突出西部小城鎮的特色，發展相對應的特色產業，創造鄉鎮企業能夠更好地發展所需要的外部環境，為農民增收提供源源不斷的動力。

　　第四，通過農民工市民化進程縮小城鄉收入差距，並形成循環累積效應。收入差距的縮小使得更多農村居民有能力遷移到基礎設施更好的城鎮，在城鎮工作、生活、置業，反過來又加速了城鎮化進程，形成了正向的良性循環效應。近年來，西部推進了以人為本的新型城鎮化戰略，部分省份在大中城市提

出瞭解決部分農民工的社會保障問題，包括養老、醫療和失業保險等，農民工群體全面社會保障制度也在進一步的探索中。在戶籍制度方面，部分省份已經建立有序的准入制，進一步降低了門檻，允許符合具有穩定收入和可靠職業的外來人口在經常居住地落戶，引導流動人口融入城市。在住房方面，部分省份也實行了政府為農民工提供保障性住房，這些廉租房、經濟適用房和政策性租賃住房也有效改善了農民工的居住和生活條件。在農民工子女的教育問題上，西部地區各省份政府也努力解決農民工子女的九年義務教育，對所有進城務工就業農民子女採取就近入學的制度，部分城市還設立的愛心幫扶機構，促進農民工子女享受同城待遇。農民工的市民化進程使得農民工的待遇得到有效提高，城鄉收入差距進一步縮小，有條件的農民工選擇舉家遷移長期在城鎮定居，形成了一種良性的循環累積效應，反過來推動了城鎮化的發展。

總而言之，城鎮化通過創造就業機會，促進農業規模化，促進鄉鎮企業發展直接提高農村居民收入，另外，通過農民工市民化進程縮小城鄉收入差距，進一步加快城鎮化步伐，產生良性的循環累積效應。

5.4 本章小結

為分析城鎮化對城鄉收入差距的作用機理，筆者首先分析了城鎮化的動力機制。在總結前人的研究成果的基礎上，筆者將城鎮化的動力機制分為：農業驅動機制——最基本的推動力、工業驅動機制——核心拉動力、第三產業驅動機制——後續拉動力。在工業發展的不同階段，起主要作用的因素也各不相同。在這三種因素中，農業主要起到了為城鎮化提供原材料、多餘

勞動力的作用；工業的不斷升級換代為城鎮化提供了基本動力；在工業化發展的後期，服務業將會是城鎮化發展的重要推動力量。

其次，筆者分析了城鎮化與經濟增長的關係，現有的城鎮化影響經濟增長的理論流派主要包括：內生增長理論、非均衡增長理論、新興古典經濟學等，各流派理論都說明了城鎮化水準的提高有助於推動經濟增長。在前人的研究基礎上，筆者提出了城鎮化對經濟增長的作用機制，主要包括：第一，城鎮化促進農業現代化；第二，城鎮化發展刺激工業品需求；第三，城鎮化促進服務業規模不斷壯大；第四，城鎮化帶動區域經濟發展。

最後，筆者提出了城鎮化對城鄉收入差距的機制。筆者從建立基礎的數學模型入手，不僅考慮了區域內部農村與城鎮間的人口流動，還特別分析了區域間的人口流動。模型結果說明，區域內部的農村人口向城鎮轉移將會縮小城鄉收入差距，勞動力的跨區域流動也有助於縮小城鄉收入差距。然後，筆者探索性地提出了城鎮化對城鄉收入差距影響的途徑，主要包括：第一，城鎮化創造更多的就業機會，提高農民的收入；第二，城鎮化是農業產業化的前提；第三，城鎮化是鄉鎮企業發展的必然要求；第四，通過農民工市民化進程縮小城鄉收入差距，並形成良性的循環累積效應。

6 中國西部城鎮化對城鄉收入差距影響的實證分析

在本書第五章我們探討了城鎮化對城鄉收入差距的作用機理，為了進一步分析西部城鎮化對城鄉收入差距的作用大小，本章將首先進行庫茲涅茨倒 U 型曲線的驗證，並構建理論模型，對西部城鎮化對城鄉收入差距的影響進行實證檢驗。

6.1 庫茲涅茨倒 U 型曲線在西部地區的驗證

6.1.1 庫茲涅茨倒 U 型曲線在中國的驗證

1955 年，西蒙・史密斯・庫茲涅茨（Simon smith Kuznets）提出其著名的庫茲涅茨倒 U 型假說之後，長期以來，世界各國的學者們對它的研究熱情經久不衰。陳宗勝（1991）運用數據檢驗證明了東歐國家以及中國的經濟發展水準與收入差距均存在倒 U 型關係。他認為庫茲涅茨倒 U 型曲線是以資本主義私有制為背景提出的，其基本內容的適用範圍不包括公有制經濟，只適用於私有經濟。在公有制經濟中，關於資本對收入分配的影響、城市內部差別大於鄉村內部差別等假定是不成立的，因

此他嚴格根據公有制經濟發展的實際狀況提出了「公有制經濟的收入差距倒 U 型曲線」。他於 2002 年驗證了公有制經濟倒 U 型曲線在中國是存在的，並提出了適合中國國情和經濟體制的「雙重過度」的陳氏倒 U 型曲線學說。劉榮添（2006）運用 GMM 方法對中國 30 個省市的城鄉收入差距進行了驗證，發現他們與經濟發展水準間存在倒 U 型曲線的關係，但不同省份曲線的彎曲程度各異。周雲波（2009）首先建立了農村與城鎮兩部門理論模型，用該模型說明了中國庫茲涅茨倒 U 型現象出現的主要原因是城鎮化，並用實證的方法進行了驗證，得出中國城鄉收入差距的拐點將出現在 2006—2009 年。李志軍等（2012）通過計量的方法分析了中國金融發展與城鄉收入分配的關係，發現中國金融發展與城鎮內部、鄉村內部和城鄉收入差距均存在倒 U 型關係。劉田（2013）運用泰爾指數檢驗了中國城鄉收入差距的收斂性，得出隨著城鎮化的推進，中國經濟增長和教育發展水準均符合倒 U 型的關係。

也有學者對庫茨涅茨倒 U 型假說提出質疑，認為該理論只是在某些地區經濟發展的某些階段才存在，並不是適用於任何國家任何階段。李實等（1999）運用 1988—1995 年中國 10 個省份的數據研究了中國的收入分配情況，發現基於基尼系數的中國收入差距變化不符合庫茲涅茨假說，中國農村是持續擴大的，城鎮收入差距是震盪攀升的。王小魯等（2005）研究了中國 30 個省份 1996—2002 年間的數據，首先測算了中國城鄉收入比值和城鎮、農村居民收入的基尼系數，然後運用面板數據模型進行了檢驗，得出庫茲涅茨倒 U 型曲線關係並不能適用於近幾年內中國城鄉收入差距的變化趨勢，但是城鎮和鄉村兩個主體內部的收入差距可以用庫茲涅茨倒 U 型曲線來進行解釋。劉興賽（2011）通過經濟發展理論和要素分配理論分析得出，中國 2009 年以前收入差距不存在庫茲涅茨倒 U 型曲線關係。總

之，從發展經濟學研究的已有成果看，庫茲涅茨的現象在中國是否存在仍然是一個有待理論證論和實證檢驗的假說。

6.1.2　庫茲涅茨倒 U 型曲線在西部地區的驗證

1995 年以來，中國政府開始重視中國區域經濟發展失衡的問題，制定了一系列的扶持西部地區的政策以縮小東、西部地區發展差距。其中主要包括：促進基礎設施建設、加強生態環境建設、調整產業結構、大力發展科技教育、擴大對外開放、深化經濟體制改革、擴寬資金渠道等眾多優惠政策，取得了顯著成效，西部地區經濟發展加速，人民生活水準穩步上升。然而，在政策實施的初期，更多地惠及了城鎮居民，2006 年前，西部城鎮居民人均收入年均增長 8.41%，而農村地區則僅為 7.15%，使得農村地區與城鎮收入水準持續擴大，1995 年城鄉絕對收入差距為 2,773 元，截至 2006 年年底，已經擴大到 7,139 元，城鄉收入比值也達到 3.76 的高點。2010 年，國家實施新一輪西部大開發十年規劃以後，由於側重於城鎮對鄉村的帶動作用，也加大了對農村地區的支持，西部地區城鄉收入差距自 2010 年後持續下降。西部大開發戰略自 2000 年實施以來已經進入第十八個年頭，通過第四章的分析我們可以知道，西部地區整體的收入差距經歷了先震盪上升後下降的總體趨勢，然而西部各省份在西部大開發前後是否存在數學意義上的庫茲涅茨倒 U 型曲線，我們將運用 1995—2016 年西部 12 個省份的面板數據進行檢驗。

國外研究經驗表明，經濟發展水準與收入差距往往呈非對稱型的關係。圖 6-1 為西部地區 1995—2016 年的分省散點圖，在某種程度上也呈現出類似的非對稱形態。為了更精確檢驗西部地區城鄉收入差距與經濟發展是否符合庫茲涅茨假說，本書設定如下含有二次項的線性模型（1）和（2），並運用 1995—

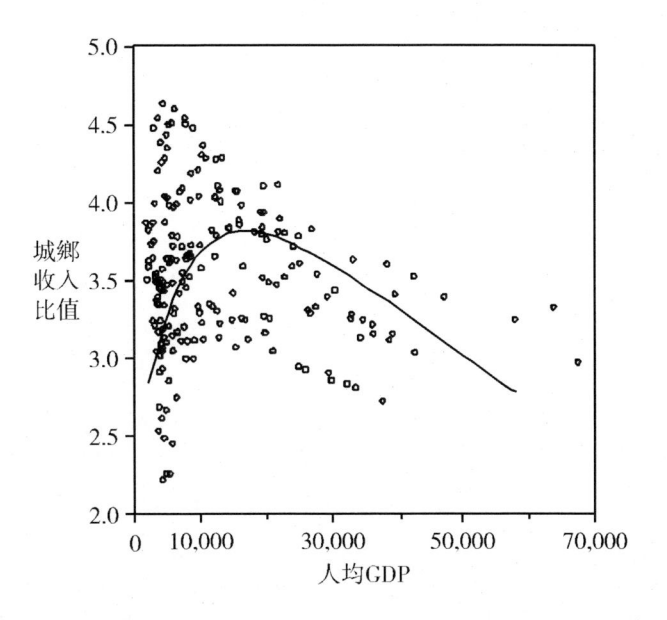

**圖 6-1　西部地區分省份人均 GDP 與
城鄉收入差距的關係（1995—2016）**

資料來源：1995—2016 西部各省份統計年鑑

2016 年西部 12 個省份的面板數據對西部地區城鄉收入差距走勢進行檢驗（人均 GDP 已換算為 1995 年不變價格）。

$$R_{城/鄉} = \delta_i + \alpha_1 \text{GDP}_{it} + \alpha_2 (\text{GDP}_{it})^2 + \varepsilon_{it} \tag{1}$$

$$\ln R_{城/鄉} = \delta_i + \beta_1 \ln \text{GDP}_{it} + \beta_2 (\ln \text{GDP}_{it})^2 + \varepsilon_{it} \tag{2}$$

其中，$R_{城/鄉}$ 為城鄉人人均收入比值（城鎮人均可支配收入/鄉村人均純收入），GDP_{it} 為第 i 省第 t 年的人均 GDP，$\ln R_{城/鄉}$ 和 $\ln \text{GDP}_{it}$ 分別為城鄉收入差距比值和 GDP 的對數。α、β 為變量系數，δ_i 為截距項。以上適用於固定效應模型，若為隨機效應模型，上式中的 δ_i 換為 δ。

表 6-1　　西部地區城鄉收入差距模型迴歸結果

變量	模型（1） $R_{城/鄉}$	模型（2） $\ln R_{城/鄉}$
GDP (GDP)^2	9.85E-05* (4.64E-06) -1.44E-9*** (1.02E-10)	
ln GDP		1.120,7*** (0.167,6)
(ln GDP)^2		-0.060,9*** (0.008,9)
Constant	3.382,1*** (0.063,2)	-3.875,5*** (0.783,6)
R^2	0.545,2	0.597,0
F 檢驗	19.846,1*** p=0.000,0	24.216,2*** p=0.000,0
Hausman 檢驗	86.088,7*** p=0.000,0	8.128,2** p=0.017,2

註：估計結果由 Eviews8.0 統計軟件計算得到；括號內為標準差；***、**、*分別表示在1%、5%、10%水準上顯著，下同

根據迴歸結果，兩模型的二次項系數均為負，一次項系數均為正，他們的擬合曲線都在某種程度上表現出上升然後下降的特徵。其中，雙對數模型各變量均在1%的統計水準下顯著，且雙對數模型的 R^2 達到0.60，高於普通二次型，能更好地反應收入差距變化趨勢，如表 6-1 所示。說明其他條件一定時，西部地區城鄉收入差距在隨著人均 GDP 的增加，經歷先上升後下降的趨勢。根據模型（1）我們求出倒「U」模型的拐點在城鄉收入比值約為3.42時出現。因此，西部地區城鄉收入差距在2006年左右開始下降，與觀察數據相符，截至2016年年底，西

部地區城鄉收入差距遠低於 3.42，各省份均在直到達到各自的拐點而後出現下降趨勢，因此本模型在一定程度上能說明西部經濟發水準和城鄉收入差距的關係。

總而言之，西部城鄉收入差距的變動趨勢在數學意義上具有庫茲涅茨曲線的特徵，西部總體的城鄉收入差距拐點為 3.42。雖然西部各省份的拐點不盡相同，但西部各省份均已經進入庫茲涅茨倒 U 型曲線的拐點之後的收入差距下降趨勢階段。

6.2 模型構建

城鎮化是經濟發展的必然結果，也是提高人民生活水準的有效途徑，城鎮化的推進不僅可以創造更多的就業機會，也可以帶動經濟的增長。在工業化中後期，城鄉二元制結構還比較明顯的情況下，由於城鎮化的推進能有效地提高居民的收入水準，所以，二者存在一定關聯性的。為了深入探討兩者之間的關係，本部分先構建相關的計量模型。

6.2.1 理論基礎

國外關於城鎮化與城鄉收入差距之間的關係研究已經有一些較權威的文獻。發展經濟學家劉易斯（Lewis）（1954）提出生產效率較高的現代工業和落後的傳統農業在發展中國家並存的現象十分普遍，這種二元經濟使得城鄉收入差距長期存在。由於市場機制不完善，若缺少政府調控，這種差距將會越來越大，因此政府應進行適當的干預。托達羅（Todaro）（1969）提出由於城鎮與農村在預期收入上的差距，農村人口更願意向收入更高的城鎮遷移，從而有利於縮小城鄉收入差距，預期差距越大就更能促進農村剩餘勞動力的轉移。國外學者們認為，若

農村人口向城鎮轉移的壁壘消除，實現無阻力流動，那麼將會有利於城鄉收入差距的縮小，因此，消除現有流動障礙是成功縮小城鄉收入差距的關鍵。這些理論為我們解決西部地區的城鄉收入差距提供了重要的理論依據。

雖然國外有著過度城鎮化帶來的收入差距擴大的先例，但就中國的收入差距而言，國內學者多認為中國的城鄉收入差距過大的原因主要是城鎮化長期滯後。掃清農村人口轉移的各項障礙，加快城鎮化進程將會有利於城鄉收入差距的縮小。蘇雪串（2002）通過研究得出中國城鄉收入差距持續擴大的根本原因在於城鎮化的滯後。周雲波（2009）通過研究發現中國的城鄉收入差距與城鎮化具有先上升後下降的倒 U 型曲線關係。楊國安等（2010）提出西部地區緩解城鄉收入差距的重要措施之一即是加快城鎮化建設。馮偉等（2013）提出城鎮化滯後於工業化和現代化水準是農村居民收入增長緩慢的主要原因，也造成了城鄉收入差距持續擴大。

也有學者認為城鎮化不利於城鄉收入差距的縮小，他們也提出了自己的觀點。楊天宇（2005）認為由於中國農村人口向城鎮轉移存在著各種壁壘，例如教育水準低下、戶籍制度限制等，農民工進入城鎮大多不能在正規部門就業，這就導致了轉移人口的邊緣化，也導致了城鄉收入差距難以有效縮小。與其他學者的結論不同，吳先華（2011）通過研究得出，由於現有的轉移壁壘的存在，農民工未能獲得城鎮市民的同等待遇，短期內城鎮化仍不利於收入差距的縮小。縮小收入差距的主要途徑是農民工的市民化和轉移壁壘的消除。由此，學者們對城鎮化與城鄉收入分配的關係仍有分歧。

綜上所述，眾多國內外研究表明，城鎮化與城鄉收入分配具有密切關係，但是到目前為止大部分研究都是基於全國角度來分析兩者的關係，很少有考慮到區域因素。筆者在實地調研

和研究中發現，由於西部地區與東、中部的發展基礎、自然條件、地理環境和歷史文化都有很大的區別，這導致了西部的城鎮化發展具有區域特色，與東、中部存在較大差異。因此，冷靜判斷西部地區城鎮化與城鄉收入差距的現狀，系統分析兩者的關係，科學提出城鎮化發展對策，對於縮小西部地區收入差距，保障改善民生、促進社會穩定、提高西部大開發戰略質量與效益具有重要的理論價值和實踐意義。本書力圖彌補現有研究的不足，利用數據實證檢驗西部地區兩者之間的關係，提出具有針對性的政策建議。

6.2.2 指標選取

本書運用1995—2016年西部12個省份的年度面板數據進行分析，選取以下指標體系對西部地區城鎮化和城鄉收入差距的關係進行實證研究：

6.2.2.1 城鄉收入差距指標

學者們在研究收入不平等時較多選用城鄉收入比值、泰爾指數、基尼系數或者恩格爾系數作為衡量指標，這也是比較常用的方法，以上四種方法均有一定的可取之處。雖然學者們提出了各種衡量指標，但由於絕對指標的量綱受度量單位的變化影響較大，因此實際一般採用相對指標，其中城鄉收入比值以其簡單明了實用的優點被廣為採用。其計算方法為：

$$城鄉收入比值 = \frac{城鎮人均可支配收入}{鄉村人均純收入}$$

6.2.2.2 城鎮化指標

我們一般使用城鎮化率衡量城鎮化發展水準，一般而言，分為戶籍人口城鎮化率和常住人口城鎮化率兩種計算方式。擁有非農戶口的城鎮人口占總戶籍人口的比例即為戶籍人口城鎮化率，一些學者採用該指標，因為他們認為在城鎮就業的無戶

籍的城鎮常住人口並未享受到同等的市民化待遇，他們的福利待遇水準與城鎮戶籍人口仍有較大差距。然而由於中國的現實情況並非所有農業戶籍人口都住在農村，隨著改革開放的推進，勞動力流動轉移加快，他們在城鎮生產、生活、置業，雖然戶口不在城鎮，但其生產生活方式已經城鎮化。截至 2016 年末，中國共計有 2.82 億農民工在城市工作，他們的生產、生活範圍也基本在城鎮，因此僅從戶籍非農業人口計算的城鎮化率並不能完全反應中國的實際情況，更多的學者採用常住人口城鎮化率，中國官方和學術界也大多採用該指標。本書選用常住人口城鎮化率作為衡量西部地區城鎮發展情況的指標，即：

$$城鎮化率 = \frac{城鎮常住人口數}{該地區總人口數}$$

6.2.2.3 人均 GDP

庫茲涅茨在 1955 年提出著名的庫茲涅茨假說之後，許多學者開始驗證世界各地經濟發展水準與收入分配的關係。其中支持該假說的學者與質疑的學者同在，認為倒 U 型假說是存在的學者有：巴羅（Barro，2000、2001），錢伯斯（Chambers，2007），孫致路（2008）等；質疑的學者有拉姆（Ram，1991），尼爾森和奧爾德森（Nielson & Alderson，1997）等。描述經濟發展水準的指標較多，有總量 GDP，GDP 增長率和人均 GDP 等。GDP 即為某國或者地區在單位時間內生產所有商品和服務的貨幣價值總和，它反應了一個國家或地區的總體經濟實力，用於國際間或者地區間進行比較，或者用於宏觀經濟分析和管理時較為常用。GDP 增長率作為宏觀經濟調控的重要目標之一，衡量的是經濟增長的速度。而對於一國人民生活水準和富裕程度的衡量則較多使用人均 GDP。本書將使用人均 GDP 來考察某地區的經濟發展水準。

6.2.2.4 農村轉移收入

農村轉移收入主要來源於財政支出，是農民無償獲得的收入，是農村貧困居民的主要收入來源之一。英國著名經濟學家約翰‧梅納德‧凱恩斯（John Maynard Keynes）早在1936年就提出了通過轉移支付來將富人的納稅救濟窮人，由此來改善收入分配不公平。美國學者約翰‧羅爾斯（John Bordley Rawls）（1971）提出收入分配的不均等影響了社會福利的最大化，通過轉移支付提高窮人的收入水準可以實現社會總福利的增加。杰弗里‧佩羅夫等（2006）對比了城鎮和農村之間財政轉移性支付工具起到的作用，發現財政轉移性支出有利於縮小城鄉收入差距。謝琦等（2010）通過研究發現，轉移性支付和社會保障有助於調節城鄉收入分配。中國近年來也不斷加大了政府轉移支付的力度，對於貧困人口的脫貧也起到一定的作用，因此，本書將農村轉移收入作為影響城鄉收入差距的變量之一。

6.2.2.5 失業率

國內外許多學者就失業對收入差距的影響這個課題進行了深入的研究。布林德和江崎（1978）以美國1947—1974年的數據為基礎分析了美國居民人均收入分配的差異，發現失業會導致收入分配不公平。頌猜‧阿莫特姆（2004）分析了臺灣、中國香港、新加坡等七個亞洲國家和地區1950—2000年的50年間的數據，發現失業率的上升會導致基尼系數的增加。晏豔陽等（2011）對中國1978—2009年的數據進行分析，發現中國的失業類型中，結構性失業損害了低收入階層的利益，擴大了中國城鄉收入差距，而週期性失業則影響有限。因此，本書考慮將失業率納入城鄉收入差距的影響變量之一。

6.2.2.6 居民消費水準

李雄軍（2013）等用實證的分析方法證明了居民消費與收入差距有著雙向因果關係，刺激消費有助於縮小收入差距。李

暉等（2014）利用統計數據，通過構建投入產出最終需求結構變動模型，得出擴大消費對縮小城鄉收入差距起著積極的作用。因此，本書將居民消費水準作為城鄉收入差距的影響變量之一。

6.2.2.7 西部大開發虛擬變量

鑒於西部大開發後中國實施了一系列重大政策，對西部經濟發展產生重要影響，為了準確分析西部大開發對城鄉收入差距的影響，本書考慮加入虛擬變量，將1995—1999年西部大開發實施之前的年份設為0，2000—2016年西部大開發實施以後的年份設為1。

6.2.3 理論假設

6.2.3.1 城鎮化水準

由前文可知：首先，城鎮化水準的提高可以通過創造就業機會吸引農民工進城，直接增加農民收入而縮小城鄉收入差距；其次，城鎮化還能通過促進農業規模化和產業化生產，城鎮化有利於提高農業生產的科技水準，剩餘勞動力的減少使得農村居民擁有更多的土地等資源，農民也更有能力增加農業投入，技術的進步有利於農業結構的調整，也會帶動農村的金融、教育、醫療等第三產業的發展，進而縮小與城鎮的差距；然後，由於西部地區城鎮居民大多居住在小城鎮，因此城鎮化過程也更加側重鄉鎮的發展，同時也促進了一大批鄉鎮企業迅速發展，促進了就地城鎮化；最後，農民工的市民化進程使得更多的農民工在城鎮安家置業，通過良性的累積循環效應促進城鎮化加速。由此，本書就西部城鎮化和城鄉收入分配的關係提出如下假說：

假設1：西部地區城鎮化推進有助於縮小城鄉收入差距。

6.2.3.2 農村轉移性收入

作為僅次於稅收的政府調節收入分配不平等的重要工具之

一，轉移支付在縮小貧富差距和居民收入水準方面起著重要的作用。在廣大的西部地區，有大量的貧困人口，眾多貧困線以下的居民拉大了城鄉居民收入差距，他們的基本的生產和生活未能得到保障，影響西部地區經濟的持續健康發展。因此，財政轉移性支付對於增加貧困戶的收入，調節收入分配顯得尤其重要。因此，本書就農村轉移性收入與城鄉收入分配的關係提出如下假說：

假設2：農村轉移性收入增加有助於縮小城鄉收入差距。

6.2.3.3 失業率

由於農民工具有的勞動技能往往較低，接受教育水準也十分有限，因此一般而言，大部分的失業發生在勞動技能不高的民工失業群體。而近年來由於出口和建築兩大農民工密集就業行業發展的急遽減速，農民工失業率遠遠高於其他群體，大部分失業的農民工被迫返回鄉村，他們的失業也使家庭收入迅速下降，農村居民的純收入減少，從而擴大了城鄉收入差距。因此，本書就失業率與城鄉收入分配的關係提出如下假說：

假說3：失業率增加會擴大城鄉收入差距。

6.2.3.4 居民消費水準

長期以來，中國消費水準遠低於國際平均水準，國內需求不足是困擾中國經濟發展的重要因素。中國西部地區，由於經濟基礎較差，消費結構單一，消費方式落後，這在一定程度上也限制了西部經濟的持續健康發展，從而使得西部產業結構升級緩慢，阻礙了經濟的發展和居民收入的增加，從而間接影響了收入分配。因此，我們就居民消費水準和城鄉收入分配的關係提出如下假說：

假說4：居民消費水準提高有助於縮小城鄉收入差距。

6.2.3.5 西部大開發

數據顯示，西部大開發戰略後，西部城鄉固定資產投資差

距也呈現出擴大態勢，同時西部地區各政府實施的城鎮偏向的經濟政策，忽略城鄉的協調發展，使得財政以及相應的投資資金分配在城鄉之間呈現出不均衡的趨勢。由此，西部地區金融資源、教育資源、地區開放程度等方面的城鄉不均衡勢必也會影響城鄉收入差距的縮小。由此，我們就西部大開發虛擬變量對城鄉收入分配的關係提出如下假說：

假說5：西部大開發的實施擴大了城鄉收入差距。

6.2.4 模型設定

為驗證上文所敘述的假設，本書將採用 Panel Data 模型來進行進一步的分析。為了充分驗證城鄉收入分配差距中西部城鎮化這個因素的影響大小，本書將使用如下兩個模型。模型（3）主要為了檢驗人均 GDP 和城鎮化率對城鄉收入差距的影響，模型（4）在（3）的基礎上加入了控制變量，為了研究西部大開發政策對收入分配的影響，筆者加入了西部大開發虛擬變量。為消除異方差，對上述變量皆進行自然對數變換。因此，筆者設定的計量模型（3）和模型（4）如下：

模型（3）

$$\ln R_{城/鄉\, it} = \alpha_0 + \beta_1 \ln GDP_{it} + \beta_2 (\ln GDP_{it})^2 + \beta_3 \ln UR_{it} + \varepsilon_{it}$$

模型（4）

$$\ln R_{城/鄉\, it} = \alpha_1 + \gamma_1 \ln GDP_{it} + \gamma_2 (\ln GDP_{it})^2 + \gamma_3 \ln UR_{it} + \sum \gamma_i X_{it} + \alpha_2 D_1 + \varepsilon_{it}$$

其中，$R_{城/鄉}$ 為城鄉收入比值，GDP_{it} 為第 i 省第 t 年的人均 GDP，UR_{it} 為城鎮化率，$\ln R_{城/鄉}$、$\ln GDP_{it}$ 和 $\ln UR_{it}$ 分別為 $R_{城/鄉}$、GDP_{it} 和 UR_{it} 的對數。X 為控制變量，包括農村轉移性收入、失業率、居民消費水準，D_1 為西部大開發虛擬變量。ε_{it} 為隨機擾動項。

6.3 實證檢驗

6.3.1 數據描述性統計

本書分析使用的數據來源於《中國統計年鑒》《中國人口統計年鑒》和西部各省份統計年鑒，所選取的樣本包含1995—2016年西部12個省份的年度數據。其中，某些個別變量有數據空缺的，筆者使用了線性插補法作了補充，否則為個別數據的缺失而放棄部分年份或省份，會使樣本自由度降低，由此權衡，插補法是可取的，所得的變量及其數據描述性統計如表6-2所示。

表6-2　　　　　　　　變量的描述性統計

變量	定義	單位	觀測數	均值	最大值	最小值	標準差
R	城鄉收入差距	比值	242	3.45	4.84	2.21	0.52
UR	城鎮化率	%	242	36.67	62.6	13.52	11.59
GDP	人均GDP	元	242	16,943	74,203	1,853	15,368
TR	轉移性收入	元	242	423.84	9,215	25.60	702.14
UE	失業率	%	242	3.66	6.30	1.87	0.63
CON	居民消費水準	元	242	6,255	22,293	1,209	4,924
WE	西部大開發	/	242	0.77	1.00	0.00	0.42

6.3.2 單位根檢驗

面板數據的單位根檢驗方法較多，本書將採用LLC、IPS-W、Fisher-ADF、Fisher-PP等檢驗方法。表6-3是面板數據單位根檢驗結果，選擇Schwarz標準自動選擇單位根的滯後期。就結果而

言，各個變量的原序列均是非平穩的，但一階差分之後都是平穩的，且在1%水準上顯著，也即所有變量都是一階單整的 I（1）。

表 6-3　　　　　　面板數據單位根檢結果

變量	LLC	IPS-W	ADF	PP	結論
ln R		0.63 (0.73)	18.51 (0.68)	11.80 (0.96)	不平穩
Δln R	-9.28*** (0.00)	-9.31*** (0.00)	117.53*** (0.00)	132.75*** (0.00)	平穩
lnUR	-1.96 (0.25)	0.62 (0.73)	33.28 (0.58)	15.43 (0.84)	不平穩
ΔlnUR	5.63*** (0.00)	-6.93*** (0.00)	89.51*** (0.00)	352.75*** (0.00)	平穩
LnGDP	0.01 (0.50)	4.07 (1.00)	5.92 (1.00)	2.87 (1.00)	不平穩
ΔlnGDP	-3.39*** (0.00)	-3.06*** (0.00)	52.74*** (0.00)	52.72*** (0.00)	平穩
lnTR	1.90 (0.97)	6.28 (1.00)	1.19 (1.00)	1.94 (1.00)	不平穩
ΔlnTR	-13.15*** (0.00)	-12.930*** (0.00)	163.62*** (0.00)	190.42*** (0.00)	平穩
lnUE	-1.90 (1.00)	-2.42 (1.00)	47.26 (0.99)	48.98 (1.00)	不平穩
Δln UE	-9.89*** (0.00)	-9.50*** (0.00)	190.83*** (0.00)	461.46*** (0.00)	平穩
lnCON	4.03 (1.00)	8.02 (1.00)	1.02 (1.00)	0.36 (1.00)	不平穩
Δln CON	-8.29*** (0.00)	-7.13*** (0.00)	90.24*** (0.00)	90.06*** (0.00)	平穩

註：括號內為顯著性 p 值

6.3.3 協整檢驗

為了檢驗變量之間是否具有長期均衡關係，避免產生「偽迴歸」現象，我們進一步對面板數據進行協整分析。鑒於本書樣本為1995—2016年數據（$T=22$），因此本書參照 Panel ADF 統計量和 Group ADF 統計量對變量協整關係做出判斷。協整檢驗結果如表6-4所示，結果表明模型存在協整關係，且至少存在一個協整方程。

表6-4　　　　面板數據的協整檢驗結果

檢驗方法		統計量	P 值
Pedroni（基於 Engle-Granger）	Panel ADF	-1.94**	0.02
	Group ADF	-3.12***	0.00
Kao（基於 Engle-Granger）	ADF	-1.38*	0.08
Fisher（基於 Johansen）	一個沒有	79.66***	0.00
	至少有一個	15.63	0.87

6.3.4 Granger 因果檢驗

Granger 因果關係說明了兩個 A、B 變量之間，若 A 有助於解釋 B 變量的未來變化趨勢，那麼 A 是 B 的 Granger 原因，反之亦然。本書對各自變量與因變量之間進行 Granger 因果檢驗，檢驗結果如表6-5所示。檢驗結果得出，各自變量均是城鄉收入差距的 Granger 原因，此外，GDP、城鎮登記失業率和城鄉收入差距還存在雙向 Granger 因果關係。

表 6-5　面板數據的格蘭杰因果檢驗結果

	F 值	P 值	滯後階數	結論
UR→R	9.13***	0.00	2	存在格蘭杰因果關係
R→UR	1.21	0.33	2	不存在格蘭杰因果關係
GDP→R	26.52***	0.00	2	存在格蘭杰因果關係
R→GDP	6.75***	0.00	2	存在格蘭杰因果關係
TR→R	21.31**	0.00	2	存在格蘭杰因果關係
R→TR	1.12	0.37	2	不存在格蘭杰因果關係
UE→R	3.56**	0.03	3	存在格蘭杰因果關係
R→UE	6.78***	0.00	3	存在格蘭杰因果關係
CON→R	22.54***	0.00	2	存在格蘭杰因果關係
R→CON	2.15	0.13	2	不存在格蘭杰因果關係

6.3.5　結論與分析

面板數據分為混合效應、固定效應和隨機效應模型。對於混合效應和固定效應的選擇，通過 F 檢驗可以看到，模型拒絕固定效應模型是冗餘的零假設，於是摒棄混合模型，說明固定效應更合適；對於固定效應和隨機效應的選擇，使用 Hausman 檢驗，結果顯示模型均拒絕建立隨機效應的原假設，接受固定效應模型假設，故本書採用固定效應模型。模型（4）R^2 達到 0.69 說明此模型對西部城鎮化與城鄉收入差距的關係有較強的解釋作用。同時，得到 1995—2016 年西部地區 12 個省份的城鎮化和城鄉收入差距的實證分析結果如表 6-6 所示。

表 6-6　西部地區城鎮化對城鄉收入差距影響迴歸結果

變量	模型（2） $\ln R_{城/鄉}$	模型（3） $\ln R_{城/鄉}$	模型（4） $\ln R_{城/鄉}$
ln GDP	1.120,7*** (0.167,6)	1.462,4*** (0.195,6)	0.971,0*** (0.201,7)
(ln GDP)²	−0.060,9*** (0.008,9)	−0.076,5*** (0.009,9)	−0.038,5*** (0.052,1)
lnUR		−0.159,9*** (0.004,97)	−0.053,7*** (0.001,91)
lnTR			−0.023,4 (0.018,6)
lnUE			0.063,7 (0.043,6)
lnCON			−0.264,7*** (0.061,4)
lnWE			0.069,9*** (0.022,6)
Constant	−3.875,5*** (0.783,6)	−5.128,4*** (0.861,1)	−1.758,8*** (0.963,2)
R^2	0.597,0	0.61	0.685,5
F Test	24.216,2*** p=0.000,0	21.702,9*** p=0.000,0	25.541,9*** p=0.000,0
Hausman Test	8.128,2** p=0.017,2	40.878,0*** p=0.000,0	42.627,1*** p=0.000,0

註：括號內為標準差

根據模型估計結果我們可以得出如下結論：

第一，加入其他變量之後，人均 GDP 的一次項估計系數仍為正值，二次項系數也均為負值，且都具有很好的統計顯著性。西部城鄉收入差距隨著經濟發展水準——人均 GDP 仍呈現出先

上升後下降的倒 U 型趨勢，說明西部地區城鄉收入差距的倒 U 型曲線模型是相對穩定的。

第二，城鎮化率對城鄉收入差距具有負向作用。由模型 (4) 可知，西部地區城鎮化率的增加有助於城鄉收入差距的縮小。西部地區城鎮化雖然長期滯後，但隨著城鎮的集聚效應和規模效應，可以創造更多的就業機會，使農民工進城獲得更高的收入；新型城鎮化的推動也有利於資金、技術、人才和信息向鄉村擴散，推動農業的規模化、產業化營運，加快農業的現代化進程；城鎮化推進促進鄉鎮企業的發展，農村經濟結構的升級，推動就地城鎮化；通過農民工市民化進程使得更多農村居民有能力遷移到基礎設施更好的城鎮，在城鎮工作、生活、置業，反過來又加速了城鎮化進程，形成了正向的良性循環效應，城鎮化通過以上四個途徑縮小城鄉收入差距。因此，西部地區應推進工業與農業、城鎮與農村協調發展的新型城鎮化，統籌城鄉發展，進一步縮小城鄉收入差距。

第三，就控制變量而言，居民消費水準對城鄉收入差距具有負向影響，西部大開發虛擬變量對城鄉收入差距具有正向作用，且均具有統計顯著性。居民消費水準的增加有利於城鄉收入差距的縮小，消費作為最終需求，對經濟增長和居民收入增加起著直接作用，消費需求的提高是經濟的穩定增長和良性循環的關鍵，也是城鄉收入差距縮小的必要條件。農村轉移收入和城鎮失業率對城鄉差距不具有顯著影響。西部大開發虛擬變量對城鄉收入差距的擴大具有正向影響，數據顯示原有的西部大開發政策在初始的幾年使城鄉收入差距持續上升，進入西部大開發第二個十年後戰略方向的有所轉變，國家制定了一系列平衡城鄉發展差距、加強城鎮帶動鄉村和有利於農村居民收入的提高的政策，使得城鄉收入差距有所緩和。因此，未來西部需要進行大開發戰略的轉型，出抬更多協調城鄉發展和調節城

鄉收入分配的政策，進一步縮小城鄉收入差距。因此，西部地區應引導居民的消費觀念的改變，推動消費結構升級，以及調整西部大開發政策轉型，突出城鄉互動和工業反哺農業，協調城鄉經濟均衡發展，縮小城鄉收入差距。

6.4　本章小結

本章筆者首先從庫茲涅茨倒 U 型假說的驗證出發，通過總結學者們對庫茲涅茨倒 U 型曲線在中國的驗證，發現學者們對中國是否存在該假說仍存在分歧。筆者運用 1995—2016 年西部 12 省、市、自治區的面板數據進行檢驗，發現西部城鄉收入差距的變動趨勢在數學意義上具有庫茲涅茨曲線的特徵，表現出二次函數的先上升後下降的趨勢，西部總體的城鄉收入比值拐點約為 3.42。雖然西部各省份的拐點不盡相同，但西部各省份均已經進入庫茲涅茨倒 U 型曲線的拐點之後的收入差距下降趨勢階段。

其次，筆者通過對國內外學者們對城鄉收入差距的影響因素進行分析，選取了城鄉收入比值、常住人口城鎮化率、人均 GDP、農村轉移收入、失業率、居民消費水準和西部大開發虛擬變量等變量作為城鎮化影響收入差距進行實證檢驗的主要指標，提出了相關理論假設，設定了 Panel Data 模型。筆者利用 1995—2016 年的西部 12 個省份的數據對模型進行了單位根檢驗、協整檢驗、Granger 因果檢驗和面板數據分析等。通過面板數據模型迴歸結果我們發現，城鎮化率對城鄉收入差距具有負向作用，西部城鎮化的推進有利於城鄉收入差距的縮小。

7 中國西部新型城鎮化推進與縮小城鄉收入差距的戰略框架

新時期，在國家提出「一帶一路」倡議的背景下，基於西部城鎮化與城鄉收入差距的態勢，針對西部城鎮化與城鄉收入差距發展的問題，本章節將從戰略思路、戰略原則、戰略目標、戰略重點與戰略模式等方面具體分析如何推進西部新型城鎮化的發展並實現城鄉收入差距的不斷縮小。

7.1 戰略思路

西部城鎮化推進緩慢和城鄉收入差距巨大的現狀決定了新時期西部大開發的戰略重點和難點在於調整西部大開發戰略轉型和促進城鄉統籌。西部新型城鎮化推進與縮小城鄉收入差距的基本思路應為：以調整戰略轉型為先導，以構建多中心—外圍的城鎮體系為基礎，以加強小城鎮建設為載體，以工業反哺農業和農業現代化為依託，以健全的立法和完善的制度為保障，以城鄉統籌和進一步縮小城鄉收入差距為目標導向，合理引導、紮實推進，形成城鄉協調、互動、一體化發展的戰略新格局。

7.1.1　以調整戰略轉型為先導

西部新型城鎮化推進與縮小西部城鄉收入差距必須調整改革開放以來西部地區實行的城鎮偏向的各項政策，必須破除二元經濟結構中不利於「三農」的制度，制定切實有效的支農惠農措施。要通過新型城鎮化的推進，實現城鎮帶動鄉村、工業反哺農業，協調城鄉收入分配的不平衡。通過調整戰略轉型，從戰略方向、發展重點、投資方式、區域開發以及發展機制上進行轉型，並通過統籌城鄉就業、收入分配、財政支出、金融政策、社會保障等多方面進行制度創新和改革，使得新型城鎮化的推進更利於西部地區農業發展、農民增收和城鄉互動，從而為縮小城鄉收入差距創造良好的制度環境。

7.1.2　以構建多中心—外圍的城鎮體系為基礎

截至2016年年底，西部城鎮化率達到51.51%，而全國的平均城鎮化率則為57.35%，仍有較大的差距，根據國際經驗，西部地區仍處於城鎮化發展的加速階段。西部地區應在國家「兩橫三縱」為主體的城鎮化戰略格局下，根據自身發展條件，結合「一帶一路」建設，推進城鎮化的健康有序發展。基於西部地區自然條件惡劣、經濟發展落後、城鎮結構失衡的現實情況，應避免直接走國外和東部地區簡單的發展都市圈和城市帶的道路，而應該立足於自身特點，以產業關聯發展為支撐，發展多中心—外圍城鎮群落，通過產業關聯和網絡化的發展推進西部新型城鎮化。由於單中心—外圍城鎮化發展道路具有封閉的、靜態的、缺乏關聯的特點，西部的多中心—外圍的城鎮群應走開放的、動態的、產業聯動的城鎮網絡化發展道路，這才是適合西部的可行路徑。

7.1.3　以加強小城鎮建設為載體

由於西部地區地處內陸，主要以山地丘陵為主，且自然條件惡劣，其獨特的地理環境，決定了發達國家和東部地區的大都市圈和城市帶的發展方式不適合西部地區的現實情況。由於西部地區大城市數量稀少，中型城市斷層嚴重，在推進多中心—外圍城鎮群的過程中，小城鎮的發展至關重要。作為聯結大中城市與鄉村橋樑的紐帶，小城鎮成為知識、信息、科技產品從大城市向農村擴散和農村剩餘勞動力向城鎮轉移的重要載體。對於西部地區小城鎮仍存在的佈局混亂、鄉鎮企業發展落後、缺乏產業支撐、基礎設施不足等問題，應科學規劃小城鎮佈局，加強鄉鎮企業的發展，因地制宜，建設有產業支撐的西部特色小城鎮。

7.1.4　以工業反哺農業和農業現代化為依託

促進西部城鄉收入差距縮小的有效途徑是大力加強對農村、農業的扶持，以城鎮帶動鄉村，工業反哺農業，並大力推進西部農村的現代化發展。在二元經濟結構明顯的西部地區，應從政策、資金、人才等方面反哺支持農業，促進西部「三農」的自我發展能力。農業現代化是新型四化的重要內容，而新常態下西部大開發的一項重要任務便是積極推進農業現代化，探索傳統農業改造的基本途徑，通過多方面的農村改革，實現規模化經營與產業化發展，對於推動西部農業的現代化、農民增收與縮小城鄉收入差距都具有重要的促進作用。

7.1.5　以健全的立法和完善的制度為保障

一個國家或地區的經濟社會健康、持續和穩定發展離不開健全的法律法規體系，而新常態下西部大開發戰略轉型的順利

推進同樣需要健全的立法和完善的制度，保障新常態下西部大開發戰略轉型的順利推進。應改革和創新現有的不利於新型城鎮化推進、不利於城鄉統籌、和不利於縮小城鄉收入差距的各項制度，從土地、戶籍、社保、金融、收入分配制度等多方面下手，減少部分政府官員對市場干預的任意性，推動西部經濟更有效率、更加公平的可持續發展。通過各方面的制度協調，增加農民收入，為西部縮小城鄉收入差距打下堅實的基礎。

7.1.6 以城鄉統籌和縮小城鄉收入差距為目的

作為縮小城鄉收入差距的重要手段，城鄉統籌是為了改變城市工業、農村農業的二元四維的矛盾而提出的，是破解「三農」問題的關鍵。西部地區應從城鄉二元體制轉向城鎮帶動農村、城鄉互動的發展方式，通過新型城鎮化的推進，形成工業與農業良性互動，城鎮與農村協調發展的格局。通過新型城鎮化帶動農業現代化，形成以城帶鄉、以工促農、城鄉一體化的新型工農、城鄉關係，不斷提高城市與農村在資源要素上的合理分配水準，帶動新農村建設和農民收入水準的提高。同時改革現有阻礙城鄉人口流動的制度壁壘，促進農村人口轉移後能較快實現市民化待遇，是新時期城鄉統籌和縮小城鄉收入差距的重要途徑。

7.2 戰略原則

7.2.1 以人為本

西部地區在推進新型城鎮化的過程中，應注重提高城鎮化的質量，避免人口的城鎮化落後於土地的城鎮化，實現以人為

核心的城鎮化。在引導農村人口向城鎮轉移的過程中，應重視轉移人口的市民化待遇，為轉移人口提供平等的就業機會，注重將城鎮文明的提升與轉移人口素質的提高相統一，實現城鎮常住人口社保與公共服務的全部覆蓋，使得城鎮的流入人口與本地居民平等享受經濟發展成果。

7.2.2　因地制宜

西部地區地域遼闊，區域內部差異較大，且經濟發展較大程度上受制於艱苦的自然條件的約束。地區內部的不同區域在自然環境、地理特徵、人文特色、經濟發展程度等方面差異較大，各地之間的差異性也決定了它們各自經濟發展的約束因素與限制條件不同。因此，在推進西部新型城鎮化的進程中，我們要本著客觀實際的原則分析不同區域的特點與所面臨的問題，從而根據各個地區的特點對症下藥，提出不同的治理手段與發展方式。根據不同區域所具有的資源優勢，發展具有地方特色的優勢產業，城鎮化的推進也應該尊重各個地區的自然規律，因地制宜，合理佈局城鎮規模，推進新型城鎮化健康可持續發展。

7.2.3　生態文明

西部地區應根據自身資源環境的承載能力，將生態文明理念融入西部城鎮化推進之中，避免走發達國家和東部地區一樣的先污染後治理的道路。在以往的經濟發展過程中，西部的一些地區也出現了盲目發展，破壞本地生態環境的現象，並造成了嚴重的後果，土地沙化、水土流失嚴重。因此我們應按照「綠色、循環、低碳」的發展原則，推進不可再生資源的節約利用與可再生資源的有效利用、加快新能源的開發利用，加大環境保護力度與生態修復步伐，減少干擾與破壞自然環境，走綠

色、低碳、集約的新型城鎮化道路。

7.2.4 民族團結

西部地區，作為中國少數民族的主要聚居地，其經濟發展與社會穩定關乎國家安全的保障、社會公正的實現、民族感情的維繫以及國際形象的樹立。城鎮化進程的推進應依據各少數民族的自然歷史文化稟賦，根據他們相應的風俗習慣，體現文化和民俗的差異性，發展形態多樣的、具有特殊地域風貌和文化特色的魅力城鎮。以具有民族文化特色的優勢產業帶動少數民族地區的經濟發展，維護社會安定、民族團結，實現各民族的共同繁榮和邊疆穩固。

7.3 戰略目標

推進新型城鎮化健康發展，必須要有明確的目標、步驟，只有通過制定能夠體現戰略性、前瞻性、客觀性和實踐性的規劃，利用國家「一帶一路」建設的各項優惠政策，構建科學的城鎮化發展目標，才能保證工作的順利進行。推進西部新型城鎮化是長期而艱鉅的歷史任務，西部地區資源優勢明顯，基礎設施落後，生態環境脆弱，民族問題複雜，城鄉經濟發展極不平衡。這就決定了我們必須從西部現實情況出發，遵循城鎮化發展規律，探索具有西部特色的新型城鎮化道路，有效縮小城鄉收入差距，提高西部地區的自我發展能力，提升人民的生活質量。我們應圍繞如下三方面的目標，深入推進西部大開發，力爭實現新的發展突破。

7.3.1 建立合理的城鎮發展體系

國外城市化發展歷史表明,合理的城鎮化體系是良好的區域分工的基礎,大中小城市協調發展能對經濟社會的發展起到良好的助推作用,也有助於緩解各種「城市病」。將「一帶一路」建設的推進與西部新型城鎮化的推進相結合,西部地區建立合理的城鎮發展體系必須以破解城鄉二元結構為核心,進行科學合理的城鎮發展規劃,優化現有的城鎮發展格局。應著力構建大城市、積極培育中小城市和重點發展小城鎮,在城鎮群的發展中,要重點為中小城鎮的發展開闢新的機遇和廣闊空間。力爭到2020年,西部大開發實施20週年之際,西部城鎮化率趕上全國平均水準,達到60%以上。在西部地區建立多中心—外圍的城鎮群,應重點發展特色中小城鎮,增強鄉鎮企業對人口的吸納能力,帶動農村產業結構升級;推進農民工的市民化進程,使農民工享有與城鎮居民同等的醫療、養老、失業保險等社會保障,農民工子女享有與市民平等的教育機會;生態環境明顯改善,森林覆蓋率達到45%以上,解決城鎮地區的污染問題。總之,西部新型城鎮化體系建設的基礎在於建立多中心—外圍的城鎮群,重點是特色中小城鎮建設,核心是以人為本。

7.3.2 推進城鄉統籌協調發展

力爭到2020年,基本實現「五個統籌」,即統籌城鄉就業,建立城鄉一體化的勞動就業信息市場;統籌推進農民工市民化,促進農村轉移人口享受與城鎮居民同等的教育、就業、社保等待遇;統籌城鄉基本公共服務,增加農村社會事業的財政投入,加強農村文化事業的建設;統籌城鄉社會保障制度,基本實現城鄉教育、醫療、衛生等的均衡發展,擴大農村低保的覆蓋面,增加財政的轉移支付支出;統籌城鄉行政管理體制,建立服務

型政府，打破阻礙城鄉一體化發展的各項落後制度。西部地區通過推進新型城鎮化和城鄉統籌發展改革，實現城鎮與鄉村生產要素的無障礙流動，才能有效消除城鄉收入差距。

7.3.3 縮小城鄉收入差距

合理的收入分配是經濟穩定健康發展的基礎，西部地區應改革不合理的阻礙收入分配差距縮小的各項制度，協調城鄉收入分配格局。通過促進收入分配制度該給、加強財政轉移支付、推進工業全面反哺農業和完善農戶參評價格支持和補貼制度等措施，到 2020 年，實現人均 GDP 趕上全國平均水準，超過 6 萬元，生活質量穩步提升；實現農村居民的人均純收入超過 2 萬元，城鎮居民人均可支配收入達到 4.5 萬元以上，城鄉收入比值縮小至 2.5：1 以內，縮小城鄉收入差距；推進農村土地流轉制度改革，實現農業規模化經營，農村土地規模經濟比例超過 40%，農民人均純收入年均增長率不低於 15%，非農產業比例超過 60%。

7.4 戰略重點

按照西部新型城鎮化推進與縮小城鄉收入差距的戰略思路和目標，新時期，西部應加快調整西部大開發戰略轉型，建設適合西部城鎮化發展的多中心—外圍城鎮群，重點加強小城鎮建設，並推進新農村建設。

7.4.1 推動西部大開發戰略轉型

由於國家西部大開發戰略的目的之一在於縮小區域經濟發展不平衡，因此西部地區將戰略重點放在了促進經濟增長，戰

略實施初期採取了重城市輕農村的發展方向，忽略了城鎮對鄉村的擴散和帶動作用，西部地區的城鄉發展差距迅速擴大，雖然第二輪西部大開發戰略對城鄉收入差距的縮小起到了重要作用，但城鄉二元結構矛盾突出的格局已經成為西部經濟社會發展的重要障礙。基於西部地區在整個中國發展格局中的生態平衡維護、文化多樣性發展、國家安全防衛等功能定位，國家現行的西部開發戰略需要在戰略方向、發展重點、投資方式、區域開發以及發展機制上進行轉型。

第一，戰略方向由開發型轉向發展型。西部大開發之初，由於對大開發科學內涵認識的局限性，基於傳統的比較優勢理論，西部地區片面追求自然資源的開發，如西電東送、西氣東輸等工程就是資源開發的典型。大規模的資源開發引發了西部生態脆弱地區的生態問題。在新時期，西部地區應轉變戰略方向，由過去片面追求自然資源開發轉向促進西部地區的綜合發展，即在適度的自然資源開發的同時，將戰略重點放在資源儲備建設、生態平衡建設、民族文化建設、基礎設施建設以及社會穩定等方面。

第二，發展重點由過去的片面追求經濟增長向人口、資源、環境協調發展轉型。由於西部大開發以來，西部地區將發展重點放在追求迅速縮小與東部地區經濟發展差距上，因此，將經濟增長放在了首要地位，中央政府和西部各級政府安排了各種重點項目和工程，以拉動西部 GDP 的增長。但這也帶來了一系列的問題，造成了西部資源與環境嚴重破壞，在今後的發展中，西部地區應注重人口、資源、環境與經濟社會協調發展。在經濟發展過程中，應注重提高城鄉的人口素質和人力資本，注重資源的集約開採利用，注重生態平衡和環境保護，走人與自然和諧發展的道路。

第三，投資方式上由縱向投資為主轉向吸引社會多元化投

資為主。由於西部地區長期資本存量不足，投融資體系也較落後，西部投入資本主要源於中央政府和地方政府。西部地區應深化投融資體制改革，發展多元化的融資手段和成熟的信貸市場，吸引社會資本，籌措用於公共服務和基礎設施等的投入資金，設立基礎設施、教育培訓、醫療衛生等的發展基金，為公共服務、基礎設施等提供強有力的資金支持。

第四，區域開發上由過去僅重視城鎮發展轉向重視民族地區和貧困地區發展。由於大開發初期，為了促進區域經濟快速發展，中央政府和西部各級地方政府制定了一系列城鎮偏向的政策支持城鎮發展，也取得了突出的成績，而經濟發展的成果卻未能惠及民族地區和貧困地區，而這些地區正是區域發展和城鄉發展失衡的重災區。新時期，在「一帶一路」建設的背景下，西部地區應利用現有的優惠政策，在推進新型城鎮化的同時更加注重加大對民族地區和貧困地區的支持力度，促進這些區域的經濟社會生態全面發展。

第五，發展機制由政策驅動向人文驅動方式轉變。為推動西部大開發，中央政府及西部各級地方政府先後出抬了如企業所得稅優惠、促進特色優勢產業發展和退耕還林等多項政策法規，逐步形成了以政策驅動為導向的西部開發機制。政策驅動方式在西部經濟發展過程中做出了重要貢獻，但是由於政策的非剛性約束使得西部地區面臨著重要的計劃經濟殘餘約束和投融資體制約束等。在進入到第二輪西部大開發的關鍵時期，西部應由過去的政策驅動轉向以人文驅動為主，增強西部的自我發展能力，提升區域的人力資本和文化環境，走內生型的可持續發展道路。

7.4.2 建設多中心—外圍城鎮群

國外的城鎮化經驗表明，合理的城鎮體系有利於經濟的健

康可持續發展。根據西部地區大城市稀少、中型城市斷層和小城鎮發展滯後的現狀和多山地丘陵的自然地理條件，應建設多中心—外圍的城鎮群。多中心—外圍的城鎮群應至少包括如下幾點內涵：在增長極點上由多中心（城市）引領帶動城鎮群及區域發展；在空間結構上呈多中心—外圍城鎮群落層級體系；在產業支撐上，以城鎮間的產業關聯與網絡化發展引致中心與外圍及腹地間的雙向聯動發展；在城市功能上應注重經濟、社會和生態功能多方面綜合發展。

第一，就增長極點而言，由多中心引領帶動城鎮群落與區域發展。一方面由於單一的特大城市的集聚和擴散能力有限，難以起到帶動整個區域發展的作用，而多中心形成的經濟關聯發展可以具有更大的引領區域發展的實力，因此，應由兩個或兩個以上的特大城市或大城市帶動和引領城鎮群和區域的發展。另一方面，由於西部地區的特大城市僅有成都和重慶兩個，數量較少，中型城市也應與大城市一起共同形成新的增長源，形成網絡化的城鎮群落，向小城鎮和廣闊的農村地區擴散和輻射。

第二，就空間結構而言，呈多中心—外圍城鎮群落層級體系。由中心大城市（第一圈層）、次中心的中型城市（第二圈層）、外圍的小城鎮（第三圈層）和廣大農村腹地（第四圈層）構成空間上的多層級結構。由於西部地區特殊的自然地理條件和經濟基礎，各中心城市應與次級中心城市共同構成多中心的中心網絡增長輻射源，增強他們之間的要素流動、產業關聯和商品貿易網絡，以多種驅動力推動整個城市體系的發展。西部地區現有城鎮體系最突出的問題即是外圍小城鎮對農村腹地發展的帶動能力不足，因此，多中心—外圍城鎮群落應重點加強中小城鎮對農村地區的帶動作用。

第三，就產業支撐而言，西部地區應以產業關聯與網絡化發展引致中心與外圍及腹地間的雙向聯動發展。一方面由於中

心城市一般具有人才、技術、資本等多方面的優勢，通過中心城市的產業結構升級，將一部分產業向外圍小城鎮轉移，形成中心向外圍的縱向擴散傳遞，並帶動農村腹地的發展，強化中心與外圍的產業互動。城市間的產業關聯化發展，也有利於各中心城市的橫向產業互動，形成產業優勢互補、互相滲透的網絡化發展格局。另一方面，由於農村具有豐富的剩餘勞動力和自然資源優勢，隨著勞動力向城鎮的轉移，以及農村向城鎮提供源源不斷的原材料，也會形成自下而上的外圍與中心的全面聯繫。

第四，就城鎮功能而言，除了加強城市的城鎮帶動功能外，西部地區還應加強城鎮的社會和生態功能。由於西部大開發後，西部各省份片面注重經濟增長，而社會文化、醫療、衛生和公共服務等都未能得到同步的發展，在多中心—外圍的城鎮群構建的同時，應注重城鎮群的社會功能的發揮。應正確處理生態建設、環境保護和資源節約與社會經濟發展的關係，注重城鎮群的生態功能。由多中心—外圍的城鎮群建設，促進西部地區經濟、社會、生態全面發展。

就西部地區而言，應重點發展以成都和重慶為中心城市的成渝雙中心—外圍城鎮群，以呼和浩特、包頭、銀川為中心城市的呼包銀三中心—外圍城鎮群，以南寧、貴陽、昆明為中心城市的南貴昆三中心—外圍城鎮群，以西安、蘭州為中心城市的西蘭雙中心—外圍城鎮群等四大核心城鎮群落，通過他們的網絡化關聯發展帶動中小城市和小城鎮的發展，強化對農村腹地的擴散擴效應，推動西部新型城鎮化的發展。除此之外，還可以適當開發以西藏局部地區、新疆天山北麓等地區的城鎮群。

7.4.3 加強小城鎮建設

小城鎮作為連接大中城市和鄉村腹地的重要橋樑，是大中

城市經濟技術擴散和產業擴散的重要場地，是農村資源和鄉鎮企業向城鎮群集中的重要渠道，也是中國城鎮化建設中的重要組成部分。隨著中國大城市的規模逐漸擴大，各種負面問題也日趨明顯，人口過於密集，環境污染嚴重、交通擁堵、生活成本過高等各種「城市病」越來越嚴重，小城鎮成了人們工作、生活的新選擇。西部小城鎮建設，一是可以推動西部鄉鎮企業為主導的鄉鎮企業的發展與產業結構升級，優化農村產業結構；二是可以解決農村剩餘勞動力輸出的問題，使很多不願離開家鄉和無法負擔大城市生活成本的農村居民在周圍小城鎮就實現人口的城鎮化；三是通過產業集聚促進小城鎮建設，帶動輻射農村地區，增加農民收入，縮小城鄉收入差距。

　　針對目前存在的小城鎮規劃不合理和缺乏產業支撐的現狀，西部地區應進行科學的規劃和佈局，加強鄉鎮企業發展，以產業支撐小城鎮建設。一是要科學規劃小城鎮建設。減少小城鎮的盲目無序擴張，建設具有地方特色的西部小城鎮。小城鎮的規劃要因地制宜，根據自然資源和地理優勢，充分體現和塑造城鎮特色，尤其是民族地區小城鎮的規劃應具有傳承民族文化和風俗習慣的功能。西部少數民族累積了歷史悠久的燦爛文化，民族地區的小城鎮建設也要肩負起不斷推進文化交流與整合的責任。二是要加強鄉鎮企業發展。鄉鎮企業可以承接大中城市的產業轉移，帶動農村地區的技術進步，促進對農村剩餘勞動力的吸納，形成就地城鎮化的新型模式。應鼓勵農民以勞動力、資本、土地等多種方式入股，提高農民在鄉鎮企業的股份，通過鄉鎮企業發展切實提高農村居民的收入水準。三是要以產業支撐小城鎮發展。對於西部小城鎮發展動力不足的問題，應加強小城鎮對大中城市產業轉移的承接能力，吸收大中城市的先進技術，培育能帶動周圍農村地區發展的特色產業，建設有產業支撐的西部特色小城鎮。西部小城鎮應發揮地方優勢，形成

具有本地特色的支柱產業，發展農產品加工主導的小城鎮，礦產資源開發小城鎮，生態旅遊小城鎮，文化旅遊型小城鎮，邊貿型小城鎮等多樣化的小城鎮發展模式。

7.4.4 推進新農村建設

西部大開發初期，由於中央政府和各級地方政府採取的城鎮偏向的經濟發展政策，忽略城鎮對農村的擴散帶動作用，使得農村經濟發展長期滯後，與城鎮的二元結構矛盾愈發突出。2010年從國家第二輪西部大開發實施後，政府更加注重城鎮對鄉村的輻射帶動作用，制定了更多利於農業、農村和農民的發展政策，帶動了農村經濟的迅速發展，開始縮小與城鎮經濟發展的差距。但是由於西部農村地區長期基礎設施缺乏，農業生產技術含量低，公共服務落後，嚴重阻礙了農村地區的發展步伐。推進建設新農村建設是西部地區協調城鄉發展，增加農民收入的重要途徑。

新時期，推進西部新農村建設要做好以下幾點：一是要加強農村基礎設施建設。在改善農村用電、通訊、出行、飲水安全等條件後，加大互聯網在農村的覆蓋率，讓農民也可以享受到「互聯網+」帶來的信息經濟紅利，將基礎設施的投入重心逐步由城鎮轉向農村地區；二是推進農業現代化發展。以推進土地規模經營為重點，提高農業綜合生產能力，促進傳統農業向現代農業轉型。堅持以穩定家庭承包經營為基礎，通過轉包、入股、租賃等形式，將土地流轉給龍頭企業、農村專業合作社以及種植大戶經營，實現農業生產經營的規模化和集約化；三是挖掘農民增收途徑。應充分拓展西部農業發展的廣度和深度，鼓勵發展鄉村旅遊、休閒農業和庭院經濟，提高農民家庭經營收入。加強農民的技能培訓，引導非農產業的發展，尤其是農產品加工業在鄉鎮企業的發展，促進農民的就地城鎮化。探索農戶在當地資源開發項目和

鄉鎮企業中入股的新方式，增加農民財產性收入。

7.5 戰略模式

西部地區在推進新型城鎮化與縮小城鄉收入差距的過程中，應以大眾創業，萬眾創新為基礎，拓展城鄉就業新渠道；用以城帶鄉，以工促農為主體，提升西部城鎮對農村的輻射帶動能力；優勢產業帶動為支撐，通過產業聯動釋放西部城鎮化發展的巨大潛力。

7.5.1 大眾創業，萬眾創新

大眾創業、萬眾創新是新常態下經濟發展的新引擎，是西部地區擴大就業、降低失業率、實現富民之道的重要舉措，也是激發社會創新潛能和創業活力的重要途徑，對推動西部新型城鎮化建設，調整經濟結構，走創新驅動發展道路具有重要的意義。西部地區應通過制定優惠政策鼓勵創業行為，增強創業培訓投入，解決創業者的資金難題，建立「政策驅動、服務推動、資金撬動、產業帶動」的「四輪驅動」工作機制。形成政策、人才、創業環境「三位一體」的創新創業體系，以創業帶動就業，形成大眾創業、萬眾創新的新局面。

創業與創新首先需要良好的政策環境，西部地區各級政府應按照中央和國務院的要求，進一步簡政放權，為大眾創業、萬眾創新提供服務。要堅持創新驅動發展戰略，應充分發揮政府的服務作用，不斷完善體制機制、健全普惠性政策措施，加快構建有利於創業和創新的政策、制度環境和公共服務體系。在城鎮化推進過程中要注重加強城鄉公共服務體系建設，為創業人員提供住房、教育、醫療等方面的保障。建立起跨區域創

業轉移接續制度，加強對創業人員的職業技能培訓，提升信息網絡技術在創業創新過程中的普及程度，切實增強基層創業人員的創新創業能力。此外，鼓勵銀行及其他金融機構為基層創業人員提供融資服務，培育經濟新動能。

支持返鄉創業集聚發展。農民工返鄉創業是協調城鄉發展的重要途徑，西部地區應深入落實國務院出抬的相關政策，通過降低創業門檻，降低稅費負擔，加大財政支持，強化金融服務，為農民工返鄉創業創造條件。依據各地區特色，促進具有競爭力的特色創業聯盟的形成與發展，積極引導返鄉創業人員深入各地的特色專業市場尋求創業機會，打造並培育具有區域特點的創業集群。實施農村青年創業富民行動，支持返鄉人員因地制宜，圍繞鄉村旅遊、休閒農業和庭院經濟開展創業，鼓勵各地創建農產品創業示範基地，對重點發展的基地進行科學引導和技術幫扶，有效提高農民收入，縮小城鄉收入差距。

7.5.2 以城帶鄉，以工促農

工業化的初始發展階段，農業為工業化提供了原始的資本、原材料和市場，工業化發展到一定階段，由於生產率增長的不同，城鄉發展差距越來越大，阻礙了經濟的健康發展。工業反哺農業，城鎮支持鄉村，成為區域經濟協調發展的必然選擇，也是實現城鄉共同繁榮的必經途徑。

在二元結構明顯的西部地區，各級地方政府必須明確自身責任，從調整政策制度方向入手，增加財政支農投入，推進城鎮帶動鄉村，工業促進農業。西部地區由於長期的城鎮偏向政策，城鎮發展缺乏城鄉互動，使得農村地區的經濟發展長期受到制約，西部地區應從破除現有的政策性、制度性障礙入手，重新設計有利於城鄉均衡發展的政策和制度。對到鄉村投資辦廠的企業給予財政支持和稅收優惠，各級財政每年安排一定的

資金支持其發展，加大農業政策性銀行和農業投資公司的貸款力度，拓展減免所得稅的鄉鎮企業範圍。對於阻礙農村經濟發展的現有制度也應進行創新改革，具體而言，應改革現有的戶籍、土地、醫療、養老等制度，突破阻礙城鄉統籌的體制性障礙，實現城鄉一體化發展。

西部地區應通過城鄉產業的合理規劃和佈局，使城鎮的部分二、三產業向農村轉移，強化城鄉經濟聯繫和資源流動，形成既有合理分工又能互相協調的產業結構體系。政府部門可以牽頭建立城鄉間的經濟組織，使得城鎮發揮資本、技術和人才優勢，農村向城鎮輸出農產品、初級加工品和剩餘勞動力等雙向互動機制。鼓勵城鎮資本到農村投資，鼓勵農村承接城鎮低成本加工業的轉移，實現城鎮產業升級和農民增收的雙重效應。利用城鎮的先進的技術和廣闊市場，尤其是鼓勵農民參股鄉鎮企業，增強其輻射帶動能力。農村地區可以利用較低的初級產品成本優勢和就地取材的原材料，加快推進農村現代化，培育農村龍頭企業，延伸與農業關聯的產業鏈發展，全面提高農產品的附加值。通過產業結構的重新佈局，真正實現城鎮帶動鄉村發展，工業促進農業升級的城鄉互動局面。

7.5.3 優勢產業帶動模式

國外城鎮化道路的經驗表明，城鎮化推進要以工業發展和產業集聚為支撐。西部地區應順應「一帶一路」建設的推進，把握發展優勢產業的大好機遇，依託國家對西部地區在基礎設施、物流、貿易等方面的大力扶持，清晰定位、積極推進與「一帶一路」沿線國家的貿易合作，充分發揮本地區的勞動力與自然資源優勢，發展具有比較優勢的特色優勢產業，實施優勢產業帶動其他產業和區域經濟發展的模式，加快轉變優勢資源為優勢產業。

由於西部地區與東部具有不同的自然歷史條件與產業基礎，

在特色優勢產業的發展過程中應注意：一是堅持市場導向。減少政府對企業經濟活動的行政干預，完善西部地區的市場機制，提高市場的效率與活力；二是發揮比較優勢。西部地區各級政府應根據當地自然資源和要素稟賦條件，因地制宜，揚長避短，確定當地的產業發展方向，盡量延長產業鏈，利用比較優勢發展特色經濟；三是促進合理佈局。依託西部的各個省會城市和幾大資源富集區，加大對重點地帶、城鎮和產業進行的支持力度，促進產業集中佈局，培育增長極；四是轉變增長方式。加快西部地區高新技術的引進力度和科技創新，挖掘區域的自我發展潛力，不斷提高產業發展的科技含量。

西部應重點發展如下四類特色優勢產業：第一，高新技術產業。西部地區應加強高科技產業園的建設，鼓勵產學研的深入合作，促進科研成果的產業轉化。提升成都、重慶、西安等地的電子信息產業的軟實力，促進四川、陝西的航空產業基地建設，推動雲南、四川和陝西的生物醫藥產業的聯動發展，鼓勵西部各省份的優勢資源整合和城鎮產業互動。第二，工業信息化發展。西部地區應積極推行新型工業化與信息化相結合的發展道路，以當今「互聯網＋」政策為依託，充分發揮西部地區的後發優勢，通過信息化的高速發展來帶動產業結構的優化升級。通過西部各省會城市等大型中心城市的「智慧城市」建設，帶動整個西部信息化和城鎮化質量提升。第三，特色農牧業發展。西部地區應依據自身農牧資源優勢，加強特色農牧業產品的加工，提高農牧產品的附加值。提高西部地區重點商品糧食的綜合生產能力，提高四川、貴州、雲南等地的茶葉、酒類和菸草的產品競爭力，加強新疆的棉紡織生產技術提升，提升西南片區的藥材、果蔬、養殖和紙漿加工業的科技含量水準。第四，重大裝備製造業。大力推動西部現有的裝備製造基地的升級改造，通過重點工程，努力實現核心技術的突破，以期達到

國際先進水準。加大成都、重慶、西安等地的科技研發投入經費，從而帶動整個西部地區的裝備製造、汽車、輸變電裝備、精密數字儀器、工程機械等的整體製造水準的提高。

7.6 本章小結

本章從西部新型城鎮化推進與縮小城鄉收入差距的思路出發，提出了以調整戰略轉型為先導，以構建多中心—外圍的城鎮體系為基礎，以加強小城鎮建設為載體，以工業反哺農業和農業現代化為依託，以健全的立法和完善的制度為保障，以城鄉統籌和進一步縮小城鄉收入差距為目標的戰略思路，合理引導、紮實推進，形成城鄉協調、互動、一體化發展的戰略格局。並提出了以人為本、因地制宜、生態文明和民族團結的戰略原則。

筆者分別從構建合理的城鎮化發展體系、推進城鄉統籌協調發展和縮小城鄉收入差距三方面提出了各自的戰略目標。按照西部新型城鎮化推進與縮小城鄉收入差距的戰略思路和目標，筆者提出了新時期的戰略重點：一是西部應加快調整西部大開發戰略轉型；二是建設適合西部地區城鎮化發展的多中心—外圍城鎮群；三是加強小城鎮建設；四是推進新農村建設。此外，筆者還提出了具體的戰略模式，主要包括：以大眾創業，萬眾創新為基礎，拓展城鄉就業新渠道；用以城帶鄉，以工促農為主體，提升西部城鎮對農村的輻射帶動能力；以優勢產業帶動為支撐，通過產業聯動釋放西部城鎮化發展的巨大潛力。

8 中國西部新型城鎮化推進與縮小城鄉收入差距的制度安排

對二元經濟體制下土地、戶籍、教育、社保等制度進行全面改革和創新，建立城鄉要素流動和市場化配置的體制機制是統籌城鄉發展的首要任務，也是增加農村居民收入水準，縮小城鄉收入差距的重要保障。

8.1 制度與制度安排

8.1.1 制度

制度是被人們普遍接受、遵守的行事規則，隨著市場經濟基本經濟制度的建立，其他制度在經濟社會發展中的重要性也逐漸突顯。在現代經濟學理論中，制度被當作與要素稟賦、技術、偏好同等地位的因素，制度經濟學家甚至將其作為經濟理論的第四大基石。經濟學家西蒙・史密斯・庫茲涅茨（Simon smith Kuznets）把制度作為影響經濟增長的一個重要因素分析，認為一個經濟體需要不斷對其自身的制度，尤其是依賴於價值

觀和意識形態的制度進行不斷的調整以適應經濟發展要求。道格拉斯·諾斯（Douglass North）等人也主張，制度優化可以通過降低交易成本、提高生產效率來促進國家經濟增長。

新制度經濟學把制度理解為約束個體行為的游戲規則，而一整套完整的制度運行體系包括制度環境、制度安排和制度實施三個方面。制度環境是制定制度時所處的政治、經濟、法律和社會基礎。只有發生革命事件時，制度環境才會發生劇烈的變化，因此經濟學家在研究中常把制度環境當作外生變量處理。總之，制度環境決定了制度安排的邊界和範圍。① 制度的實施需要有一套完整的操作機制，並且在執行過程中要嚴格按照制度的規定，不能出現有制度不遵循、亂作為的情況，保證制度的公信力和權威性。若人們觀察到現實中的情景與制度規定的不一致，就會產生不良的預期，喪失對制度的敬畏感，導致違法亂紀現象頻發。因此，制度的實施需要依賴外部權威力量的強制執行，這與斯特考爾的觀點一致。②

8.1.2 制度安排

制度安排是指在一定領域內，支配各經濟單位內部或者單位之間的合作與競爭方式的安排。它包括政府的管理制度、市場制度、行業制度、企業合作制度、公司內部制度等多方面的獎懲規定。新制度經濟學將制度安排的改革創新和其功能績效作為他們研究的重點。制度安排的改革創新有利於組織的效率迅速提升，制度安排的功能績效的評價有利於進行制度設計時考慮到持續激勵機制，也有利於其激勵和約束的有效運行。新

---

① 樊綱：漸進式改革的政治經濟學分析 [M]. 上海，上海遠東出版社，1996.

② 盧先祥：西方新制度經濟學 [M]. 北京：中國發展出版社，2003.

制度經濟學的代表人物奧利弗·威廉姆森（Oliver Williamson）認為良好的制度安排可以通過降低交易成本、減少外部性和不確定性來提高經濟效率。①

一般而言，制度環境、制度供求與制度安排有著緊密關係。制度經濟學家道格拉斯·諾斯（Douglass North）認為，制度環境一般是穩定不變的，是某國或者某地區最基本的政治、經濟、社會和法律基礎規則，而制度安排一般是可變化的，它是支配各經濟單位之間的合作與競爭方式，它可以被創新。制度供求即制度的供給和需求。就制度需求而言，是在現行制度安排無法為人們帶來更多潛在收益的情況下，人們便需要對現有的制度進行改變，它需要對制度的社會成本和社會收益進行比較而確定。制度需求是人們期待新的制度安排的收益大於現有制度安排時產生的，它的影響因素較多，如資源要素結構發生變化、產業結構變化、生產成本發生變化以及技術進步帶來的產品的變化，人們需要新的制度安排以改變現在的激勵結構，從而達到新的締約形式。而政治環境、基本法律、經濟發展階段等的變化也將對制度安排產生新的需求，以適應現有的國內外環境和經濟發展需要。制度供給即由政府或其他組織機構提供的預期邊際收益超過邊際成本的新的制度安排，它的影響因素也較多，它更多地偏重於決策者的意願、制度設計成本、現存制度的破除難度以及制度變革後的相關團體的收益大小。

---

① 奧利弗·威廉姆森. 資本主義經濟制度 [M]. 北京: 商務印書館, 2004.

8.2 推進西部新型城鎮化的制度安排

要實現西部地區新型城鎮化的迅速推進，構建城鄉一體化發展的格局，需要克服原有的制度缺陷，主要從戶籍管理制度、城鎮住房制度、城鎮教育管理制度和社會保障制度等幾個方面進行改革和完善，最終形成具有西部特色的制度安排，增加西部城鎮的綜合競爭力。

8.2.1 改革戶籍管理制度

人口的自由流動是推動城鎮化的重要途徑，取消城鎮和農村二元戶籍管理制度，實現人口的自由遷移和流動是西部新型城鎮化建設的關鍵步驟。雖然 2014 年中國戶籍制度改革已經明確實施居住證制度，但相關配套措施仍不完善。西部地區應進一步實施自由、有序、多向流動的人口遷徙配套政策。

第一，促進農村人口向城鎮轉移。西部地區各級地方政府應分類別、有條件地出抬降低城市戶籍門檻的政策，破除現有的阻礙人口流動的制度壁壘。中小城市和小城鎮應首當其衝，允許符合具有穩定收入和可靠職業條件的外來人口在經常居住地落戶，並享有與當地城鎮居民同等權益，尤其是承載能力較強、勞動力需求量較大的中小城市應率先放開戶籍管制。大型城市主要解決好技術職稱人員以及高校畢業生的落戶問題，對長期居住並有固定職業的農民工適當放寬落戶條件。

第二，引導大城市人口向中小城市流動。人口大量聚集在大城市給大城市帶來了各種壓力，不利於城市的可持續發展，建議出抬相應的政策措施用來引導人口從 500 萬以上的大城市向中小城市遷移，減緩大城市壓力。特大城市、巨型城市要以

寬鬆政策鼓勵人口向郊區遷移，有條件的大城市可把郊區的小城市及鄉鎮發展為衛星城，通過承接大城市的產業和人口來解決大城市的「城市病」問題。

第三，放開城鎮居民在農村落戶。現代農村是不少城市居民尤其是創業志士、自由職業者、退休人員的青睞之地，建議西部地區允許部分城市人口向農村遷移，地方政府可設計科學的戶籍進出制度，讓其在農村生活與發展。只有這種雙向的戶籍制度改革，帶來城鄉人口的雙向流動，才能真正實現城鄉一體化的發展。

8.2.2 調整城鎮住房制度

城鎮住房制度關乎民生、社會和諧穩定，是現代經濟的基礎性制度之一，需要全方位的加以完善。由於住房支出占一般家庭支出份額較大，完善城市的住房制度也是調節收入分配的重要途徑。

首先，要保障低收入群體的住房需求，地方政府要更廣泛地投入多方面的住房資金用於建設保障性住房、公租房等，實施中堅持既可租又可售，建立監管嚴格的保障性住房准入、使用、營運、退出制度，使真正需要房子的低收入群體能夠租得到甚至買得到房。

其次，要滿足外來人口的住房需求，把解決外來務工人員特別是農民工住房問題擺在城鎮化發展的重要位置。建議國家和地方政府出抬關於農民工住房保障的具體政策，通過市場調節為主、政府扶持為輔，鼓勵企業建立集體宿舍和職工公寓，同時引入社會資本進行投資，逐步形成多樣化的農民工住房供應體系。

最後，要對房地產價格進行調控，建立有效的房地產價格調控機制。健全科學的房地產數據報送、統計和披露制度，重

點對房價上漲過快的大城市建立房價信息監測庫，及時準確掌握房地產狀況，確保信息的全面真實。落實西部各省份在住房保障和價格穩定方面的責任考核，最終建立起完善的住房保障體系。

8.2.3　完善城鎮教育管理制度

教育，作為阻隔貧困代際傳遞的關鍵手段，是西部地區調節收入分配的重要途徑。為促進西部城鎮化發展，必須大力完善城鎮現代化教育體制，重點解決服務產業需求、農民工子女入學、市民終身教育等問題。

第一，科學合理地進行學科設置，順應國內外新經濟、新技術、新管理的發展需求和趨勢，以市場需求為導進行人才培養。西部要加快高等學校、職業學校的部分學科調整，地方要加快申建服務本地發展的特色專業或研究機構，不斷解決市場需求方向與人才培養方向錯位的問題，促進大中專畢業生從「畢業證」到「就業證」的迅速轉換。

第二，減輕農民工子女教育負擔，西部各省份政府要出抬強有力的措施，比如以條例、意見、通知等形式，強制城市中小學部門降低農民工子女學雜費，取消各種額外加收的費用，同時對於家庭貧困的學生免除學雜費。增加財政資金對農民工子女教育的投入，加強教師隊伍建設，使農民工子女能夠獲得優質的教育資源。

第三，引導繼續教育和終身教育。雖然中國中央政府還未制定關於終身教育的法律條文，但是東部沿海的部分發達省份如上海、江蘇等，已經相繼出抬了關於繼續教育和終身教育的相關法律法規。西部各省應健全終身教育方面的體制機制，加強政府統籌，整合各種教育資源，引導各高校和職業技術學校以及有條件的企業開展繼續教育，鼓勵市民參與繼續教育和終

身教育，不斷提高西部地區的人力資本，為西部知識經濟的發展和新型城鎮化的建設提供持續的動力。

8.2.4 健全社會保障制度

完善的社會保障體系是調節收入分配，使全體居民共享發展成果的基本保障。西部地區新型城鎮化的順利發展離不開財政主導、管理分層、籌資多元、城鄉共享的新型社會保障制度。

首先，確保各級政府在社保建設與完善過程中應履行的職責與義務必須得到有效落實。社保資金中財政收入的占比也應該得到明確，按照社保項目的不同性質，劃分不同的資金比例，從而建立起規範運作的社會保障制度。同時要制定配套的改革措施，重點加強在財稅和收入分配領域的改革進程。

其次，應在經濟發展程度高、經濟實力強的城市優先建立起進城務工人員的社會保障機制，並逐步向中小城鎮擴散實施。加強針對工傷、重病等意外事件的保險制度建設，督促用人單位為農民工購買工傷和重病保險，解決「因傷致貧」「因病致貧」等可能使收入分配惡化的問題。通過對進城務工人員實施參保與法制教育來提高他們對國家政策的信任度，並提高其參保的信心和意願，從而提高參保率。對與設定條件相符合的進城務工人員給以與市民同等標準的社會保障待遇，通過降低費率、費基的方式提高農民工參保率，力爭到2020年實現社保對農民工的全覆蓋。

最後，還要做好社會保障系統的信息化工作，為政府決策提供更完整、精確、及時的數據信息，提高勞動保障部門的服務效率。建立省、縣、鄉三級一體化的社會保障服務平臺，將社會保障制度向基層擴展。通過勞動保障信息網絡系統的建立，降低人口跨區域流動時社會保障對接和轉移的壁壘，提高人口區域流動的效率，促進新型城鎮化的順利推進。

8.3　推進西部新農村建設的制度安排

西部地區由於長期存在嚴重的二元經濟結構，使得農村一直處於城鄉經濟發展的弱勢地位，農村的發展需要一個長期、健全、有效的制度體系來支撐。基於西部新農村的發展定位和二元經濟體制的深刻認識，我們應該在土地、金融、教育、社保等方面從制度上進行全面而深刻地創新與改革，從而創造出一個高效率的要素和資源配置市場，促進西部地區城鄉協調發展。

8.3.1　推進農村土地制度改革

從經營權上對農村土地進行改革，加快農村土地的流轉，創建農村土地使用權交易市場，使農業朝著產業化、市場化的方向發展，提高農業生產效率，最終實現農民收入的持續增加。農業的規模化經營是實現農業現代化的必由之路，規模化經營能夠實現農產品質量的提高與農業效益的提升。推進農村土地流轉和集約利用，要堅持自願、有償和依法運作的原則。

第一，完善農村土地制度改革的相關法律。占較大比例的西部農村地區人口向東部地區或者大中城市流動，導致大量的土地閒置，土地的所有權、承包權和經營權分離的條件也基本成熟。穩妥推進土地承包經營權改革需要明確的法律界定，完善相關的法律法規，為土地管理制度改革厘清障礙，提高西部地區土地制度改革的效率。

第二，農村土地流轉要堅持市場化的思路，充分發揮土地作為生產要素的功能，促進土地這種要素的優化配置。建立完善的土地承包權轉讓機制，使得閒置土地得到更充分有效地利

用，以招投標方式作為土地流轉的標準方法，以保證土地流轉過程的公開、透明，保障農民的合法權益。

第三，建立現代化的農業生產模式，引導規模化經營，重點加強對專業大戶、農業企業等經營主體的扶持。鼓勵農民通過土地入股、土地承包權互換和轉讓等方式參與到農業現代化規模經營中，使得轉讓土地的農民和受讓的農業大戶或者企業都能從土地制度改革中獲益。此外，西部農村應大力發展生態農業，保護農村土地和生態環境，堅持集約式發展模式。

8.3.2 構建新農村金融制度

雖然西部大開發以來西部金融體系建設取得了有目共睹的成績，但是農村金融仍是西部金融體系的薄弱環節。新農村金融體系的建立可以為農民提供便利、優質的金融服務，提高農村地區的整體生活水準，同時亦可為當地居民和企業提供低成本的融資服務和多元化的投資渠道。西部農村地區應加強各類金融機構的發展，重點支持商業銀行和政策性銀行在當地開展業務，鼓勵小額貸款公司、金融租賃公司等金融機構進駐本地市場，最終形成功能完善、運行高效、資金充裕的多層次金融服務體系。

第一，加大政府財稅政策及對政策性銀行的支持力度。綜合運用稅收優惠、財政支持和差異化的利率定價等方法增加農村金融供給。發揮農業發展銀行的政策功能，為農村地區基礎設施的建設提供低成本的中長期融資服務，提高農村的公共服務水準。

第二，要降低西部農村地區金融行業的准入門檻，增加農村金融供給。西部地區應完善相關制度和配套措施，放開民間資本設立股份制金融機構的權限，降低進入金融行業的門檻。鼓勵民間資本參與農村金融發展，解決西部農村金融的供求缺

口過大的問題，滿足農村經濟發展的需要。

第三，大力推進小額貸款公司、村鎮銀行等的抵押業務發展，積極發展產權抵押融資，在對土地、宅基、林地、海域確權的基礎上，加快構建科學的產權評估機制，促進農村產權融資業務順利開展。鼓勵農民通過土地承包經營權和宅基地等作為抵押進行貸款的方式，為擴大農業生產規模和提高農業生產條件籌資，擴展農村金融的服務人群，真正實現「普惠金融」的目標。

第四，推廣農業保險業務，為農業行業波動大的風險提供對沖手段。通過政策性保險和商業保險有機結合、協同推進，為廣大農民提供更多的可選保險類別，化解由於自然災害帶來的農民收入的巨大波動，解除西部地區農民擴大生產的後顧之憂。同時應做好農民徵信體系的建設，為「三農」貸款風險評估工作奠定基礎，從而降低農村貸款業務的風險。

8.3.3 完善農村教育發展機制

西部地區，作為中國的經濟發展落後地區，由於農民素質低下嚴重影響了農業生產力的提高，完善農村教育發展機制成為提升人力資本、增加農民收入的關鍵途徑。農村教育的發展和完善關鍵在於鞏固基礎教育、引導農民職業教育和加大對貧困地區的幫扶力度。

首先，鞏固農村義務教育。政府要加大農村義務教育的資金保障，把用於義務教育的財政資金合理地在城鄉之間、不同區域之間進行分配，重點支持少數民族地區和貧困地區，確保用於農村義務教育的資金逐年增長。要提高義務教育的覆蓋面和質量，確保義務教育制度在西部農村深入實施，使所有農村適齡兒童少年有學可上、上學免學雜費。繼續堅持區域對口幫扶機制，加大中小學教師、教育資金對西部民族地區和貧困地

區的支援力度。要對因家庭經濟困難無法讀書的孩子給予生活補助，制定具體的政策和補助標準，確保每一個孩子都能依法享受義務教育的權利。

其次，大力發展農村職業教育與培訓。西部地區各級政府應重視加強農民的職業教育的緊迫性，引導西部農村居民自願、積極參與職業培訓，培養有文化、懂技術、會經營的西部地區新型農民。強化各省份政府擔負農村職業教育發展的職責，構建省級教育資源均衡配置機制，在資金、項目、技術上全面支持本省農村發展，縮小城鄉人力資本的巨大鴻溝。

最後，加強對西部貧困地區的幫扶力度，通過轉移支付方式發揮財政的調節功能。重點對少數民族、革命老區和貧困地區進行資金和人力支持，提高這些地區的辦學條件，引導畢業大學生到西部貧困地區支教。推動老少邊窮地區的信息技術教育，通過多媒體遠程教育促進教學水準的提高，從而逐步縮小區域之間的教育水準差距。

8.3.4　健全農村社會保障制度

農村社會保障體系的建設涉及就醫、養老和基本生活保障等方面，需要堅持廣覆蓋和持續性的原則，同時還需要財政給予資金上的保障，確保農業現代化的順利實現。

第一，完善農村醫療保險制度。新型農村合作醫療制度是農村地區醫療保險的基本制度，堅持以大病統籌為主，強調政府、集體和個人共擔醫療費用，是一種新型醫療保障制度。西部地區各級政府應注重引導農村家庭成員整體參合，並提高對貧困地區的人均補助標準，實現對貧困人口的全覆蓋。在此基礎上，嘗試從現行合作醫療制度向醫療保險制度過渡，政府應鼓勵和引導各類保險公司和基金為西部農村居民提供分層次、多樣性的保險品種，拓寬農村醫療保險的覆蓋人群和覆蓋面。

第二，完善農村養老保險制度。西部地區應建立多種形式的養老保險制度，合理確立社會、個人和家庭在養老中的相對作用。提高政府對貧困人口的參保補助，對處於絕對貧困線以下的人口可以實行全額補貼，並鼓勵有條件的農民選擇較高檔次的交費標準。在條件成熟的城市郊區率先進行城鄉統一的養老保險制度試點，再向其他農村地區推廣，最終實現全民統一的養老保險制度。

第三，完善農村最低生活保障制度。西部各地區要結合本地的經濟發展水準，考慮農村居民生活必需的吃、穿、住、行費用，合理確定最低生活保障水準，對於低於最低扶貧標準的地區要適當提高保障標準。切實落實五保供養和社會福利等政策措施，確保農村地區最低生活保障制度嚴格執行。

第四，完善資金籌措和法律保障。國家應加大對西部農村社會保障的財政支持，中央和地方政府應明確各自責任，中央政府應加大對西部農村的扶持力度，對西部農村實行適當的政策傾斜。對農村社會保障資金的籌措放寬政策，鼓勵社會資本通過經濟合作組織等方式支持農村社保事業。針對中國目前農村社會保障法律體系仍不完善的現狀，建議在不斷修改和完善現有相關法律的基礎上，加強監督管理機制，使各項保障制度能有序推進。

8.4 推進西部城鄉統籌的制度安排

由城鄉二元經濟結構導致的城鄉收入差距過大一直是西部地區致力於解決的現實問題，隨著經濟的發展，這一問題出現了不斷惡化的趨勢，不論在經濟發展，還是在科教、體育等社會事業方面，城鄉發展差距都十分巨大。要想從根本上解決這

些問題，必須對現有制度進行改革，具體包括行政管理、農民工市民化、基本公共服務、生態建設等多方面，建立起統籌城鄉均衡發展的制度安排。

8.4.1 構建城鄉統籌的行政管理體系

西部地區應加強政府職能的轉變，發揮市場合理配置資源的功能，減少行政干預，建設規範化的服務型政府。在城鄉行政管理上要將政府職能轉變到社會管理、市場監督和公共服務上，應對農村地區也實現政府的管理和服務全覆蓋，推進行政管理體制的城鄉一體化。

首先，轉變政府職能，構建服務型政府。服務型政府的建設是城鄉統籌的基本前提，也是新型城鎮化推進的重要環節。西部各級政府在進行經濟社會管理調節時，應以「管理就是服務」的理念為根本原則，轉變政府職能，統籌規劃，合理配置公共資源，促進社會的和諧與穩定。

其次，明確各層級政府的職責。加大對行政管理資源的整合，將可以由社會組織和行業協會承擔的監督、管理職能從政府轉移出去。合理劃分省（區、市）、縣、鄉鎮三級政府管理權限，減少非本層級政府的管理範圍事項的干預，將本級政府的主要職能放在為當地提供更好的公共服務和公共產品上。

最後，建立城鄉統籌的管理體制。各級政府應在統籌城鄉發展的要求下，制定具體的城鄉基礎設施配套、公共服務配套和如何協調經濟社會健康發展的專項規劃，並對各規劃的執行效果進行監督和績效評價。在現有的農村管理薄弱的情況下，西部地區應加強基礎設施和公共服務資源在農村地區的配置，推進城鄉教育、醫療、衛生和社會保障等公共服務的均衡發展，為經濟發展提供良好的環境。

8.4.2　推進農民工市民化

農民工問題一直是西部新型城鎮化推進的關鍵問題，推進農民工市民化的具體實施過程中會涉及就業、居住和社會保障體系建設等諸多方面的內容，因而需要對這些因素相關的多項制度進行改革和完善。雖然2014年7月中國已經推出了戶籍制度改革的相關意見措施，但與之相關的推進農民工市民化的各項配套政策措施仍然有待完善。

首先，構建公平的勞動力市場。要實現農民工收入的增加、縮小城鄉收入差距關鍵在於消除阻礙勞動力流動的各種障礙，建立一個公平的勞動力市場，消除就業歧視，充分保障農民工的就業權利。一是強化政府職責。西部各級政府應從轉變勞動市場待遇入手，給進城務工的農民工群體與城鎮的勞動者同等的待遇，使農民工能夠公平地參與到就業市場的競爭之中，使農民工在市場中的主體地位得到明確，維護農民工合法權益。二是由於實際情況中農民工職業素質較低，無法大規模到正規部門中工作，而是較多的從事非正規職業，這就需要西部地區各級政府應借鑑發達國家的管理經驗，為農民工提供職業培訓和資金支持，制定專門的規章制度，協調各職能部門的關係，為非正規就業創造良好的制度條件。三是將農民工納入創業扶持的範圍，構建專項對接農民工創業的扶持辦法，為農民工創業開闢綠色通道。西部各級政府應加大財政資金對農民工創業的扶持力度，為農民工提供免費的創業培訓，有條件的省份可以設立創業基金，扶持農民工創新創業。為返鄉創業的農民工可提供創業貸款優惠，使創業擔保貸款也能惠及農民工，同時加強對農民工創業企業的各項稅收優惠，切實減輕農民工創業的稅收負擔。

其次，提升農民工的職業技能。中國「十三五」規劃明確

提出要「提升農民工的職業技能」。增強農民工的工作技能，提高農民工的人力資本是農民工增加收入的重要途徑。增強農民工累積人力資本的能力，需要有效的制度保障農民工的基本權益，要嚴格落實農民工最低工資保障和同工同酬政策。與此同時，通過面向農民工開展具有針對性的職業技能培訓，使農民工能夠掌握一技之長，提升農民工在職場上的競爭力。一是西部各地區的政府相關部門成立專門負責農民工培訓和求職的部門，整合資源，統籌安排農民工培訓的項目和資金使用，分地區和工種對參與培訓的農民工進行補貼，並進一步完善運行流程的監督機制。二是政府為農民工提供免費的培訓服務。在培訓內容和方式的選擇上要充分考慮農民工的實際情況和需求，以市場為導向，明確培訓重點，分行業聘請相關專家進行專業化的技能提升培訓。及時調整培訓課程與內容，使得培訓方向適應經濟結構調整和市場所緊缺的崗位，突出強調培訓的成效性，提高培訓後的農民工就業率。三是鼓勵企業、行業協會和院校定期對農民工進行培訓，建立多元化的培訓機制。鼓勵社會組織和團體參與到農民工的培訓中，提高農民工培訓項目所在企業職位的適配性，使農民工參與的培訓能迅速掌握一項或多項所在崗位和未來就業所需的實用技能。發揮產學研結合的作用，鼓勵各高校、職業技術學校與企業合作，創辦農民工職業培訓基地等，鼓勵中小企業依託各院校創辦農民工業餘學校。

最後，建立農民工住房供應體系。一直以來，農民工在城市的居住環境惡劣，嚴重影響了他們的生活質量、醫療衛生、子女教育等問題，造成了大量農村留守兒童。為滿足農民工群體的住房需求，政府應以市場調節為主、政策扶持為輔的思路和措施，鼓勵企業對農民工進行幫扶，逐步改善農民工的居住條件，促進其市民化。政府主要是通過政策和資金投入來解決農民工住房問題，對為農民工提供合適住房需求的單位和房地

產企業實行稅收優惠政策，資金投入主要是直接為農民工建設保障性住房和給予住房補助。一是西部各級政府部門應完善相關制度，逐步將農民工納入住房公積金制度覆蓋範圍，鼓勵用人單位與已經建立穩定勞動關係的農民工共同存繳住房公積金，支持其利用公積金貸款購買商品住房，有條件的省份應對農民工購買首套商品住房給予政策支持。二是引導社會資本建設經營公共租賃住房，西部各級地方政府研究制定適合當地的公租房土地供應和稅收優惠措施，引導、培育和調節公租房的社會融資機制，鼓勵西部企業建集體宿舍和職工公寓，並對企業修建宿舍和公寓的土地實行稅收優惠。三是西部各級政府應投資建立更多的保障性住房，逐步將符合條件的農民工納入經濟適用房、廉租房、政策性租賃房的覆蓋範圍，每年劃撥一定比例的保障性住房用於農民工居住條件的改善，並且將每年新修建的保障性住房重點優先考慮用於農民工，切實有效提高農民工的住房質量。

8.4.3 均衡城鄉基本公共服務

中共中央「十三五」規劃明確提出要推進公共服務的均等化建設。西部地區由於長期存在城鄉二元結構，城鄉經濟發展差距較大，推進公共服務的均等化成為統籌城鄉發展的重要內容。

首先，健全相關政策制度，保障公共服務均等化的推進。建議國家立法部門盡快完善公共服務均等化方面的法律法規，為各級政府公共服務項目推進提供法律依據。西部地區各級政府也應有效落實國家關於公共服務均等化方面的政策，各有關職能部門也應對公共服務供給的投入項目、資金、規模實行監督，提高公共服務供給的水準和效率。

其次，引導公共服務向農村傾斜。西部地區要增加農村財

政支出，提高農村社會保障水準等，均衡城鄉基本公共服務。大力推進農村社會事業發展和機制建設，以改善民生、提高人民精神文化生活為中心，各級政府要不斷增加對鄉村公共事業的扶持力度，使得公共資源向農村社會事業傾斜。不斷提高鄉村醫生、鄉村教師等基層公共服務人員的待遇水準，加強對他們的專業技術培訓，通過建立良好的基層工作激勵機制鼓勵高校畢業生深入基層、投身鄉村實踐。構建現代化的公共衛生服務體系。健全農村地區的救助制度，幫助貧困家庭提高生活水準，重點對留守老人和兒童的進行幫扶。推進西部農村的醫療、教育、社保等方面的全面發展。

最後，建立多元化的公共服務供給機制。由於現階段僅依靠政府財政投入公共服務設施，使得西部地區公共服務水準停滯不前，與東部地區差距越來越大。西部各級政府應鼓勵社會資本注入農村社會事業，實現政府與社會資本聯動，形成多元化的供給格局，促進西部城鄉社會事業的發展進步。

8.4.4 統籌城鄉環境保護和生態建設

環境保護和生態建設，不僅是西部經濟社會可持續發展的重要基礎，也關係到西部新型城鎮化推進的質量。西部地區在推進城鄉統籌的過程中，應注重環境保護和生態建設，避免走東部地區「先污染，後治理」的老路。

首先，發展生態產業。西部地區在推進新型城鎮化的過程中，應注重推進生態工業、生態農業和生態旅遊業的發展。對於生態工業而言，西部各級政府應加大向循環經濟產業的投入，引導企業建設生態工業園，走低能耗、低污染的可持續發展道路。對於農業生產而言，推進節地、節水、節肥的集約型種植方式，延長農業生態的產業鏈，生產有機、綠色、無污染的生態食品。依託西部地區良好的自然資源和人文條件，開發環境

友好型的生態旅遊，使產業的發展符合生態文明的需要，在促進經濟增長的同時實現人與自然和諧共處。

其次，加強農村地區的環境保護，嚴格控制當地企業的污染排放。全面實施「政府監督、企業自律、公眾參與」的環保監督機制，增強執法力度，對生活垃圾進行處理再利用，防治城鎮生活污染，嚴格防治水污染、大氣污染。在農村地區積極推行養殖業廢棄物無污染治理、農村沼氣建設、改水改廁、垃圾集中處理、減少化肥農藥使用等諸多減少污染的舉措，從農業污染源入手防治農村環境污染。

最後，加強生態環境保護。對於三峽、長江等重點江河流域進行全面的生態修復和保護，制定嚴格、具體的污染防治方案，從而切實做好西部地區生態環境的保護工作。利用政府的財政補助資金對污水與垃圾、重點工業污染源、次級河流污染等進行整治與處理；利用退耕還林，強化天然林保護等手段，逐步增加長江流域的防護林面積，力爭實現2020年森林覆蓋率到45%的目標，最終使西部城鄉經濟發展與生態環境建設相互協調。

8.5　縮小西部城鄉收入差距的制度安排

作為「一帶一路」建設的重點區域，西部地區在探索縮小城鄉收入差距的模式中，必須促進收入分配制度改革、加強財政轉移支付、推進工業反哺農業和完善農產品價格支持等一系列制度，這是西部地區城鄉協調發展與縮小城鄉收入差距的關鍵。

8.5.1 促進收入分配制度改革

2013年，國務院推出了《關於深化收入分配制度改革的若干意見》，明確提出了要縮小城鄉收入差距，健全促進農民收入增長的長效機制。西部地區應認真貫徹落實該意見的精神，切實解決西部城鄉收入分配中存在的不公平問題。

第一，完善初次分配制度。西部各級地方政府應積極引導農村剩餘人口轉向城鎮就業，並創造出更平等的城鎮就業環境，通過農民工職業技術培訓等提升勞動力的就業技能，促進城鄉就業機會公平。各級地方政府應根據本地區的平均工資和物價水準制定科學合理的最低工資標準，並每年按照一定的比例增加。對於某些非全日制工作可以根據地區、行業不同，制定不同的每小時最低工資，保障農民工的合法權益。

第二，調整再次分配制度。西部地區由於基礎設施薄弱、公共服務不健全，各級地方政府應進一步健全收入再分配調節機制，以稅收、社保和轉移支付為主要手段的。加大對涉農企業和鄉鎮的稅收優惠力度，帶動農村經濟的快速發展和農民的增收；完善城鄉一體化的社會保障制度，加大用於教育、醫療、養老等社會保障和改善民生的財力支持；通過加大對農村的財政轉移支付，調節城鄉發展的基礎設施等差距，為城鄉一體化奠定堅實的物質基礎。

第三，健全促進農民收入增長的長效機制。農民收入的持續增長是縮小城鄉收入差距的關鍵，西部地區應加大城鎮對鄉村的帶動作用，促進生產要素在城鄉間的自由流動，促進公共資源在城鄉間的均衡配置，真正實現城鄉、工農互動協調發展。西部各級地方政府應通過推進工業反哺農業、農民工市民化、農業現代化、健全農業補貼制度和加大扶貧開發的投入等方式，走具有西部特色的協調城鄉收入差距的道路。

8.5.2 加強財政轉移支付

轉移支付，作為西部大開發以來中央政府對西部地區經濟發展的重要支持方式之一，是重要的收入再分配調節機制，也是西部地區各級政府間平衡財政收入、促進公共服務均等化、縮小城鄉收入差距的重要手段。西部地區應解決現有轉移支付中存在的問題，進一步推進財政轉移支付制度改革，增加西部地區的財政轉移支付投入力度。

第一，明確各級政府的權責範圍。對於許多事權交叉模糊、劃分過粗之處，中央政府和西部各級政府應明確各級政府的事權和支出責任，打破統收和統支的混亂局面。按照全國性公共產品由中央政府提供，地方性公共產品由地方政府提供的原則，按照支出責任和收益大小劃分給各級政府的承擔比例，並不斷提高中央政府對西部財政轉移支付的比例。

第二，優化現有的轉移支付體系。專項轉移支付和稅收返還對於協調區域性財政不均衡起著重要的作用，除了一般性轉移支付外，中央政府和各級地方政府應增加用於教育、文化、衛生、社保的專項轉移支付，平衡區域間和城鄉間的公共設施。借鑑發達國家的經驗，提高西部地區高新產業、特色產業和涉農產業的稅收返還力度，引導西部產業的優化升級，縮小城鄉收入差距。

第三，增加對民族地區和貧困地區的轉移支付。西部民族地區和貧困地區在空間分佈上往往高度重疊，由於自然歷史條件等多方面的因素限制，這些地區公共產品的供給嚴重不足。黨的十八屆五中全會也明確提出要加大民族地區的轉移支付，各級地方政府應增加民族地區和貧困地區轉移支付在總支付中所占的比例，確定每年環比增長的比例，提高他們的轉移支付系數，支持這些地區的經濟社會全面發展。通過財政轉移支付

縮小區域經濟發展差異和城鄉收入差距。

8.5.3 推進工業全面反哺農業

發達國家和東部地區的城鄉互動發展經驗表明，政策、資金、人才技術等方面的支持反哺農業與農村是經濟發展到一定階段後出現的普遍現象，為西部地區的城鎮化提供了許多可借鑑的實踐經驗。

首先，政策支持。政策支持是工業反哺農業的基本保障，也是農業政策的一次重要調整。為了保障西部工業反哺農業，城鎮帶動鄉村的順利實施，應進一步完善工業反哺農業的現有政策體系。一是樹立「三農」政策的權威性、系統性和可操作性，可借鑑美國的發展經驗，通過立法和項目管理的形式來建立完善的農業政策體系，健全具有量化規定的、易操作的、有法律條文可依的「三農」法律法規。二是合理劃分各級政府在工業反哺農業中的職責。除了中央政府制定的各項反哺法律法規之外，各級地方政府應立足當地的區位優勢和資源優勢，調整工業反哺農業的方式和途徑，對於經濟較落後的地區應加強政府的財政轉移支付力度，支持這些地區的特色農業產業發展。三是推進農村金融改革。考慮到西部地區自然災害較多和農產品價格大幅波動的情況會使農業經營面臨較大的自然風險，政府應推動農業經營者與保險公司開展合作，大力發展農業保險，使農民通過購買農業保險的方式來抵禦自然風險所帶來的巨大損失。

其次，資金支持。西部地區農業由於長期面臨著自然環境惡劣、自然災害頻發、基礎設施短缺的制約，生產力長期落後、經營規模較小、科技含量較低已成為西部農業發展的顯著特點。資金問題是西部工業反哺農業的重中之重，應加強政府、企業和金融三方面的支農資金投入。一是應該合理地劃分不同層級

的政府在資金投入方面的職責範圍，根據政府的不同層級，中央財政與地方財政的投資側重點與支農職責應依據其各自的職能進行不同的劃分，這就必須妥善處理中央、地方以及基層財政部門的關係，形成一種合理分工的財政投入模式，即以中央財政投入為主，輔之以地方財政投入。政府應增加農業投入在財政支出中的比例，確保扶持農業的財政資金占比逐年提高，切實提高西部農業的自我發展能力。二是應加大對農業生產者的稅收優惠和扶持力度。加強對農業生產單位和個人的稅收優惠措施，並加大對涉農企業補貼的力度。鼓勵企業加大對現代農業生產園和特色農業產業基地的投入，提升農業生產的規模化、產業化運作。三是應加強金融支農。在加強農業政策性銀行對農業企業的貸款規模外，西部地區還應加大農村信用社和農業銀行等對農業生產者的貸款支出，加大對鄉村中小企業和個體農戶的貸款投放力度，完善農民貸款的擔保體系，降低農村企業和農民的貸款門檻。

最後，人才技術支持。美國經濟學家西奧多·舒爾茨（Theodore W. Schultz）曾提出，農村人力資本提升和農業技術的進步是傳統農業改造和工業反哺農業重要環節。一是從人才層面，人力資本的培養是一項長期艱鉅的任務，主要在於培養新型農民，為實現農業現代化打下基礎，同時引進科技管理人才，為實現農業現代化提供人力支持。西部各省份政府應組織下級各單位以及高校科研院所為培養新型農民建立起完善的教育培訓體系，為農民搭建起與企業及科技服務者學習、交流的平臺，豐富培訓方式，加強遠程教育培訓方式的推廣，塑造現代新型農民。二是應鼓勵更多的具有先進技術的人才回鄉創業，帶動農村技術的進步，並為回鄉創業的大學生、高技術人才制定各項生產、生活的優惠政策。引導高素質人才服務農村、扎根農村，提高西部農產品的科技含量和市場競爭力。三是農業技術

創新為農業發展提供源源不斷的動力,是農業現代化進程中至關重要的環節,要進一步改革農業科研體制,為產學研深入融合創造條件,提高科技在農業發展中的貢獻度。

8.5.4 完善農產品價格支持與補貼制度

農產品價格支持和補貼政策是穩定農產品供給、增加農民收入的有效政策措施,也是收入再分配調節的重要手段,中國已實行相應的扶持政策,但與發達國家相比,缺乏專門的法律條例,農產品價格支持機制不夠健全,支持力度還有差距,仍需不斷完善。

首先,推進市場化改革。農產品的價格形成機制要堅持以市場化為原則,政府在進行宏觀調控的過程中要發揮市場在農產品價格形成和資源配置中的主導地位,對導致農產品價格扭曲的領域進行改革。一是對於農產品價格的決定,應發揮市場的作用,以市場來調節糧食供給,使農民的生產方向以市場價格為導向,減少過剩生產,保護農民生產的積極性。通過價格機制激勵農產品的科技附加值,提升西部農產品在國內和國際的競爭力。二是政府在進行價格調控過程中要兼顧農民利益和財政承受力,同時還要根據產品品質、區域等因素制定量化的定價標準,從而對農民種植優良品種、精耕細作起到正向激勵作用。三是考慮到目前部分農產品價格較低、農產品價格波動過大、農業種植的收益率不高,政府應採用價差補貼的形式,並逐漸上調農產品最低收購價格,穩定糧食生產,保障農民的收益。

其次,健全農產品價格支持制度。農產品價格支持制度是一種通過市場機制來穩定農產品價格的有效手段,當政府制定好農產品的支持價格之後,政府就會通過在農產品市場上進行買賣操作以維持既定的價格。另外,支持價格制定並公布之後

就相當於向市場傳遞了明確的價格預期，這也有利於農產品價格向支持價格靠攏，顯著減少農產品價格的波動幅度。然而，若農產品支持價格與市場價格存在過大的差價會產生市場價格的現象，同時易引起農產品市場套利、投機行為的發生，因此在制定農產品支持價格時要盡量多獲得供需雙方的信息，從而做出更加科學、合理的決策。一是完善中國的農業法。西方發達國家的經驗表明，完善的農業法律是保障農業健康發展的基礎，由於中國農產品價格一直是以政策形式進行管理和調控，因此農業農產者難以得到明確的信號，推進法律化可以減少農業生產者的政策風險。二是制定農產品價格支持的配套制度。建立農產品價格支持的金融體系，發揮政策性銀行的職能，加大對農業生產信貸資金的投入，和對糧食收購企業的信貸支持，保障農民的正常生產和農產品銷售。三是加強農產品價格的預警監測。由於以往中國政府在進行農產品價格調控方面往往屬於臨時性和補救性的事後干預，政府部門應加大對農產品市場供求、交易價格信息的收集和發布，為廣大農民提供更全面的信息服務，以指導他們的生產，促進農產品市場健康穩定運行。

最後，農產品補貼措施。相較於農產品價格支持制度，對農產品進行補貼可以直接使農產品種植者獲利，增加農民的收入，可以精確衡量受益對象；另一方面，可以減少對市場價格的扭曲和干擾，從社會福利的角度來說，雖然採取農產品價格補貼的方式導致的損失較小，但不足之處是無法穩定農產品的市場價格。一是在具體操作過程中，要科學合理地制定農產品補貼標準，以增加農民收入為目標，全面考慮農產品種植成本、市場供求狀況、財政承受力等因素。二是健全農民的農業種植信息，要保證信息的真實性、可靠性和及時性，為農產品價格補貼提供數據基礎。加大對糧食主要產區的直接補貼，並適當考慮小農戶的利益，提高農業綜合生產能力。三是推進農業保

險補貼。由於西部地區自然環境惡劣、自然災害頻發，應借鑑發達國家的經驗，成立區域性的工業保險公司，為由於氣候等原因造成的農作物損失提供保險，並對農民支付的保險費給予一定的補貼。

8.6 本章小結

要實現西部新型城鎮化的迅速推進，構建城鄉一體化發展的格局，需要克服原有的制度缺陷，本章提出了西部地區推進新型城鎮化的制度安排，主要包括：一是改革戶籍管理制度；二是調整城鎮住房制度；三是完善教育管理制度；四是健全社會保障制度。最終形成具有西部特色的新型城鎮化制度安排，增加西部城鎮的綜合競爭力。

西部地區由於長期存在嚴重的二元經濟結構，使得農村一直處於城鄉結構的弱勢地位，農村的發展需要一個長期、健全、有效的制度體系來支撐。基於西部新農村的發展定位和二元經濟體制的深刻認識，筆者提出了如下幾個方面的新農村建設的制度安排：一是推進農村土地制度改革；二是構建新農村金融制度；三是完善農村教育發展機制；四是健全農村社會保障制度。通過這些制度的構建和創新，創造出一個高效率的要素和資源配置市場，促進西部地區城鄉協調發展。

由於西部地區不論在經濟發展，還是在科教、體育等社會事業方面，西部城鄉發展差距都十分巨大，而城鄉二元經濟結構導致的城鄉收入差距過大一直是西部地區致力於解決的現實問題，建立城鄉統籌的制度安排是解決現有差距的重要保障。筆者主要從以下幾方面提出了城鄉統籌的制度安排：一是構建城鄉統籌的行政管理體系；二是推進農民工市民化；三是均衡

城鄉基本公共服務；四是統籌城鄉環境保護和生態建設。

　　通過城鎮帶動鄉村，實現城鄉互動是實現城鄉收入差距縮小的必要步驟。筆者還提出了具體的制度安排，主要包括：一是促進收入分配制度改革；二是加強財政轉移支付；三是推進工業全面反哺農業；四是完善農產品價格支持與補貼制度。

9 中國西部新型城鎮化推進與縮小城鄉收入差距的戰略途徑

西部地區作為「一帶一路」倡議的重要參與者和主要受益者，應充分利用好國家對西部的支持政策，制定適合西部發展的戰略途徑，從加強特色資源開發、促進特色產業發展、構建特色城鎮化體系、推進農業現代化、完善農村基礎設施建設、提升農村人力資本和加快民族地區與貧困地區發展等多種途徑，推進西部新型城鎮化健康可持續發展，有效縮小城鄉收入差距。

9.1 加強特色資源開發

中國「十三五」規劃明確提出，要「深入實施西部大開發，發展特色優勢產業」。西部地區作為中國重要的戰略資源儲備區和保障區，含有豐富的礦產資源、清潔能源、旅遊資源等特色資源，各種特色資源在全國都具有開發利用的比較優勢，注重對特色資源的挖掘和發展，不僅對產業結構調整、轉變經濟增長方式、優化資源配置和實現城鄉互動具有重要的現實意義，而且對新型城鎮化的建設和縮小城鄉收入差距具有重要的推動

作用。

9.1.1 特色礦產資源開發

礦產資源主要包括煤炭資源、石油資源、天然氣資源、金屬礦產資源和非金屬礦產資源等。西部地區涵蓋了全國30%以上的煤炭與天然氣資源和50%以上的錳、鉻、鉛、鋅和鋁土等礦產資源。其中新疆的石油、天然氣、煤炭儲量豐富；內蒙古的煤炭居全國首位；青海的鹽湖類礦產資源十分豐富；四川的稀有金屬是全國重要的戰略儲備區；廣西的有色金屬儲量巨大等。就西部地區礦產資源開採技術落後，資源環境破壞嚴重的現狀，西部應立足比較優勢，促進結構調整，著力自主創新，突出重點區域，保護生態環境，走具有西部地區特色的優勢資源開發道路。西部地區應該在「一帶一路」倡議的指引下，充分發揮本地區獨特的區位優勢與資源稟賦的比較優勢，走出傳統資源利用效率低與轉換能力弱的困境，依託國家對西部地區在基礎設施和高新技術方面等大力投入的政策優勢，積極引進國內外先進的技術，從而促進西部地區特色資源的高效開發與利用。推動形成以「人無我有，人有我優」為特點的特色優勢資源產業，提高能源資源聚集區的利用效率，發展以優勢資源開發利用為重心的主導產業。對傳統的煤炭、石油、金屬礦等能源資源，加大技術勘探與開發合作力度，努力形成科學規劃、高效開採、開發與治理一體化的特色西部地區能源資源開發模式。

9.1.2 特色清潔能源開發

西部地區除了是中國礦產資源的重要儲備區，還有豐富的水能、風能、太陽能、沼氣等可再生的清潔能源，由於這些能源具有無污染物排放、不存在能源耗盡可能性的特點，近年來，

清潔能源的開發利用也成為世界各國關注的重點方向。西部地區應利用好擁有獨特清潔能源的優勢，各級地方政府應將清潔能源的發展納入規劃，積極引進該領域的高端人才和技術，提高生產效率。同時制定扶持清潔能源產業發展的各項扶持政策和優惠措施，引導更多企業參與清潔能源產業的發展，對他們的科學研發和技術創新進行財政支持，鼓勵區域內部以及對外的產、學、研合作項目，對這些項目實行補貼，通過技術創新來降低企業成本，並進一步加大稅收優惠力度。一方面打造出國內先進的清潔能源高地，補充國內的現有能源結構過度依賴傳統礦產資源的劣勢；另一方面通過綠色能源的發展加快西部產業結構的升級和轉型，避免走東部地區先污染後治理的老路，保護生態環境，走綠色、低碳的新型城鎮化發展道路，實現人與自然的和諧共處。

9.1.3 特色旅遊資源開發

在國家「一帶一路」建設的背景下，西部地區應立足自身優勢，根據不同的自然地理條件，不同的文化習俗，以市場為導向，以綠色、低碳經濟為發展方向，加強特色旅遊資源的開發。雖然目前西部地區旅遊資源開發已經初具規模，但由於佈局太分散，未能形成規模效應，民族文化和民族特色的旅遊資源開發力度不夠，未能形成高品位、高知名度的品牌效應。西部地區應重視旅遊資源的開發與絲綢之路的沿線文物古跡的開發和保護相結合，突出資源稟賦的特色，重視生態環境和人文資源的保護。發揮西部自然風光和民族文化的多樣性，在繼續發展現有的自然風景旅遊模式的基礎上，加大對農業觀光旅遊、生態旅遊、民族風情旅遊等專題旅遊的開發。充分挖掘西部少數民族地區的特色旅遊資源，在對當地的人文與自然景觀、民族歌舞風情、原生態文化等特色資源的開發過程中，著重突出

該地區的民族文化與原生態特色。以古代絲綢之路為核心，借力國家「一帶一路」的優惠政策，打造國際化的精品旅遊線路和特色旅遊產品。

9.2 促進特色產業發展

中國「十三五」規劃明確提出要「支持發展特色產業」。西部地區幅員遼闊，各省份資源稟賦差異巨大，各地的資源、文化、人才等方面的優勢也各不相同，各地區應根據自身的區位特點和比較優勢發展具有核心競爭力的特色農業、特色工業和特色服務業，通過特色產業的發展帶動區域經濟的健康可持續發展，推動新型城鎮化的發展和城鄉收入差距的縮小。

9.2.1 特色農業發展

西部大開發實施以來，西部地區的農業在中央和地方政府的各項優惠政策的扶持下，取得了可喜的成績。但由於受自然地理條件惡劣和經濟基礎落後等的制約，仍存在特色農業的發展較緩慢、現代化程度仍不高、特色農業加工業競爭力較差、農產品附加值低等問題。西部地區應以各地區豐富的農業資源為基礎，突出「特色農業」中的「特色」，發展具有市場競爭力的特色農業。一是利用環境特色，發展綠色產品。西部地區土壤污染和水污染等較東部發達地區更輕，具有生產綠色產品的良好環境，各級政府應注重對綠色產品生產的引導，打造具有國內和國際競爭力的綠色產品品牌。二是利用中藥材資源優勢，發展特色中藥材產業。西部地區擁有豐富的藥材資源，對於藥材資源豐富的寧夏、青海、四川、雲南、西藏、新疆等地區，地方政府應加強中藥材基地建設，規範藥材種植與管理，

擴大產業規模，提高技術研發與創新能力，改變現有的藥材粗加工、科技含量低、經濟效益差的現狀。三是利用西部地區的民族特色，製作加工具有民族文化特色的產品。包括發展草原特色牛羊肉的生產等，建立規模化的養殖基地，並進一步推廣優良的品種以調整畜牧業的生產結構，將自然環境和區位優勢轉化為經濟優勢。除此之外，西部地區還可以發展多元化的特色農業，如：廣西的特色水產業、雲南的菸草業、貴州的釀酒業、四川的茶葉發展等。通過特色農業的發展，切實增加農民的收入，縮小城鄉收入差距。

9.2.2 特色工業發展

基於西部地區的自然地理環境、人才、技術和各產業發展現狀，西部各級地方政府應大力扶持特色工業的發展，以提高西部整體的工業化質量和區域的競爭力。主要應加強以下幾大產業的發展：一是電子信息產業。近年來在國家和西部各級政府各項優惠政策的支持下，西部電子信息產業獲得了較快發展。但仍存在規劃滯後、自主知識產權產品比例不高、創新不足的問題，西部各級地方政府應加強自身引導，做好產業規劃，發揮現有的人才優勢，搭建平臺推進產、學、研合作，加快前沿技術在產業內部的信息交流和擴散，為西部的信息化發展提供良好的技術環境。二是化工產業。化工產業一直是西部地區的特色優勢產業，西部地區應抓住「一帶一路」的發展機遇，提高石油、天然氣、煤炭和有色金屬等加工的科技含量，推動產業技術升級，強化環保意識，走出一條科技含量高、環境污染少、經濟效益好的新型化工產業發展道路。三是航空航天產業。作為中國重點發展的高端產業之一，航空航天產業在西部地區的發展已經初具規模。西部地區應統籌規劃，協調發展，加強關鍵性技術環節的攻關，並密切與國際先進科研單位和企業的

合作，通過對航空航天產業的發展，帶動西部的高新技術產業、裝備製造業、電子信息產業等相關產業的快速發展。通過特色工業化發展，加快產業結構升級，推動新型城鎮化發展的質量。

9.2.3　特色服務業發展

服務業是城鎮化後期推動城鎮化進一步發展的後續拉動力，也是如今西部地區吸納農村剩餘勞動力增長速度最快的產業。由於西部地區總體經濟基礎薄弱，第三產業總體規模較小，結構水準較低，發展重點不突出，未能體現出西部地區的特色。因此，西部地區應根據自身的資源稟賦優勢，走出一條綠色低碳、極具地方特色的服務業發展道路。一是利用自然風光優美、人文景觀旅遊資源豐富、民族文化特色濃厚的特點，將旅遊業發展為西部服務業的一大特色，通過旅遊業的發展帶動當地經濟的低碳、綠色、可持續發展。在城鎮郊區和農村地區，大力發展生態農業、觀光農業、體驗式農業等鄉村特色的旅遊業；在民族文化豐富的地區，以當地歷史文化景觀為依託，通過民族手工業、民族風俗體驗、民族特色食品等，打造具有民族文化風采的民族特色旅遊業，提升民族地區居民的收入水準，維護民族團結；在自然景觀豐富的地區，在資源環境承載力範圍內，以保護生態環境和為前提，適度開發當地旅遊資源，通過旅遊資源發展帶動當地居民脫貧致富。二是利用「一帶一路」倡議對西部地區的政策支持，以及西部地區與14國接壤的獨特地理優勢，大力發展特色物流業，努力成為連接中國東、中部地區和西亞、西北亞、歐洲等地區的橋樑。在發展特色物流業的過程中，應注重引進和培育專業技術人才，利用「互聯網+」的政策優勢，將信息化融入西部物流業發展，打造具有西部特色的物流模式。除此之外，西部地區還可以通過打造特色的餐飲業、商貿業、金融業、文化娛樂業等多項特色服務業，解決農村剩

餘勞動力的就業，推動西部新型城鎮化的發展。

9.3 構建特色城鎮化發展體系

在前文中，筆者論述了針對西部地區城鎮化發展現狀和問題，西部應走具有區域特色的多中心—外圍城鎮群的發展道路，就增長極點而言，由多個中心大城市協同帶動，在空間結構上，呈多中心—外圍的城鎮群落層級體系；就產業支撐而言，形成城市間的產業關聯和網絡化發展，在城鎮功能上，注重經濟、社會、生態的全面發展。西部地區應著力構建大城市、積極培育中小城市、重點發展小城鎮，通過多中心—外圍的城鎮群構建，加強城鎮間以及城鎮與鄉村的互動，促進西部新型城鎮化的推進和城鄉收入差距的縮小。

9.3.1 著力構建大城市

大城市，作為信息交流與知識創新中心，在西部地區多中心—外圍的城鎮化發展體系中，對中小城市的技術擴散和產業結構升級起著關鍵的示範效應和輻射帶動作用。由於西部地區大城市相對稀少，因此要發揮各省會城市作為中心城市的輻射帶動作用，加快產業結構升級，將產業鏈延伸向中小城市和小城鎮。通過加快各大城市的知識經濟發展和科技創新力度，發揮產業集聚效應和規模效應，探索高端產業的發展，健全以區域特色產業、戰略新興產業和現代服務業為主的西部現代化特色產業體系。在成渝雙中心—外圍、呼包銀三中心—外圍、南貴昆三中心—外圍、西蘭雙中心—外圍城鎮群落等西部重點城鎮群落的建設中，要加強各中心節點城市的協作對接，實現產業聯動、優勢互補、互相滲透的網絡化發展。在探索產業結構

升級的過程中，各省份政府應科學引導大城市的勞動密集型產業向中小城市的轉移，疏解大城市的人口壓力，避免「城市病」的蔓延，並注重提升大城市的發展質量，提高在全國和國際的城市綜合競爭力。

9.3.2　積極培育中小城市

由於中小城市在西部中心—外圍城鎮群的發展中起著承接大城市知識、技術擴散和產業轉移，輻射帶動小城鎮和農村腹地發展的重要作用。加快發展中小城市也是西部地區優化城鎮結構體系，提升城鎮發展質量的重要環節。首先，西部各級地方政府應開發發展潛力大、資源環境承載力強的中小城市，加強中小城市的基礎設施建設，提高這些城市對東部發達地區和西部大城市產業轉移的承接能力，並適當引導特色優勢產業向這些城市佈局，夯實中小城市的產業支撐。其次，各中小城市應加強地方公共服務體系的建設，引導教育、醫療、衛生等公共資源向中小城市傾斜，引導各科研院校在中小城市設立分校區，以教育的發展來提升中小城市的人力資本，以公共服務的升級吸引大城市的人口向中等城市轉移，擴大中等城市的規模，將中小城市建設為更宜居的城市。最後，發揮中小城市對小城鎮和農村地區的輻射帶動作用。通過中小城市的資本、技術、人才的擴散，和對小城鎮與農村剩餘勞動力的消化，進一步強化中心—次中心—外圍地區的全面聯繫。通過各中小城市與周圍其他城市的橫向互動，形成分工明確、產業互補的網絡化發展格局。發揮好中小城市作為縱向連接紐帶和橫向關聯節點的重要作用，構建合理的城鎮體系。

9.3.3　重點發展小城鎮

小城鎮在中心—外圍城鎮群的發展中雖然處於外圍，但它

仍是連接中小城市和廣大農村腹地的橋樑，是西部發展現代農業和統籌城鄉發展的主要載體，也是西部新型城鎮化推進的重要戰場。西部地區各級地方政府應對各小城鎮的建設進行科學的規劃，根據當地資源優勢，引導具有地方特色的小城鎮發展方向。在傳統工業基礎較強的小城鎮，應以資源、人才以及工業技術為依託，加快構建特色產業集群，並推動產業向綠色、低碳、少污染的方向發展；對於處於交通樞紐節點附近的小城鎮，應以專業化的市場和良好的交通條件為依託，加強現代商貿業、物流業以及服務業的發展；對於新興產業發展基礎較強的小城鎮，政府應加強對科技創新的財政支持和補貼力度，提升高新技術人才的引進的福利待遇，打造區域乃至全國知名的品牌項目；對於旅遊資源較為豐富的小城鎮，政府應加大旅遊基礎服務設施的建設，適當借鑑國內外知名旅遊景點的發展經驗，通過政府投資進行品牌宣傳，並注重對自然風光、歷史文化、民族特色的旅遊資源的環境保護，走可持續道路；對於現代農業發展基礎較強的城鎮，政府應鼓勵農村的土地流轉，積極引導培育農業龍頭產業，建立農產品銷售信息平臺，促進當地的農業現代化發展。走出一條具有西部特色的小城鎮發展道路，進一步推進西部新型城鎮化，有效縮小城鄉收入差距。

9.4　推進農業現代化發展

農業現代化是中國「十三五」規劃提出的農業發展目標，2016年中央一號文件也明確提出應大力推進農業現代化。西部地區農業現代化水準總體比較低，為完成「十三五」規劃的發展目標，西部地區要把信息化、產業化和技術創新作為優先發展的內容，農業現代化的發展有利於農民的長效增收，對西部

城鄉收入差距的縮小具有重要的促進作用。

9.4.1 推進農業信息化

農業信息化在農業現代化方面發揮關鍵的作用，可以大幅提高農業生產效率，帶動農村經濟發展。農業信息化通過影響農產品的決策、生產、銷售等過程，推動傳統農業的現代化升級。首先，西部各級地方政府應規劃好各地的農村信息網建設，要以中心大城市為核心，延伸輻射到周邊中小城市和小城鎮，進一步擴散到廣大鄉村地區，形成省、市、縣、鄉、村一體化的信息基礎設施。同時，可以通過建立一個區域性的農業信息網絡平臺，促進區域大市場的形成。其次，引導農民通過互聯網提高生產技能，增加作物產量，以減少不必要的資源浪費，優化農業生產資源的配置。通過網絡查詢農業生產的相關知識和書籍，學習種植、養殖等使用技術，進行科學合理的生產，提高農產品的市場競爭力。最後，鼓勵農民通過網絡瞭解最新的市場需求信息，幫助農民在更大的市場空間宣傳銷售自己的農產品，促使供需雙方以極低的成本達成交易，提高西部農民的經營管理水準。

9.4.2 加強農業產業化

圍繞核心產品的產業鏈競爭是現代農業企業間市場競爭的一個重要形式，產業化可以充分發揮規模經濟效益，促進生產要素合理配置和專業化分工，從而提高經濟的運行效率。因此，西部地區加強農業現代化可以使農業走上自我累積、良性循環的發展道路。首先，確立主導產業是實現農業化的前提和基礎，西部各級地方政府應結合本地的資源優勢，選擇有市場發展潛力和政策扶持的產業作為農業產業化的主導產業，主導產業通過關聯效應帶動區域經濟的全面發展。其次，合理確定農業產

業的區域佈局，各地要因地制宜，打造具有地方特色的產品和品牌，發揮品牌效應。通過發揮主導產業的帶動作用，發揮資源優勢，增加產品的科技含量，最終形成具有較強競爭力的農業產業化發展格局。最後，大力發展龍頭企業推動區域農業的產業化，對於缺乏大型企業的地區可以將鄉鎮企業作為地方特色農業發展的龍頭。以龍頭企業為中心，帶動廣大農戶形成具有地方特色的產業群，加快農工商一體化的發展，建立合理的企業、農戶利益分配機制，有效提高農民的收入。

9.4.3 加快技術創新

對農產品進行深加工、提升農業產品的技術含量是提高產品附加值的重要手段。西部地區要發展現代化農業必須把技術創新放在核心位置，當地政府要為企業科技創新提供良好的環境和氛圍，從政策、資金和人才等方面給予支持。第一，落實鼓勵農業科技研發的稅收優惠政策，對農業企業研發項目實施信貸優惠。增加農業項目的立項，引導高校、科研機構和企業聯合攻關，設立專利技術和發明專利獎勵資金。第二，加大財政對農業科技的投入力度，並按照一定的比例保證農業可統計投入每年穩步提升。引導民間資金對農業科技創新的投入，可以成立專門用於農業技術改進的科研基金項目，提高對農業科技研究的積極性。第三，要把人才培養放在關鍵位置，實施高端人才引進計劃等為科技創新創造條件，鼓勵企業與科研高校等研究機構開展聯合培養的模式培養專業人才和骨幹人員，注重引導優秀的大學畢業生到農業企業工作，並制定相應的政策優惠措施。

9.5 完善農村基礎設施建設

中國「十三五」規劃明確提出要「支持西部地區改善基礎設施」和「健全農村基礎設施投入長效機制」。基礎設施條件是導致城鄉收入差距的一個重要影響因素，西部地區應把財政資金更多地投向農村基礎設施建設方面，為城鄉統籌和城鄉收入差距的縮小奠定良好的基礎。

9.5.1 增加農村財政支出

自 2004 年以來，中國連續十三年的中央一號文件均是關於「三農」問題。中國非常注重農業領域的投資，雖然每年都有增加，但與歷史最高水準相比，「三農」支出占國家總財政支出的比重依然較低，這與實現中國農業現代化所需的投入仍然存在很大的缺口。中國是人口大國，農業在國民經濟中占據著基礎地位，經濟發展到目前階段，西部地區應改變現有「重城輕鄉」的傾向，因此，西部地區應進行多方面的財政投入調整。首先，加大投資力度。西部地區應將財政資金向農業、農村傾斜，提高農村地區的固定資產投資數量，保持財政支出在農業中的比重不斷提高，以此增加農村地區的基礎設施供給。其次，優化投資結構。由於西部地區農業長期生產力落後、科技含量較低，因此，西部地區的基礎設施投入應注重有利於對農業先進技術的引進和推廣的設施，改變現有的基礎設施過於陳舊，無法跟上先進生產技術的需要的現狀。最後，強化投資效應。應整合現有的財政支農資金和項目，改善西部地區過去基礎設施投入渠道混亂、分類不合理的現象，科學設置對基礎設施的投入項目。並完善財政投入的資金管理制度，促進財政投入的資金專

款專用，提高支農資金的效率。

9.5.2 引進多元化投資主體

中國「十三五」規劃明確提出要「創新公共基礎設施的投融資體制」。西部地區應拓展農村基礎設施投資的資金來源，引入民間資本作為政府投資的補充。由於基礎設施投資需要巨額的資本投資，而政府財力往往有限，很難在短期內籌措巨額的資金投資到大量的農村基礎設施建設之中，為加快籌資進度以利於農村基礎設施建設進度提速，政府可以引入特許經營權等方式，引入其他社會資本投資西部農村基礎設施建設。借助市場機制和競爭機制，改變農村基礎設施這一公共物品的經濟學屬性，以私人產品形式生產這一特殊產品，從而有效地滿足農村的需求，降低政府的財政壓力。在農村基礎設施建設中引入市場機制與競爭機制已經有很多成功的經驗，發達國家的這些經驗表明，這一方式能夠為農村基礎設施建設提供積極有效的幫助。第一，政府政策支持。政府在引進多元化投資主體的過程中應積極主動進行引導，實行開放的農業基礎設施投資准入政策，建立收費補償機制。對企業參與農村基礎設施投資的項目實施稅收優惠，提高項目的投資回報率，為基礎設施多元化投資創造良好的政策環境。第二，拓寬民間投資方式。西部地區應引入民間資本參與農村基礎設施投資，或者採取政府與私人共同投資的方式，現有基礎設施投融資模式有：公私合作模式（PPP）、建設-經營-轉移（BOT）、民間主動融資（PFI）等，西部各級地方政府可以根據自身條件和基礎設施現有發展水準選擇適當的投融資方式。第三，積極引進外資。由於西部地區與東南亞、南亞、西亞等多國接壤，與各國也有密切的經濟交流。因此，西部地區在進行基礎設施建設時，可以大力吸引外國資金注入。通過與國外的合資、借貸等方式加強國內的

基礎設施建設，促進投資主體的多元化。

9.5.3　加強信息基礎設施建設

將大數據、物聯網等信息技術與農業相結合，對傳統農業進行升級改造，形成以農村電商為代表的新型「互聯網+」農業商業模式，進而提升農業生產效率和增加農民收入水準。西部農村的信息閉塞，信息化發展落後不僅影響到農村居民收入的提高，也影響到整個西部社會經濟的持續健康發展。考慮到當前西部農村信息技術落後的局面，一是當地政府應增加資金投入到農村基礎設施建設之中，以財政資金保證信息基礎設施的有效供給，大力推進「互聯網+」技術在農村生活生產中的運用，推廣三網融合，用信息化解決和改造「三農」問題。二是引導企業投資農村信息基礎設施。完善農村信息基礎設施需要政企結合，通過對在農村進行信息基礎設施建設的企業進行稅費優惠和補貼，降低企業的投入成本，提高企業的積極性。三是加強培訓，引導電商專業人才和商家到西部農村開展培訓，由政府提供相應的培訓補貼，使更多的西部農民可以通過互聯網學習種植、養殖技術，通過互聯網拓寬農產品的銷售渠道，使西部農民成為懂信息、學技術、會經營的新型職業農民。

9.6　提升農村人力資本

國內外經驗表明，農村教育對於協調城鄉經濟社會的均衡發展起到基礎性和長遠性的作用，是縮小城鄉發展差距的重要途徑。西部農村的人力資本提升應以服務「三農」為方向，最大限度地提升農民職業素質，努力實現農業現代化；實現西部九年義務教育的全覆蓋，尤其是要提高農村教學質量，辦好農

村教學；健全貧困生幫扶制度，全面提升農村居民人力資本。使西部城鎮化的發展成果惠及農村地區，從根本上提升農民的自身發展能力，縮小城鄉收入差距。

9.6.1 以服務「三農」為方向

西部地區發展農村教育要堅持以服務「三農」為發展方向，以滿足就業要求為目標，創新教學和培訓模式，制定符合農民需求的教學管理制度。具體說來，首先，要把職業教育、培訓與「三農」經濟的發展特徵結合起來，緊緊圍繞農業經濟結構轉型對農民提出的新要求開展教育培訓。根據當地鄉鎮和農村的經濟發展方向，確定農民培訓的內容，突出新品種、新技術的實踐教學，提升農民適應市場經濟的能力。其次，根據農民不同的學習需求，實行多樣化的職業教育培訓模式，堅持職業教育、普通教育與成人教育相結合，整合各種教育資源來提升教學質量。組織技術人員與農民面對面交流，帶領農民到實驗田地學習觀摩，安排觀看先進種植和飼養技術的教學視頻等多樣化的靈活的培訓方式。最後，實行彈性的教學和教育管理制度，為農民群體提供多種職業培訓方式供其根據自身具體情況來選擇，比如學工交替、在職教育、職前培訓和職後培訓等，從而更好地滿足農民的實際需求。

9.6.2 加強九年義務教育

九年義務教育是農村地區提高人口素質、累積人力資本的基礎，也是西部農村未來可持續發展的關鍵力量。西部地區各級地方政府應制定九年義務教育普及率在未來幾年所需達到的目標，力爭到2020年實現100%的普及率，並力圖將將義務教育從九年拓展到十二年，為西部地區的農村人口素質的提高積蓄更多的力量。第一，強化各級政府對義務教育投入的責任，

突出農村義務教育管理體制中縣級政府的中心領導地位作用，各縣政府要對本地教育發展規劃、經費安排使用、校長和教師等人事方面的統籌管理負責。第二，要加大對於貧困地區的義務教育經費支持，注重對農村教室、校舍的建設、維修和改造，以保障農村義務教育工作的順利開展，並增加貧困地區農村教師的收入水準。第三，給予少數民族地區義務教育資金和政策上的幫扶。鼓勵大學生畢業後參加對少數民族的支教服務，引導具有較高教學水準的城鎮學科骨幹和學科帶頭老師利用假期到民族地區支教，提高民族地區的教學質量，縮小民族地區與發達地區的教育差距。

9.6.3 健全貧困生幫扶制度

西部地區人口素質較差的一個重要原因是家庭經濟困難學生上學難。不能讓一個孩子因家庭經濟困難而上不起學應該是中國義務教育所要實現的基本目標，為此要採取貧困生幫扶措施，以保障適齡兒童充分享受義務教育的權利。西部地區總體經濟欠發達，貧困生人數相對較多，一是當地政府可通過設立助學金、專項資金等方式幫助家庭經濟困難的學生上學，同時可以考慮免除經濟困難學生的學雜費，並對其提供生活補助。二是要健全貧困生精準扶貧制度。西部地區各級地方政府應進一步加強落實幫扶制度，不讓一個孩子因貧困而失學，並做到精準識別、精準幫扶，做到每一個貧困學生都有一個幫扶責任人，切實保障每一名貧困學生都能安心就學。三是應鼓勵社會各界開展助學公益活動，動員社會組織向貧困學生捐獻物資，並制定配套的稅收優惠政策。加大「希望工程」等助學公益活動的宣傳力度，對在貧困生助學方面做出突出貢獻的單位和個人進行表彰，形成扶貧助學的社會風氣。在加強農民的職業培訓、普及九年義務教育和健全貧困生幫扶制度外，西部地區還

應加強農村的醫療衛生條件，不斷增進健康資本存量。

9.7 加快民族地區、貧困地區發展

中國「十三五」規劃明確提出，要支持「民族地區、貧困地區的發展」。由於西部民族地區和貧困地區具有高度的重疊性，西部民族地區也是西部社會經濟發展的落後地區，加快這些地區的脫貧攻堅、產業體系發展和擴大對外開放，對於西部地區新型城鎮化的推進和縮小城鄉收入差距具有重要的意義，也是實現社會安定、邊疆穩固、民族團結的重要基礎。

9.7.1 推動脫貧攻堅工程

由於西部民族地區、貧困地區往往是經濟基礎薄弱、環境條件惡劣、自然災害頻發、教育水準低下的區域，這些地區生產方式落後、生活條件艱苦，貧困人口分佈廣泛，自我發展能力嚴重不足，已經成為社會穩定、民族團結的重大隱患。民族地區和貧困地區的各級地方政府應根據當地獨特的自然地理環境和民族文化特點明確自身發展功能定位，調整資源開發體制，重視人力資本的累積，改善公共服務體系，提升自身的發展能力。通過加強教育資金的財政投入、普及九年義務教育、重視職業培訓，提高這些地區的貧困人口素質；通過規劃發展地方特色的旅遊業、種植業、農產品加工業、中醫藥業等帶動這些地區的經濟發展；通過發展西部特色的小額信貸促進貧困人口的自我就業，以小額、低息、連續的貸款服務促進他們的生產經營活動；通過移民搬遷方式治理生存環境極其惡劣、自然災害頻發、交通極不方便的地區的脫貧工程，鼓勵他們向周圍小城鎮搬遷。搬遷初期，政府應對其進行生產、生活上的補貼救

助，滿足其基本的生存能力。民族地區、貧困地區的脫貧攻堅工程有利於民族團結和區域協調發展，也對西部縮小城鄉收入差距具有重要的意義。

9.7.2 促進產業體系發展

西部民族地區、貧困地區由於長期經濟發展落後，在加強特色資源開發的基礎上，應著重提高產業發展水準，優化產業結構，促進特色產業對經濟發展的支撐作用。通過科學規劃、合理佈局，依託特色產業的規模經濟效應，帶動民族地區和貧困地區的區域發展和居民收入增加。對於民族文化資源豐富的地區，應圍繞獨特的人文景觀和歷史古跡，以市場為導向，加強基礎設施建設，深度開發具有民族特色的旅遊資源。加快對民族手工業產業的技術升級，提升工藝產品的生產設計水準，擴大市場份額，使民族手工業成為民族地區貧困人口創收的重要途徑。對於中醫藥業較發達的民族地區，如西藏、內蒙古等地區，政府應加大醫藥產業的扶持力度，將人工培植與天然生產的中醫藥材相結合，將傳統的中醫文化與現代科技相結合，形成研發、生產、加工、銷售一體化的醫藥產業鏈，通過中醫產業的發展帶動民族地區的經濟發展。由於西部大多貧困地區不具有發展高新技術產業和現代服務業的基礎，對於產業結構落後的現狀，各級地方政府應注意選擇在農業基礎較好的地區建立現代農業生產基地，通過先進的科學技術，提高農產品的產量和質量，通過現代農業的發展帶動貧困地區的農村居民增收，縮小城鄉收入差距。

9.7.3 擴大對外開放

由於西部民族地區和貧困地區的發展是西部經濟發展不可或缺的重要組成部分，他們的脫貧致富也影響著社會穩定和民

族團結，因此，各級地方政府應高度重視這些區域的發展。在「一帶一路」倡議背景下，西部民族地區和貧困地區各級地方政府應加強基礎設施建設，全方位擴大對外開放的層次、範圍和力度，在知識經濟和經濟全球化發展的今天，明確自身的功能定位，以市場經濟為主導，通過對外開放加快改革的步伐，使西部民族地區和貧困地區的發展適應當今時代的要求。在思想觀念上，應由過去保守封閉的意識轉向接受現代文明和科學進步，實現高層次大跨度的開放，啟動開放的內在活力；在開放戰略上，應由局部開放轉向商品、資本、勞動力市場的全方位開放，充分發揮市場機制在資源配置中的調節作用，提高生產的效率；在開放形態上要由過去資源和勞動力輸出為主的形式轉向資本、勞動力、技術雙向流動，輸出區域內優勢資源的同時，引進先進生產技術，提升區域的自我發展能力；在產業發展上，應由過去分散、無序的發展方式向合理規劃佈局、加強政府產業引導的方式轉變，發展特色產業帶動區域經濟發展。通過擴大民族地區和貧困地區的對外開放，促進區域資源要素的優化配置，帶動當地居民的收入增長。

9.8 本章小結

西部地區作為「一帶一路」倡議的重要參與者和主要受益者，應充分利用好國家對西部的支持政策，制定適合西部發展的戰略途徑。本章筆者提出的西部地區推進新型城鎮化與縮小城鄉收入差距的戰略途徑主要有：第一，加強特色資源開發，包括特色礦產資源、特色清潔能源和特色旅遊資源開發；第二，促進特色產業發展，包括特色農業、特色工業和特色服務業；第三，構建特色城鎮化發展體系，包括著力構建大城市、積極

培育中小城市和重點發展小城鎮；第四，推進農業現代化，包括推進農業信息化、加強農業產業化和加快技術創新；第五，完善農村基礎設施建設，包括增加農村財政支出、引進多元化投資主體和加強信息基礎設施建設；第六，提升農村人力資本，包括以服務「三農」為方向、加強九年義務教育和健全貧困生幫扶制度；第七，加快民族地區、貧困地區發展，包括推動脫貧攻堅工程、促進產業體系發展和擴大對外開放。這些戰略途徑有助於促進西部地區新型城鎮化健康可持續發展，有效縮小城鄉收入差距。

10 主要結論與研究展望

本研究以「中國西部城鎮化與城鄉收入差距的關係研究」為選題，以國外城鎮化與縮小城鄉收入差距的理論與文獻為基礎，以西部地區城鎮化與城鄉收入差距的走勢與問題為主線，以二者的關係為核心，以推進西部地區新型城鎮化、縮小城鄉收入分配差距為目標，通過理論模型和實證的分析，得出兩者的關係並進一步提出政策建議。

10.1 主要結論

筆者通過對國內外文獻的大量閱讀，收集西部地區城鎮化與城鄉收入差距的數據並進行實地調研，然後在國內外推進城鎮化與縮小城鄉收入差距已有的經驗、啟示的基礎上，分析了兩者在西部地區的走勢與問題，並對城鎮化影響城鄉收入差距的機理進行分析，運用西部12個省份1995—2016年的數據，經由系統化的理論探討、全面性的數據分析和逐層深入的實證檢驗，得出如下主要結論：

第一，國外的城鎮化進程也經歷了城鎮與鄉村收入差距擴大的階段，最終他們實現了較高質量的城鎮化和較低的城鄉收入差距並存的目標。國外的城鎮化推進給我們提供的經驗有：

一是城鎮化推進要以工業發展和產業集聚為支撐；二是政府應制定和完善公共干預政策；三是應建立合理的城鎮體系。美國、日本、韓國等發達國家在城鎮化進程中累積了豐富的縮小城鄉收入差距的經驗，發達國家在縮小城鄉收入差距的政策導向均是以維護農民利益、維持城鄉收入平衡為出發點，具體的措施包括加大財政對農業的支持力度，尤其是對農村基礎建設的投入，提升人力資本、建設服務型政府，以及對農產品價格的支持和直接補貼等，為縮小西部城鄉居民收入差距提供了重要的經驗與啟示。

第二，改革開放後，西部地區城鎮化發展有所加快，然而增長速度長期落後於全國平均水準。西部大開發戰略實施後，西部城鎮化速度有所提升，城鎮面貌有了巨大變化，也帶動了經濟社會的全面發展。西部地區城鎮化從數量上有了較大提升，但城鎮化質量仍亟待提高，西部城鎮仍存在著制度安排缺陷、城鎮結構體系失衡、特色資源開發不足、產業發展落後、農民工市民化進程緩慢等發展問題。在國家「一帶一路」倡議背景下，西部地區如何把握機遇，推進西部新型城鎮化又好又快發展成為擺在西部各級地方政府面前的重要課題。

第三，1995年以來，國家實施了一系列支持西部地區經濟發展的優惠政策，這些政策使得西部的經濟社會取得了突飛猛進的發展。西部城鄉收入差距也受到了較大影響，西部城鄉收入差距總體上經歷了由震盪攀升到緩慢下降的走勢。西部大開發戰略實施初期，政策原因造成了城鄉二元結構矛盾愈加突出，使得城鄉經濟發展極不平衡，城鄉收入差距迅速擴大。2010年是西部大開發實施以來的第二個十年，國家在這個關鍵的時期實施了戰略轉型，更注重城鄉經濟的協調發展，近年來，更加強調城鎮對鄉村的帶動作用，城鄉互動明顯，城鄉收入差距開始逐步縮小。但西部城鄉收入差距的縮小仍面臨著國家戰略層

面問題、財政轉移支付力度較弱、農村人力資本水準低下、農業發展緩慢、民族地區與貧困地區發展封閉等問題。

第四，農業、工業和服務業作為三種最基本的因素推動了城鎮化的發展。而城鎮化從促進農業現代化、刺激工業品的需求、促進服務業壯大和帶動區域經濟發展四個途徑推動經濟增長。通過建立數學模型，筆者發現區域內部和跨區域的農村人口向城鎮流動均有助於城鄉收入差距的縮小。城鎮化從四個方面影響城鄉收入差距：一是創造就業機會，提高農民的收入；二是促進農業的規模化和產業化，增加農村居民的收入；三是促進鄉鎮企業發展，為農民增收提供源源不斷的動力；四是有助於推動農民工市民化，產生的循環累積效應反過來推動城鎮化發展。

第五，本書通過分析西部地區12個省份1995—2016年的數據對庫茲涅茨倒U型曲線進行驗證，發現西部收入差距與人均GDP擬合曲線在數學意義上具有庫茲涅茨曲線的特徵，表現出二次函數的先上升後下降的趨勢。雖然西部各省份的拐點不盡相同，但目前而言，西部各省份均已經進入庫茲涅茨倒U型曲線的拐點之後的收入差距下降趨勢階段。

第六，通過運用西部地區1995—2016年的面板數據對城鎮化與城鄉收入差距進行實證檢驗，筆者發現西部地區城鎮化推進對城鄉收入具有負向作用，即推進西部新型城鎮化進程可以有效縮小城鄉收入差距。同時，西部大開發其他政策的轉變對城鄉收入差距也有著重要的影響，提高居民消費水準也有利於縮小西部城鄉收入差距。

第七，為了推進西部新型城鎮化與縮小城鄉收入差距，我們必須從西部現實情況出發，遵循其客觀發展規律，探索具有西部特色的發展道路，推進西部地區經濟實力和人民生活水準邁上新臺階。西部地區新型城鎮化推進應以調整戰略轉型為先

導，以構建多中心—外圍的城鎮體系為基礎，以加強小城鎮建設為載體，以工業反哺農業和農業現代化為依託，以健全的立法和完善的制度為保障，以城鄉統籌和進一步縮小城鄉收入差距為目標，著力調整城鄉收入分配格局。從城鎮、鄉村、城鄉統籌和縮小城鄉收入差距四個方面加強制度安排，我們可以通過加強特色資源開發、促進特色產業發展、構建特色城鎮化體系、推進農業現代化和加快民族地區與貧困地區發展等戰略途徑推進西部新型城鎮化建設，縮小城鄉收入差距。

10.2 研究展望

本研究中，作者試圖在前人的研究基礎上，對城鎮化與城鄉收入差距關係的理論與實證方面進行一定的拓展，但由於自身能力及客觀條件的限制，本書仍存在許多問題有待未來繼續探索：

第一，本書在研究西部地區城鎮化與城鄉收入差距的關係時偏宏觀。城鎮化和城鄉收入差距涉及經濟社會的方方面面，本書未能對每一個涉及的方面都進行深入的研究，只做了宏觀的表述。因此，後續的研究可以從本書未考慮到的其他方面入手，進行詳細、深入的研究，豐富影響兩者關係的其他因素。

第二，西部地區是一個範圍較廣的地區，包含12個省份，在社會、經濟、資源和城鎮化發展基礎上都存在著較大的差異。由於本書在進行西部地區城鎮化與城鄉收入差距的趨勢研究和實證分析時，側重於整個西部地區的整體走勢和影響因素，因而未能對各個省份作逐一的分析，導致分析的廣度與深度不夠全面。未來可以對每個省份的走勢特點、影響因素進行細緻分析，這也是未來進一步研究的重要方向。

第三，本書在分析西部地區城鎮化與城鄉收入差距的關係時，對西部民族地區、貧困地區及老少邊窮地區的特殊性僅作了簡要的分析和概括，未能進行深入探討，對推進西部新型城鎮化和縮小城鄉收入差距的複雜性、困難性及艱鉅性的探討深度仍然不足，這可以作為未來的另一研究方向進行深入探討。

參考文獻

[1] Aitchison, J. A. C. Brown. The Lognormal Distribution [M]. Cambridge: Cambridge Press, 1957.

[2] Anand, S. M. R. Kanbur. The Kuznets Process and the Inequality-Development Relationship [J]. Journal of Development Economics, 1993 (40): 25-52.

[3] Angus Deaton. Price Indexes Inequality and the Measurement of World Poverty [J]. American Economic Review, 2010 (6): 1-60.

[4] Ahluwalia M. Income Distribution and Development: Some Stylized Facts [J]. America Economic Review, 1976, 66 (2): 128-135.

[5] Altonji J, D. Card, The Effects of Immigration on the Labor Market Outcomes of Less-skilled Natives in Immigration Trade and the Labor Market [M]. University of Chicago Press, 1991.

[6] Becker Gary S. Investments in Human Capital: A Theoretical Analysis [J]. Journal of Political Economy, 1962 (8): 9-49.

[7] Becker Gary S. Crime and Punishment: An Economic Approach [J]. Journal of Political Economy, 1968, 76 (2): 169-217.

[8] Brush Jesse. Does Income Inequality Lead to More Crime?

A Comparison of Cross—sectional and Time-series Analyses of United States CoTinties [J]. Economics Letters, 2007 (6): 264-268.

[9] Boijas G. The Labor Demand Curve is Downward Sloping: Reexamining the Impact of Immigration on the Labor Market [J]. The Quarterly Journal of Economics, 2003(8): 1335-1378.

[10] Boijas G, R Freeman, L. Katz. Searching for the Effect of Immigration on the Labor Market [J]. American Economic Re view, 1996 (86): 246-251.

[11] Card D. The Impact of the Mariel Boatlift ON the Miami Labor Market [J]. Industrial and Labour Relations Review, 1990 (43): 245-257.

[12] Card D. Immigrant Inflows Native Outflows and the Local Market Impacts of Higer Immigration [J]. Journal of Labor Economics, 2001, 19 (1): 22-64.

[13] Chen, Aimin. Urbanization and Disparities in China: Challenges of Growth and Development [J]. China Economic Review, 2002 (6): 407-411.

[14] Clarke. More Evidence on Income Distribution and Growth [J]. Journal of Development Economics, 1993 (47): 403-427.

[15] Chang G. The Cause and Cure of China's Widening Income Disparity [J]. China Economic Review, 2002, 13 (4): 335-340.

[16] Chen B L. an Inverted-U Relationship between Inequality and Long-run Growth [J]. Economics Letters, 2003, 78 (2): 205-212.

[17] Deininger, L. Squire. New Ways of Looking at Old Issues: Inequality and Growth Development of the Labor Surplus Economy: Theory and Policy [J]. Journal of Development Economics, 1998

(57): 259-287.

[18] EdlundLena, Li Hongbing, Yi Junjian, et al. Sex Ratios and Crime: Evidence from China's One-Child Policy [R]. IZA Working paper, 2007.

[19] Evertt S. Lee. A theory of migration [J]. Demography, 1996 (6): 47-57.

[20] Fajnzylber Pablo, Daniel Lederman, Norman Loayza. What Causes ViolentCrime? [J]. European Economic Review, 2002 (46): 1323-1357.

[21] Feiand G. Ranis. Development of the Labor Surplus Economy: Theory and Policy [M]. Homewood, 1964.

[22] Fields. Employment Income Distribution and Economic Growth in seven small Open Economies [J]. EconomicJournal, 1984 (94): 303-330.

[23] Fortin N, Lemieux T, Firpo S. Decomposition methods in economics [J]. Handbook of LaborEconomics, 2011 (4): 1-102.

[24] Forbes K. A. Reassessment of the Relationship between Inequality and Growth [J]. American Economic Review, 2000, 90 (4): 869-887.

[25] Galor. Income Distribution and the Process of Development [J]. European Economic Review, 2000, 44 (6): 706-712.

[26] Garcia Pealosa Cand. Turnovsky Growth and Income Inequality: A Canonical Model [J]. Economic Theory, 2006, 28 (1): 25-49.

[27] Glomm G., B. Ravikumar. Increasing Returns Human Capital and the Kuznets Curve [J]. Journal of Development Economics, 1998, 55 (2): 353-367.

[28] Gustafsson B., S. Li. Income Inequality within and across

Counties in Rural China 1988 and 1995 [J]. Journal of Development Economics, 2001, 22 (1): 179-204.

[29] Gustafsson B., S. Li. The Anatomy of Rising Earnings Inequality in Urban China [J]. Journal of Comparative Economics, 2002, 29 (1): 118-135.

[30] Harris J. R., Michael P. Todaro. Migration unemployment and development Atwo-sector analysis [J]. American Economic Review, 1970 (7): 126-142.

[31] Hussain, Arthur, Peter Lanjouw, et al. Income Inequalities in China: Evidence from Household Survey Data [J]. World Development, 1994, 22 (12): 47-57.

[32] Hussain A P. Lanjouw and N. Stera. Income Inequalities in China: Evidence from House-hold Survey Data [J]. World Development, 1994, (12): 1947-1957.

[33] Joigenson D. W.. the Development of a Dual Economy [J]. Economic Journal, 1961 (12): 309-334.

[34] Jacob Mincer. Investment in Human Capital and Personal Income Distribution [J]. The Journal of Political Economy, 1958 (8): 1-8.

[35] Jacob Mincer. The Distribution of Labour Incomes: A Surveywith Special Reference to the Human Captial Approach [J]. Journal of Economic Literature, 1970 (3): 1-26.

[36] Dickens, William Tand, Kevin Lang. A test of dual labor market theory [J]. American Economic Review, 1985 (3): 792-805.

[37] KoenkerR. Bassett Jr G Regression quantiles [J]. Econometrica: journal of the Econometric Society, 1978 (8): 33-50.

[38] Kanbur, Ravi, Xiaobo Zhang. Which Regional Inequali-

ty? The Evolution of Rural-Urban and Inland-Coastal Inequality in China from 1983 to 1995 [J]. Journal of Comparative Economics, 1999 (5): 79-91.

[39] Khan, AzizurR, Carl Riskin. Income Inequality in China: Composition Distribution and Growth of flousehold Income 1988—1995 [J]. China Quarterlyjune, 1998 (7): 221-253.

[40] Khan A., K. Griffin, C. Riskin, et al. Household Income and Its Distribution in China [J]. China Quarterly, 1992 (1): 1029-1061.

[41] Knight J. and L. Yueh. Segmentation or Competition in China's Urban Labour Market? [J]. Cambridge Journal of Economics, 2008 (7): 79-94.

[42] Lewis. W. A.. Economic Development with Unlimited Supplies of Labour. Manchester [J]. School of Economic and Social Studies, 1954 (8): 139-191.

[43] Morduch Jonathan, Sicular, Terry. Rethinking Inequality Decomposition with Evidence from Rural China [J]. Economic Journal, 2002 (12): 93-106.

[44] Meng X., J. Zhang. The Two-tier Labor Market in Urban China: Occupational Segregation and Wage Differentials between Urban Residents and Rural Migrants in Shanghai [J]. Journal of Comparative Economics, 2001, 29 (3): 485-504.

[45] Oaxaca R. Male-female Wage Differentials in Urban Labor Markets [J]. International Economic Review, 1973, 3 (14): 693-709.

[46] Peri G. Immigrants' Complementarities and Native Wages: Evidence from California [R]. NBER Working Paper, 2007.

[47] Polanyi Karl. The Great Transformation the Political and

Economic Origins of Our Time. [M]. Boston: Beacon Press, 1957.

[48] Raymond J K.. A Nation of Immigrants an Economyof Immigrants, [M]. Washington D. C.: SBSC Policy Publications, 2001.

[49] Roodmans David. How to do xtabond 2: An Introduction to Difference and System GMM in Stata [R]. Washington, Center for Global Development Working Paper, 2006.

[50] Ravi Kanbur. Income distribution and development [R]. working paper, 1998.

[51] Samuelson Paul A. Economics [M]. New York: McGraw-Hill. 1964.

[52] ShermanRobinson. A Note on the U Hypothesis Relating Income Inequality and Economic [J]. The American Economic Review, 1976 (6): 437-440.

[53] Simon Kuznets. Economic Growth and Income Inequality [J]. The American Economic Review, 1955 (3): 1-28.

[54] Sudhir Anand, S. M. R. Kanbur. The Kuznets process and the inequality-development relationship [J]. Journal of Development Economics, 1993 (5): 25-52.

[55] Shorrocks A. F. Inequality Decomposition by Factor Components [J]. Econometrica, 1982 (1): 193-211.

[56] Shorrocks A. R. Decomposition procedures for distributional analysis: a unified framework based on the Shapley value [J]. The Journal of Economic Inequality, 2013, 3 (11): 99-126.

[57] Theodore W. Schult. Reflections on Investment in Man [J]. The Journal of Political Economy, 1962 (10): 1-8.

[58] Todaro MP. A model of labor migration and urban unemployment in less-developed countries [J]. American Economic Re-

view, 1969 (1): 138-148.

[59] Todaro MP, Maruszko L. Illegal migration and US immigration reform: A conceptual framework [J]. Population and development review, 1987 (3): 101-114.

[60] Todaro. Economic development in the third word [M]. New York: New York Longman inc. 1985.

[61] Wan G. Accounting for Income Inequality in Rural China: A Regression Based Approach [J]. Journal of Comparative Economics, 2004 (32): 348-363.

[62] World Bank, World Development Report 2000/2001 Attacking poverty [M]. Washingtong, D. C.: the World Bank publication, 2000.

[63] World Bank, A Better Investment Climate for Everyone: World Development Reportthe World Bank publication [M]. Oxford University Press. 2005.

[64] World Institute for Development Economics Research of the United Nations University [R]. World Income Inequality Database, WIDER website accessed Dec. 2004.

[65] William T. Dichens, Kevin Lang. The reemergence of segmented Labour Market Theory [J]. The American Economic Review, 1988 (2): 129-134.

[66] Zhao Y. Labor Migration and Earnings Differences: The Case of China [J]. Economic Develop-ment and Cultural Change, 1999, 47 (4): 767-782.

[67] 阿爾佛雷德·韋伯. 工業區位論 [M]. 北京: 商務印書館, 2010.

[68] 白南生, 何宇鵬. 回鄉還是外出: 安徽四川二省農村外出勞動力回流研究 [J]. 社會學研究, 2002 (3): 64-78.

[69] 白雪梅, 王少瑾. 對中國收入不平等與社會安定關係的審視 [J]. 財經問題研究, 2007 (7): 16-23.

[70] 畢琳. 中國城市化發展研究 [D]. 哈爾濱: 哈爾濱工程大學, 2005.

[71] 畢先萍. 勞動力流動對中國地區經濟增長的影響研究 [J]. 經濟評論. 2009 (1): 48-53.

[72] 蔡昉. 勞動力遷移的兩個過程及其制度障礙 [J]. 社會學研究, 2001 (4): 44-51.

[73] 蔡昉, 都陽, 高文書. 就業彈性、自然失業和宏觀經濟政策 [J]. 經濟研究, 2004 (9): 18-25.

[74] 蔡昉, 都陽, 王美豔. 勞動力流動的政治經濟學 [M]. 上海: 上海三聯出版社, 2003.

[75] 蔡昉, 王美豔. 非正規就業與勞動力市場發育——解讀中國城鎮就業增長 [J]. 經濟學動態, 2004 (2): 24-28.

[76] 蔡昉. 人口遷移和流動的成因、趨勢與政策 [J]. 中國人口科學, 1995 (6): 8-16.

[77] 蔡昉. 中國城市限制外地民工就業的政治經濟學分析 [J]. 中國人口科學, 2000 (4): 1-10.

[78] 曾國安, 胡晶晶. 論20世紀70年代末以來中國城鄉居民收入差距的變化及其對城鄉居民消費水準的影響 [J]. 經濟評論, 2008 (1): 45-54.

[79] 陳斌開, 許偉. 所有制結構變遷與中國城鎮居民勞動收入差距演變 [J]. 南方經濟, 2009 (3): 9-20.

[80] 陳斌開, 楊依山, 許偉. 中國城鎮居民勞動收入差距演變及其原因 [J]. 經濟研究, 2009 (12): 30-42.

[81] 陳春良, 易君健. 收入差距與刑事犯罪: 基於中國省級面板數據的經驗研究 [J]. 世界經濟, 2009 (1): 13-25.

[82] 陳彤. 城市化理論、實踐與政策 [M]. 西安: 西北工

業大學出版社，1993.

[83] 陳釗，陸銘，佐藤宏. 誰進入了高收入行業？——關係、戶籍與生產率的作用 [J]. 經濟研究，2009（10）：121-132.

[84] 陳釗，萬廣華，陸銘. 行業間不平等：日益重要的城鎮收入差距成因 [J]. 中國社會科學，2010（3）：65-76.

[85] 陳宗勝，馬草原. 城鎮居民收入差別「階梯型」變動的理論解釋與實證檢驗 [J]. 財經研究，2012（6）：4-16.

[86] 陳宗勝，周雲波. 再論改革與發展中的收入分配 [M]. 北京：經濟科學出版社，2002.

[87] 陳宗勝. 倒 U 曲線的「階梯形」變異 [J]. 經濟研究，1994（5）：55-61.

[88] 陳宗勝. 經濟發展中的收入分配 [M]. 上海：上海三聯出版社，1995.

[89] 陳宗勝. 中國居民收入分配差別的深入研究 [J]. 經濟研究，2000（7）：68-71.

[90] 諶漢章. 教育投資與城鄉收入差距 [D]. 成都：西南財經大學，2014.

[91] 程開明. 城市化與經濟增長的互動機制及理論模型述評 [J]. 經濟評論，2007（4）：114-152.

[92] 崔功豪，王本炎，查彥育. 城市地理學 [M]. 南京：江蘇教育出版社，1992.

[93] 丁守海. 概念辨析：城市化、城鎮化與新型城鎮化 [N]. 中國社會科學報，2014-05-30.

[94] 杜浩然. 中國家庭收入的區域差異研究：1997—2006，基於分位數迴歸及反事實分析 [J]. 北京大學研究生學志，2012（1）：47-61.

[95] 段景輝，陳建寶. 中國城鄉家庭收入差異影響因素的

分位數迴歸解析 [J]. 經濟學家, 2009 (9): 46-53.

[96] 費舒瀾. 中國城鄉收入差距的度量改進及分解研究 [D]. 杭州: 浙江大學, 2014.

[97] 高飛. 基於縮小城鄉收入差距目標下中國農業轉移人口市民化政策研究 [D]. 大連: 東北財經大學, 2014.

[98] 高玲芬. 浙江省城鄉收入差距統計研究 [D]. 杭州: 浙江工商大學, 2008.

[99] 廣德福. 中國新型城鎮化之路 [M]. 北京: 人民日報出版社, 2014.

[100] 郭劍川. 中國城鄉居民收入差距問題研究 [D]. 北京: 首都經濟貿易大學, 2007.

[101] 郭濂. 中國新型城鎮化的路徑選擇與金融支持 [M]. 北京: 中國金融出版社, 2014.

[102] 郭夢慧. 中國城鄉收入差距研究 [D]. 長春: 吉林大學, 2014.

[103] 郭璇. 基於 PVAR 模型的中國城鎮化與城鄉收入差距關係研究 [D]. 大連: 東北財經大學, 2013.

[104] 國家計委綜合司課題組. 90 年代中國宏觀收入分配的實證研究 [J]. 經濟研究, 1999 (11): 3-12.

[105] 韓立岩, 杜春越. 收入差距、借貸水準與居民消費的地區及城鄉差異 [J]. 經濟研究, 2012 (1): 15-27.

[106] 何曉斌, 夏凡. 中國體制轉型與城鎮居民家庭財富分配差距: 一個資產轉換的視角 [J]. 經濟研究, 2012 (2): 28-40.

[107] 何治力. 中國城鄉居民收入差距與失業率關係的研究 [D]. 成都: 西南財經大學, 2013.

[108] 何志揚. 城市化道路的國際比較研究 [D]. 武漢: 武漢大學, 2009.

[109] 胡鞍鋼,趙黎. 中國轉型期城鎮非正規就業與非正規經濟(1990—2004) [J]. 清華大學學報(哲學社會科學版),2006 (3): 111-119.

[110] 胡日東,錢明輝,鄭永冰. 中國城鄉收入差距對城鄉居民消費結構的影響 [J]. 財經研究,2014 (5): 75-87.

[111] 胡志軍,劉宗明,龔志民. 中國總體收入基尼系數的估計: 1985—2008 [J]. 經濟學(季刊),2011 (7): 1424-1436.

[112] 胡祖光. 基尼系數理論最佳值及其簡易計算公式研究 [J]. 經濟研究,2004 (9): 60-69.

[113] 黃坤,董禮. 國外縮小城鄉居民收入差距的經驗及啟示 [J]. 現代經濟信息,2012 (2): 297-298.

[114] 江小涓,李輝. 中國地區之間實際收入差距小於名義收入差距 [J]. 經濟研究,2005 (9): 11-65.

[115] 金緯. 二元經濟結構對中國城鄉收入差距的影響研究 [D]. 湘潭: 湘潭大學,2013.

[116] 克里斯·泰勒. 德國南部的中心地 [M]. 北京: 商務印書館,2010.

[117] 孔業亮. 中國城鎮化進程中城鎮居民收入差距問題研究 [D]. 天津: 南開大學,2013.

[118] 賴德勝. 教育、勞動力市場與收入分配 [M]. 北京: 中國財政經濟出版社,1999.

[119] 李暉,陳錫康. 消費、投資、出口占GDP比重變化對中國城鄉居民收入及收入差距的影響 [J]. 中國人口·資源與環境,2014 (3): 151-154.

[120] 李建民,任關華. 人力資本通論 [M]. 上海: 上海三聯出版社,1999.

[121] 李江濤,張楊勛,羅連化. 市場化、城鎮化與城鄉

收入差距——基於空間動態面板模型的實證分析 [J]. 經濟數學, 2013 (1): 89-95.

［122］李實, 鄧曲恒. 中國城鎮失業和非正規再就業的經驗研究 [J]. 中國人口科學, 2003 (4): 2-10.

［123］李實, 丁賽. 中國城鎮教育收益率的長期變動趨勢 [J]. 中國社會科學, 2003 (6): 58-76.

［124］李實, 羅楚亮. 中國城鄉收入差距的重新估計 [J]. 北京大學學報, 2007 (2): 111-120.

［125］李實, 史泰麗, 別雍·古斯塔夫森. 中國居民收入分配研究 III [M]. 北京: 北京師範大學出版社, 2008.

［126］李實, 宋錦. 中國城鎮就業收入差距的擴大及其原因 [J]. 經濟學動態, 2010 (10): 4-10.

［127］李實, 魏眾, 丁賽. 中國居民財產分佈不均等及其原因的經驗分析 [J]. 經濟研究, 2005 (6): 16-22.

［128］李實, 岳希明. 中國城鄉收入差距調查 [J]. 鄉鎮論壇, 2004 (4): 21-22.

［129］李實, 趙人偉, 張平. 中國經濟改革過程中的收入分配變動 [M]. 北京: 中國財政經濟出版社, 1999.

［130］李實, 趙人偉. 中國居民收入分配再研究 [J]. 經濟研究, 1999 (4): 3-17.

［131］李實. 收入差距擴大對社會經濟發展的影響 [J]. 黨政幹部文摘, 2006 (11): 20-21.

［132］李實. 中國農村勞動力流動與收入增長和分配 [J]. 中國社會科學, 1999 (4): 16-33.

［133］李爽. 實現公平分配的制度與政策選擇 [M]. 北京: 經濟科學出版社, 2007.

［134］李文娟. 中國農產品價格支持政策研究 [D]. 重慶: 西南政法大學, 2013.

[135] 李曉曼. 中國西部城市化發展歷史進程研究 [J]. 改革與戰略, 2011 (3): 128-131.

[136] 李雄軍, 曹飛. 中國城鄉居民消費差距與收入差距的誤差修正模型研究 [J]. 統計與信息論壇, 2013 (8): 64-68.

[137] 李芝倩. 中國農村勞動力流動與經濟增長效應的實證檢驗 [J]. 統計與決策, 2010 (7): 78-81.

[138] 廖顯浪. 制度轉型、經濟發展與中國城鄉收入差距研究 [D]. 武漢: 華中科技大學, 2012.

[139] 林瑤瑤, 李亮. 城鎮化、城鄉二元結構對城鄉收入差距影響分析 [J]. 現代商貿工業, 2013 (7): 55-57.

[140] 林毅夫, 李周. 中國的奇跡: 發展戰略與經濟改革 [M]. 上海: 上海人民出版社, 1999.

[141] 林毅夫, 劉明興. 中國的經濟增長收斂與收入分配 [J]. 世界經濟, 2003 (8): 3-14.

[142] 劉厚蓮. 人口城鎮化、城鄉收入差距與居民消費需求 [J]. 人口與經濟, 2013 (6): 63-70.

[143] 劉慧玲. 中國西部地區工業化發展問題研究 [D]. 成都: 西南財經大學, 2005.

[144] 劉嘉漢. 統籌城鄉背景下的新型城市化發展研究 [D]. 成都: 西南財經大學, 2011.

[145] 劉學軍, 趙耀輝. 勞動力流動對城市勞動力市場的影響 [J]. 經濟學季刊, 2009 (1): 693-710.

[146] 劉璋. 中國城鎮化與城鄉收入差距問題研究 [D]. 石家莊: 河北經貿大學, 2014.

[147] 陸銘, 陳釗. 城市化、城市傾向的經濟政策與城鄉收入差距 [J]. 經濟研究, 2004 (6): 50-58.

[148] 羅楚亮. 城鎮居民教育收益率及其分佈特徵 [J]. 經

濟研究，2007（7）：119-130.

[149] 馬少曄. 基於勞動力流動視角的城鄉收入差距及影響因素再檢驗［D］. 南京：南京農業大學，2011.

[150] 孟昕. 中國經濟改革與職工工資差距［M］. 北京：中國財政經濟出版社，2001.

[151] 牧丹. 中國西部地區城鎮化問題研究［D］. 長春：東北師範大學，2014.

[152] 奈特，宋麗娜，夏青杰. 中國裁員的決定因素和後果［M］. 北京：中國財政經濟出版社，1999.

[153] 奈特，宋麗娜. 中國的經濟增長、經濟改革和收入差距的擴大［M］. 北京：中國財政經濟出版社，1999.

[154] 寧德業. 中國現階段收入分配公平問題研究［M］. 長沙：湖南大學出版社，2008.

[155] 彭真善. 中國轉型期城鄉收入差距問題研究［D］. 武漢：華中科技大學，2007.

[156] 蒲豔萍，李霞. 勞動力流動對農村經濟的影響效應——基於對四川省調查數據的分析［J］. 人口與經濟，2011（1）：43-49.

[157] 蒲豔萍. 勞動力流動對緩解家庭貧困的影響效應——以西部為例［J］. 內蒙古社會科學，2011（1）：39-45.

[158] 任太增. 城市偏向制度下的城鄉收入差距研究［D］. 武漢：華中科技大學，2008.

[159] 邵傳林. 西部大開發戰略對城鄉收入差距的影響評估［J］. 經濟問題研究，2014（8）：26-33.

[160] 沈坤榮，餘吉祥. 農村勞動力流動對中國城鎮居民收入的影響——基於市場化進程中城鄉勞動力分工視角的研究［J］. 管理世界，2011（3）：58-65.

[161] 盛來運. 國外勞動力遷移理論的發展［J］. 統計研

究，2005（8）：72-73.

[162] 盛來運. 農村勞動力流動的經濟影響和效果 [J]. 統計研究，2007（10）：15-19.

[163] 司林杰. 中國城市群內部競合行為分析與機制設計研究 [D]. 成都：西南財經大學，2014.

[164] 宋曉梧. 中國收入分配體制研究 [M]. 北京：中國勞動社會保障出版社，2005（12）：195-210.

[165] 蘇小，金彥平. 中國城鎮化發展歷程及變革研究 [J]. 農村經濟，2013（10）：99-102.

[166] 蘇雪串. 城市化與城鄉收入差距 [J]. 中央財經大學學報，2002（3）：42-45.

[167] 孫臣華. 城鎮化進程中的城鄉收入差距演變及其對經濟增長的門限效應 [D]. 濟南：山東大學，2012.

[168] 孫業亮. 中國城市化進程中城鎮居民收入差距問題研究 [D]. 天津：南開大學，2013.

[169] 唐東波，張軍. 中國的經濟增長、城市化與收入分配的 Kuzents 進程：理論與經驗 [J]. 世界經濟文匯，2011（5）：15-34

[170] 唐平. 農村居民收入差距的變動及影響因素分析 [J]. 管理世界，2006（5）：65-76.

[171] 田雙全，黃應繪. 從城鄉居民收入差距看西部大開發的實施效果 [J]. 經濟問題探索，2010（9）：20-25.

[172] 田衛民. 測算中國國民收入分配格局：1978—2006 [J]. 財貿研究，2010（1）：8-16.

[173] 田衛民. 省域居民收入基尼系數測算及其變動趨勢分析 [J]. 經濟科學，2012（2）：48-59.

[174] 田新民，王少國，楊永恆. 城鄉收入差距變動及其對經濟效率的影響 [J]. 經濟研究，2009（7）：107-118.

[175] 萬廣華，陸銘，陳釗. 全球化與地區間收入差距：來自中國的證據 [J]. 中國社會科學, 2005 (3)：17-38.

[176] 萬廣華. 不平等的度量與分解 [J]. 經濟學季刊, 2008 (1)：347-368.

[177] 萬廣華. 解釋中國農村區域間的收入不平等：一種基於迴歸方程的分解方法 [J]. 經濟研究, 2004 (8)：117-127.

[178] 萬廣華. 經濟發展與收入不平等：方法和證據 [M]. 上海：上海人民出版社, 2006.

[179] 萬廣華. 收入差距的地區分解 [J]. 世界經濟文匯, 2006 (3)：1-18.

[180] 王春超，荆琛. 中國城市化進程中農民對經濟產出的貢獻與收益分享 [J]. 經濟社會體制比較, 2012 (3)：144-153.

[181] 王春光. 農村流動人口的「半城市化」問題研究 [J]. 社會學研究, 2006 (5)：107-123.

[182] 王檢貴. 倒 U 現象是不是一條經濟法則？——對羅賓遜經典結論的質疑 [J]. 經濟研究, 2000 (7)：63-67.

[183] 王美豔. 城市勞動力市場上的就業機會與工資差異——外來勞動力就業與報酬研究 [J]. 中國社會科學, 2005 (5)：36-46.

[184] 王敏. 中國城鄉居民收入差距對消費需求影響研究 [D]. 沈陽：遼寧大學, 2011.

[185] 王培剛，周長城. 當前中國居民收入差距擴大的實證分析與動態研究——基於多元線性迴歸模型的闡釋 [J]. 管理世界, 2005 (11)：34-44.

[186] 王韌，王睿. 二元條件下居民收入差距的變動與收斂對中國「倒 U」假說的存在性檢驗 [J]. 數量經濟技術經濟

研究，2004（3）：104-111.

[187] 王靭. 中國居民收入差距的變動趨勢——基於雙二元動態框架的實證 [J]. 財經研究，2006（8）：4-16.

[188] 王小魯，樊綱. 中國地區差距的變動趨勢和影響因素 [J]. 經濟研究，2004（1）：33-44.

[189] 王小魯，樊綱. 中國收入差距的走勢和影響因素分析 [J]. 經濟研究，2005（10）：24-36.

[190] 王修達，王鵬翔. 國內外關於城鎮化水準的衡量標準 [J]. 北京農業職業學院學報，2012（1）：43-50.

[191] 王亞芬，肖曉飛，高鐵梅. 中國城鎮居民收入分配差距的實證研究 [J]. 財經問題研究，2007（6）：65-71.

[192] 王永慕. 二元金融結構、市場化進程與城鄉收入差距 [D]. 重慶：西南大學，2013.

[193] 韋偉，傅勇. 城鄉收入差距與人口流動模型 [J]. 中國人民大學學報，2004（6）：16-22.

[194] 魏下海，餘玲錚. 中國城鎮正規就業與非正規就業工資差異的實證研究——基於分位數迴歸與分解的發現 [J]. 數量經濟技術經濟研究，2012（1）：78-90.

[195] 巫錫煒. 中國城鎮家庭戶收入和財產不平等：1995—2002 [J]. 人口研究，2011（6）：13-26.

[196] 吳浩鋒. 城鎮化、對外開放對城鄉收入差距的影響 [D]. 昆明：雲南財經大學，2014.

[197] 吳先華. 城鎮化、市民化與城鄉收入差距關係的實證研究 [J]. 地理科學，2011（1）：68-73.

[198] 吳小渝. 西部城鎮化的問題及對策研究 [J]. 對策研究，2003：（4）：26-27.

[199] 吳要武，蔡昉. 中國城鎮非正規就業：規模與特徵 [J]. 中國勞動經濟學，2006，3（2）：67-84.

[200] 夏慶杰，李實，宋麗娜. 國有單位工資結構及其就業規模變化的收入分配效應：1988—2007 [J]. 經濟研究，2012 (6)：127-142.

[201] 邢春冰，李實. 中國城鎮地區的組內工資差距：1995—2007 [J]. 經濟學季刊，2010 (10)：312-340.

[202] 邢春冰. 不同所有制企業的工資決定機制考察 [J]. 經濟研究，2005 (6)：16-26.

[203] 邢春冰. 經濟轉型與不同所有制部門的工資決定——從「下崗」到「下海」 [J]. 管理世界，2007 (6)：23-37.

[204] 邢春冰. 遷移、自選擇與收入分配——來自中國城鄉的證據 [J]. 經濟學季刊，2010 (1)：633-660.

[205] 邢春冰. 中國不同所有制部門的工資決定與教育回報：分位迴歸的證據 [J]. 世界經濟文匯，2006 (4)：1-26.

[206] 徐舒. 技術進步、教育收益與收入不平等 [J]. 經濟研究，2010 (9)：79-92.

[207] 許冰，章上峰. 經濟增長與收入分配不平等的倒U型多拐點測度研究 [J]. 數量經濟技術經濟研究，2010 (2)：54-64.

[208] 許秀川. 中國城鄉居民收入差距及主要影響因素的實證分析 [D]. 重慶：西南大學，2005.

[209] 許召元，李善同. 區域間勞動力遷移對經濟增長和地區差距的影響 [J]. 數量經濟技術經濟研究，2008 (2)：38-52.

[210] 許召元，李善同. 區域勞動力遷移對地區差距的影響 [J]. 經濟學季刊，2008 (10)：53-76.

[211] 薛進軍，高文書. 中國城鎮非正規就業：規模：特徵和收入差距 [J]. 經濟社會體制比較，2012 (6)：59-69.

[212] 嚴於龍, 李小雲. 農民工對經濟增長貢獻及成果分享的定量測量 [J]. 統計研究, 2007 (1): 22-26.

[213] 晏豔陽, 宋美結. 結構性失業、週期性失業對中國城鎮居民收入差距的影響 [J]. 經濟與管理研究, 2011 (12): 13-22.

[214] 羊勇. 中國城鎮化進程中的城鎮居民收入差距動態研究 [D]. 成都: 西南財經大學, 2014.

[215] 楊紅雲. 90年來中國共產黨收入分配政策演進的基本規律 [J]. 理論與改革, 2011 (11): 71-75.

[216] 楊娟, Sylvie Danurger, 李實. 中國城鎮不同所有制企業職工收入差距的變化趨勢 [J]. 經濟學季刊, 2011 (10): 289-308.

[217] 楊俊, 黃瀟, 李曉羽. 教育不平等與收入分配差距: 中國的實證分析 [J]. 管理世界, 2008 (1): 38-47.

[218] 楊天宇. 城市化對中國城市居民收入差距的影響 [J]. 中國人民大學學報, 2005 (4): 71-76.

[219] 楊曉龍. 中國城鎮化發展與城鄉居民收入差距關係研究 [D]. 濟南: 山東財經大學, 2014.

[220] 楊雲彥, 陳金永. 轉型勞動力市場的分層與競爭 [J]. 中國社會科學, 2000 (5): 28-38.

[221] 尹恒, 龔六堂, 鄒恒甫. 收入分配不平等與經濟增長: 回到庫茲涅茨假說 [J]. 經濟研究, 2005 (4): 17-22.

[222] 約翰·梅納德·凱恩斯. 就業、利息和貨幣通論 (中譯本) [M]. 海口: 南海出版社, 2010.

[223] 岳文海. 中國新型城鎮化發展研究 [D]. 武漢: 武漢大學, 2013.

[224] 張坤. 中國城鎮化、城鄉收入差距與消費的關係 [J]. 北方經貿, 2013 (8): 31-35.

[225] 張立軍. 金融發展影響城鄉收入差距的實證研究 [D]. 上海：復旦大學，2007.

[226] 張啓良，劉曉紅，程敏. 中國城鄉收入差距持續擴大的模型解釋 [J]. 統計研究，2010（12）：51-56.

[227] 張世偉，呂世斌，趙亮. 庫茲涅茨倒U型假說：基於基尼系數的分析途徑 [J]. 經濟評論，2007（4）：40-45.

[228] 張小平，王迎春. 轉型期中國收入分配問題研究 [M]. 北京：科學出版社，2008.

[229] 章元，劉時菁，劉亮. 城鄉收入差距、民工失業與中國犯罪率的上升 [J]. 經濟研究，2011（2）：59-72.

[230] 趙常興. 西部地區城鎮化研究 [D]. 楊凌：西北農林科技大學，2007.

[231] 趙人偉，格里芬. 中國居民收入分配研究 [M]. 北京：中國社會科學出版社，1994.

[232] 趙人偉，李實，李思勤. 中國居民收入分配再研究 [M]. 北京：中國財政經濟出版社，1999.

[233] 趙人偉，李實. 中國居民收入差距的擴大及其原因 [J]. 經濟研究，1997（9）：19-28.

[234] 趙燾. 西部地區城鎮化與城鄉收入差距關係實證研究 [J]. 統計與決策，2014（16）：132-135.

[235] 趙曦. 中國西部大開發戰略前沿研究報告 [M]. 成都：西南財經大學出版社，2010.

[236] 趙曦. 西南邊疆少數民族地區反貧困與社會穩定對策研究 [M]. 成都：西南財經大學出版社，2014.

[237] 趙曦. 中國西部農村反貧困模式研究 [M]. 成都：西南財經大學出版社，2009.

[238] 趙耀輝，李實. 中國城鎮職工實物收入下降的原因分析 [J]. 經濟學季刊，2002（1）：575-588.

[239] 趙志敏. 中國新型城鎮化道路的探索 [D]. 濟南：山東財經大學，2014.

[240] 鄭琳佩. 財政轉移支付支出結構對城鄉居民收入分配差距的影響研究 [D]. 湘潭：湘潭大學，2013.

[241] 鐘小英. 中國城鎮化與城鄉收入差距的相關性研究 [D]. 廈門：華僑大學，2014.

[242] 鐘笑寒. 勞動力流動與工資差異 [J]. 中國社會科學，2006（1）：34-46.

[243] 周留洋. 中國城鄉收入差距問題研究 [D]. 泰安：山東農業大學，2006.

[244] 周雲波，馬草原. 城鎮居民收入差距的「倒U」拐點及其演變趨勢 [J]. 改革，2010（5）：28-35.

[245] 周雲波. 城市化、城鄉差距以及全國居民總體收入差距的變動 [J]. 經濟學季刊，2009（8）：1240-1260.

[246] 周雲波. 中國收入差距變化何時迎來倒U軌跡的拐點 [J]. 經濟縱橫，2010（4）：43-46.

[247] 朱鏡德. 收人差別特徵：由城鄉兩極分化向城市兩極分化轉變的理論與對策 [J]. 廣東社會科學，2003（6）：150-156.

[248] 朱鏡德. 中國三元勞動力市場格局下的兩階段鄉城遷移理論 [J]. 中國人口科學，1999（1）：7-12.

感謝國家社科基金《西南少數民族地區農村貧困家庭返貧抑制及可持續生計對策研究》（17CSH014）、廣西高等學校高水準創新團隊及卓越學者計劃《中國（廣西）－東盟跨境電子商務與區域發展創新團隊》、廣西財經學院青年教師科研發展基金《西部少數民族地區農村脫貧人口返貧抑制及可持續生計研究》（2019QNA02）、廣西財經學院經濟與貿易學院學科建設項目《中國西部城鎮化與城鄉收入差距的關係研究》（2019ZD07）的支持。

國家圖書館出版品預行編目（CIP）資料

中國西部城鎮化與城鄉收入差距的關係研究 / 溫雪 著. -- 第一版.
-- 臺北市：財經錢線文化, 2019.10
　　面；　　公分
POD版

ISBN 978-957-680-378-9(平裝)

1.城鄉關係 2.經濟發展 3.收入 4.中國

552.2　　　　　　　　　　　　　　　　　　　　　108016723

書　　名：中國西部城鎮化與城鄉收入差距的關係研究
作　　者：溫雪 著
發 行 人：黃振庭
出 版 者：財經錢線文化事業有限公司
發 行 者：財經錢線文化事業有限公司
E-mail：sonbookservice@gmail.com
粉絲頁：　　　　　　網　址：
地　　址：台北市中正區重慶南路一段六十一號八樓 815 室
8F.-815, No.61, Sec. 1, Chongqing S. Rd., Zhongzheng
Dist., Taipei City 100, Taiwan (R.O.C.)
電　　話：(02)2370-3310　傳　真：(02) 2388-1990
總 經 銷：紅螞蟻圖書有限公司
地　　址：台北市內湖區舊宗路二段 121 巷 19 號
電　　話：02-2795-3656 傳真:02-2795-4100　網址：
印　　刷：京峯彩色印刷有限公司（京峰數位）

　本書版權為西南財經出版社所有授權崧博出版事業股份有限公司獨家發行電子書及繁體書繁體字版。若有其他相關權利及授權需求請與本公司聯繫。

定　　價：450元
發行日期：2019 年 10 月第一版
◎ 本書以 POD 印製發行